本人参画型の「自立活動の個別の指導計画」

理解度チェックと指導計画の様式

三浦 光哉 編著

ジアース教育新社

まえがき

　「養護・訓練」は、昭和46年の学習指導要領の改訂において、盲学校・聾学校・養護学校に新設されました。その後、2回の学習指導要領の改訂を経て、平成10年度の学習指導要領の改訂から名称を「自立活動」に改められるとともに、目標・内容等も見直されて、今日に至っています。

　自立活動の誕生から20年以上も経っていますが、未だに教育現場では、「自立活動は、どのように実施すればよいのかが分からない」「自立活動は、実施しなければならないのですか？」「自立活動って、そもそも何なの？」「自立活動によって障害の改善・克服となっているかよく分からない」などの声が聞こえます。特に近年、小・中学校の特別支援学級の学級数増加により教員数も劇的に増加していますので、初めて担任する教師においては自立活動が適切に行われていないこともあるのではないでしょうか。事実、『特別支援学校教育要領・学習指導要領解説　自立活動編（幼稚部・小学部・中学部）』を読んだことがないという教師も少なくありません。その一方で、知的障害特別支援学校では、自立活動を週時程に特設しない、いわゆる学校の教育活動全体を通じて行う"自立活動の時間"について、各教科等でどのように関連付けて実施しているかが明確になっていないことも見受けられます。

　障害のある児童生徒にとっての自立活動は、「障害による学習上又は生活上の困難を改善・克服し自立を図る」ために必要不可欠な学習活動です。いわゆる"心身の調和的な発達の基盤"に着目して指導するのが自立活動なのです。この自立活動は、障害のある児童生徒だけに設定されている「特別な教育課程」です。しかしながら、残念なことに上述したような状況があり、それが令和の新たな時代に入っても継続しているのです。

　筆者は、小学校の特別支援学級と養護学校（現在は特別支援学校）で、「養護・訓練」と「自立活動」を実施してきた経験があります。小学校の特別支援学級では、肢体不自由学級と病弱学級で授業時間を特設して行う"養護・訓練の時間における指導"、知的障害学級で学校の教育活動全体を通じて行う"養護・訓練の指導"を実施しました。そして、知的障害養護学校では、同様に"養護・訓練の指導"を実施しました。やはり、正直言って「何をどのようにすればよいのか」が分かりませんでした。その後、自身が研究主任になった時に教育課程全般を見直すことになり、"養護・訓練の時間における指導"として週時程の中に毎日帯状で特設（30分×週5日）することにしました。確か全国の知的障害養護学校では、3番目の導入だったように記憶しています。また、養護・訓練から「自立活動」に名称変更された際には、障害の捉え方の変化により、生活機能や障害、環境因子等との関連に着目しながら、どのように指導すればよいか悩んだ時期でもありました。

　現在では、知的障害特別支援学校でも、"自立活動の時間における指導"として授業時間を特設していることが多く見受けられるようになりました。また、新学習指導要領

において、特別支援学級では自立活動を取り入れること、通級による指導では自立活動を参考にして指導を行い、個別の指導計画の作成が義務付けられました。自立活動の重要性がますます高まっていると感じています。

　そこで今回、教育現場からの「"分かりやすい自立活動の参考書"がほしい」という強い要望により、本書『本人参画型の「自立活動の個別の指導計画」－理解度チェックと指導計画の様式－』を企画しました。第1章では、現在実施している自立活動が正しく実施されているかを確認していただくために、『自立活動の自己チェック表』を示しました。続いて、間違いやすい・勘違いしやすい8つのパターンを取り上げ、その解説をしました。第2章では、自立活動に関する教育現場の疑問・悩みなどを取り上げ、Q＆A方式で具体的に回答しました。第3章では、筆者が考案した「自立活動の個別の指導計画」を示しました。この指導計画は、"様式"となっており、そのまま各学校で作成・活用・保存（引継ぎ）ができるようになっています。"様式"には、教師用（様式1）と本人用（様式2、様式3）があります。教師用（様式1）の「自立活動の個別の指導計画」は、『特別支援学校教育要領・学習指導要領解説　自立活動編（幼稚部・小学部・中学部）』（28頁）に示されている「①実態把握のために必要な情報を収集する段階」から「⑧具体的な指導内容を設定する段階」までの"流れ図"に、さらに、オリジナルである「⓪プロフィール」「⑨具体的な指導方法を設定する段階」「⑩各教科等との関連」「⑪指導経過」「⑫－1　自立活動の学習評価」「⑫－2　各教科等の学習評価」「⑬指導計画全般の改善内容」「⑭次年度への引継ぎ事項」を加えました。一方、本人用（様式2、様式3）の「自立活動の個別の指導計画」は、自立活動の学習が本人にも分かるようにするための"概略版（本人用の自立活動シート）"を示しました。第4章は、「自立活動の個別の指導計画」の様式を使い、全国で活躍している先生方のご協力を得て、特別支援学校、特別支援学級、通級による指導の事例（25事例）を載せました。さらに第5章では、この「自立活動の個別の指導計画」を活用した学習指導案も載せました。

　「自立活動の個別の指導計画」の様式は、これまで教師からの疑問や課題を少なからず解決するものだと考えております。本書を通読していただき、忌憚のないご意見を承りたいと存じます。末筆になりましたが、本書の出版を快く引き受けてくださいましたジアース教育新社の加藤勝博社長、編集担当の市川千秋様、スタッフの皆様に衷心より感謝申し上げます。

2020（令和2）年7月28日

三　浦　光　哉

本人参画型の「自立活動の個別の指導計画」
理解度チェックと指導計画の様式

第3章 本人参画型の「自立活動の個別の指導計画」の様式と作成手順

| 第4章 | 障害のある児童生徒への自立活動の実践　25事例 |

第 5 章　資　料

自立活動の学習指導案

文献
あとがき
執筆者一覧

第 1 章

自立活動の
理解度チェックと
ポイント

はじめに

　本書では、文部科学省の種々の学習指導要領と解説について、以下の通り称することとします。

平成29年4月告示『特別支援学校幼稚部教育要領　小学部・中学部学習指導要領』
平成31年2月告示『特別支援学校高等部学習指導要領』

『特別支援学校学習指導要領』

平成30年3月『特別支援学校教育要領・学習指導要領解説　総則編（幼稚部・小学部・中学部）』
令和2年3月　『特別支援学校学習指導要領解説　総則等編（高等部）』

『解説総則編』

平成30年3月『特別支援学校教育要領・学習指導要領解説　自立活動編（幼稚部・小学部・中学部）』

『解説自立活動編』

平成30年3月『特別支援学校教育要領・学習指導要領解説　各教科等編（小学部・中学部）』
令和2年3月　『特別支援学校学習指導要領解説　視覚障害者専門教科編（高等部）』
令和2年3月　『特別支援学校学習指導要領解説　聴覚障害者専門教科編（高等部）』
令和2年3月　『特別支援学校学習指導要領解説　知的障害者教科等編（上）（高等部）』
令和2年3月　『特別支援学校学習指導要領解説　知的障害者教科等編（下）（高等部）』

『解説各教科等編』

　また、本書では、「自立活動の個別の指導計画」と「教育課程に基づく教育計画である個別の指導計画」を区別して作成することを提案しています。詳細は、P18【パターン6】、P27【Q10】を参照してください。

1　自立活動の理解度チェック

　自立活動の指導に携わっている教師は、日々の指導の中で「このような自立活動の指導で本当によいのだろうか？」と疑問に思ったり、不安に思ったりしていることが少なからずあるのではないでしょうか。その一方で、「自立活動は、どのようにしたらよいのか分からない！」と悩んでいる教師もいることでしょう。

　そこで、これを解決するために、次頁の表 1-1 に示した 20 項目にわたる『**自立活動の自己チェック表**』を作成しました。このチェック項目にしたがって、現在実施している自立活動を確認してみてください。もしかすると、勘違いしていたり理解が足りなかったりする点があることに気付くかもしれません。仮にそのようなことがあれば、『特別支援学校学習指導要領』や『解説自立活動編』などで確認して対策を講じることで、よりよい自立活動にしていきましょう。

　なお、自立活動の捉え方として、「自立活動の時間は児童生徒の状態に応じて適切に設定すればよいので、全ての児童生徒に自立活動の時間が必要な訳ではない。」という意見もありますが、それに対して本書では、「自立活動は障害のある全ての児童生徒に必要であり、自立活動の時間における指導を特設し、各教科等とも関連して指導することが重要である。」といった考えで論を展開しています。

それでは、自立活動の
理解度を自己チェックして
みましょう！

表 1-1 自立活動の自己チェック表

* 1 ～ 20 までの「チェック項目」について、それぞれ「はい」「いいえ」のいずれかをレ点でチェックします。
* 「いいえ」にチェックした場合には、「根拠と対策」の欄を確認します。また、第 2 章も参照にしながら、よりよい自立活動になるように努めていきましょう。

番号	チェック項目	は い	いいえ	根拠と対策
1	自立活動の指導の対象は、どのような児童生徒であるかを知っていますか。			特別支援学校、小・中学校等の特別支援学級及び通級による指導を受けている児童生徒が対象です。通常の学級の児童生徒には、指導の対象となりませんが、障害のある児童生徒への指導が必要となることがあります。（第 2 章「Q&A1」参照）
2	特別支援学校、小・中学校等の特別支援学級及び通級による指導を受けている児童生徒には、自立活動の指導について教育課程上に位置付けなければならないことを知っていますか。			特別支援学校学習指導要領、小学校・中学校学習指導要領解説総則編等に自立活動を取り入れることが明記されています。（第 2 章「Q&A2」参照）
3	知的障害のある児童生徒に対して、週時程に自立活動を特設（自立活動の時間における指導）していますか。			知的障害のある児童生徒でも、障害の状態に応じて週時程に自立活動を特設するようにしましょう。本書では、全ての知的障害にある児童生徒に必要であると考えます。（第 2 章「Q&A4」参照）
4	「自立活動の時間における指導」の授業時数は、週何時間（単位時間）程度設定するかを知っていますか。			授業時数の基準はありません。小学校や特別支援学校小学部において、週 1 時間（年間 35 時間）では少ないようでしたら授業時数を調整してみましょう。（第 2 章「Q&A7」参照）
5	自立活動の指導課題（中心的な課題）の選定では、担任（担当）、本人（保護者）、教師の考えが三者で一致していますか。			指導課題は、担任（担当）が独自で決定するのではなく、本人（保護者）、複数の教師で一致しているかを確認します。
6	自立活動の指導課題（指導目標）を設定する際には、自立活動の内容の「6 区分 27 項目」の中から選定していますか。			指導課題（指導目標）は、特別支援学校学習指導要領の自立活動の内容にある「6 区分 27 項目」の中から選定します。（第 3 章参照）
7	自立活動の具体的な指導内容を設定する際には、自立活動の内容の「6 区分 27 項目」の中から、根拠をもって項目と項目同士を関連付けて選定していますか。			「6 区分 27 項目」から選定した根拠を明確にします。選定理由を説明できるようにします。（第 3 章参照）
8	重度重複障害のある児童生徒や訪問教育の対象である児童生徒に対して、教科学習を取り入れていますか。			障害が重くとも各教科等の学習が必要です。自立活動だけでなく、教科学習も可能な限り設定するようにします。（第 2 章「Q&A6」参照）
9	自立活動をする際、合理的配慮が整っていたり、個別の教育支援計画にも同様な配慮が記載されていたりしますか。			合理的配慮は、個別の教育支援計画の中に記載することが望ましいです。自立活動の個別の指導計画の中にも記載するとよいでしょう。（「共生社会の形成に向けたインクルーシブ教育システム構築のための特別支援教育の推進（報告）」参照）
10	「教育課程に基づく教育計画である個別の指導計画」と区別して、「自立活動の個別の指導計画」を作成していますか。			自立活動は、個別の指導計画を作成して指導に当たります。「教科等」の個別の指導計画と区別して作成すると分かりやすいです。本書では、両者を区別して作成します。（第 2 章「Q&A10・12」参照）

11	「自立活動の個別の指導計画」の作成において、実態把握から具体的な指導内容を設定する際には、『解説自立活動編』28 頁に示されている "流れ図" に沿っていますか。			『解説自立活動編』28 頁の "流れ図" に沿って、指導計画の作成の手順を踏んでいくことが重要です。
12	自立活動の学習評価（指導結果）は、文章表記だけでなく、数値・段階・評定など、ある程度の客観性をもたせた表記となっていますか。			具体的な数値・段階・評定などがあると学習評価が明確となります。 （第 2 章「Q&A15」参照）
13	自立活動の指導では、自立活動の時間における指導だけでなく、各教科等の指導と関連させながら行っていますか。			各教科等にも関連させ、教育活動全体を通じて行うようにします。 （第 2 章「Q&A16」参照）
14	自立活動の指導と各教科等の指導がどのように関連しているかを「自立活動の個別の指導計画」の中に明記していますか。			関連する教科等を選定し、どのように関連しているのかを記載するようにします。 （第 2 章「Q&A16」参照）
15	自立活動の指導では、各教科等の指導と関連してどのような結果になったかを評価し、それを「自立活動の個別の指導計画」に明記していますか。			関連する教科等について、どのような結果になったかを評価して記載するようにします。 （第 2 章「Q&A16」参照）
16	「自立活動の個別の指導計画」の指導目標、指導内容・指導方法などは、本人（保護者）が把握・確認していますか。			障害による学習上又は生活上の困難の改善・克服や自立を目指す上で、本人（保護者）が知っていることが望ましいです。 （第 2 章「Q&A17」参照）
17	児童生徒が転学や進学した場合には、「自立活動の個別の指導計画」等を本人（保護者）の同意の下で転学先や進学先に送っていますか。			本人（保護者）の同意の下に、相手先に送ることにより、これまでの教育課程と連続性をもたせることが可能となります。 （第 2 章「Q&A20」参照）
18	児童生徒が就労した場合には、「自立活動の個別の指導計画」等を本人（保護者）の同意の下で就労先に送っていますか。			本人（保護者）の同意の下に、就労先に送ることにより、障害による学習上又は生活上の困難の改善・克服や自立を目指す内容がより一層明確になります。 （第 2 章「Q&A21」参照）
19	自立活動の指導終了後に、次年度の担任（担当）が分かるように、自立活動の全体についての改善内容などを明記していますか。			改善内容（Action）を把握できないと PDCA サイクルで進められません。具体的な改善内容を記載すると、次年度の担任（担当）も指導計画を作成しやすくなります。
20	自立活動の指導終了後に、次年度の担任（担当）が分かるように、具体的な引継ぎ事項などを明記していますか。			引継ぎ事項がないと、次年度の担任（担当）は何をどのようにすればよいか分からず、同じような指導計画になるかもしれません。必ず記載するようにします。
	「はい」「いいえ」の合計数			

＊「自立活動」の理解度の診断の目安として、「いいえ」のチェック数を合計します。

　　「いいえ」の数が 0 ～ 2 　　　自立活動をよく理解できているようです

　　「いいえ」の数が 3 ～ 6 　　　自立活動をおおむね理解できているようです

　　「いいえ」の数が 7 ～ 15 　　自立活動をあまり理解できていないようです

　　「いいえ」の数が 16 ～ 20 　自立活動の理解が必要なようです

　　　　👉 理解度に応じて、『特別支援学校学習指導要領』『解説自立活動編』『解説総則編』『解説各教科等編』などを確認しましょう。

表 1-1 の「自立活動の自己チェック」の結果は、どうでしたか。この自己チェック表で確認してみると、これまで、自立活動について間違った解釈をしていたり、理解が不十分なままに実施していたりすることに気付いた方もいるのではないでしょうか。このことについて、間違いやすいパターン、勘違いしやすいパターンに分類して説明します。

パターン1 自立活動は知っているが、教育課程上に位置付けていない

　教師の中には、「自立活動」という指導の形態があるということを知っていても、それを教育課程上に位置付けていない場合があります。「対象となる児童生徒は、あまり自立活動の必要感がないので、実施しなくともよいのではないか？」と考えているのかもしれません。特に、知的障害教育では、この傾向が強いのではないでしょうか。

　学校教育法第72条の特別支援学校の目的には、「特別支援学校は、……障害による学習上又は生活上の困難を克服し、自立を図るために必要な知識技能を授けることを目的とする。」ことが規定されています。この文言は、自立活動の目標である「個々の児童又は生徒が自立を目指し、障害による学習上又は生活上の困難を主体的に改善・するために必要な知識、技能、態度及び習慣を養い、もって心身の調和的発達の基盤を培う。」と似通っています。つまり、特別支援学校の目的は、自立活動を中心として行われることを意味しています。特別支援学校だけでなく、小・中学校の特別支援学級及び通級による指導の対象者である障害のある児童生徒にとっても、自立活動が必要不可欠なものです。

パターン2 教育課程上に位置付けているが、特設していない

　教師の中には、自立活動を教育課程上に位置付けているものの、授業時間を特設していない場合があります。前述しましたが、「自立活動の時間は児童生徒の状態に応じて学校の教育活動全体を通じて行えばよいので、全ての児童生徒に自立活動の時間を特設しなくともよい。」という考え方もあるのではないでしょうか。知的障害特別支援学校において、"自立活動の時間における指導"を特設していない理由として、下山直人・全国特別支援学校知的障害教育校長会（2018）は、①各教科等を合わせた指導（日常生活の指導、生活単元学習など）の中で自立活動を行っているので特設する必要がない、②児童生徒の個々の課題に応じて自立活動の時間を設定したくとも指導体制を取りに

くい状況にある、③知的障害特別支援学校で取り扱う各教科の内容については自立活動の内容と近いものがある（例えば、コミュニケーションの内容を自立活動で扱うのか、国語で扱うのか）といった点を指摘しています。

　これまでの学習指導要領では、確かにこのように受け止めている教師もいました。しかし、『学習指導要領』や『解説総則編』では、特別支援学校において「自立活動については、特に示す場合を除き、すべての児童生徒に履修させる」、特別支援学級における特別の教育課程の編成において「自立活動を取り入れる」、通級による指導において「自立活動の内容を参考とし、具体的な目標や内容を定め、指導を行う」ことが明記されました。これは、これまでの教育現場の現状を踏まえて、"自立活動をもっとしっかりやりなさい"ということを示唆しているものと受け止められます。したがって、「自立活動は障害のある全ての児童生徒に必要であり、自立活動の時間における指導を特設し、各教科等とも関連して指導することが重要である。」と考えます。

パターン3　指導課題の選定に根拠がない

　教師の中には、「対象となる児童生徒の課題が多すぎて、何を指導課題に選定したらよいか迷ってしまう」という意見があります。森・長崎ほか（2016）は、知的障害特別支援学校における自立活動の個別課題の選定（最重要課題1つ）について、担任2人と保護者の三者に対して一致度を調査したところ、表1-2のような結果となったことを報告しています。

表 1-2　知的障害特別支援学校における自立活動の個別課題の選定の一致度調査

	3人一致	担任1人と保護者一致	担任2人不一致	3人不一致
小学部	3%	13%	16%	68%
中学部	11%	21%	21%	47%
高等部	10%	13%	25%	52%

　この結果によると、教師間や保護者において自立活動で取り上げる個別課題（最重要課題）の一致度が驚くほど低いことがうかがわれます。自立活動では、個別課題を選定する際の共有化（個別課題のすり合わせ）が重要となります。指導課題の選定に根拠がないと、その後の指導目標、指導内容・方法の設定も根底から崩れてしまいます。

　また、可能であれば「自立活動の個別の指導計画」の作成時から児童生徒本人を"参画"させて、個別課題を選定することが望まれます。そうすることで、本人の自立活動の学習に対する意識や意欲も高まるはずです。

パターン4 自立活動の指導目標・指導内容が教科等での指導目標・指導内容と混同している

　教師の中には、自立活動の指導目標・指導内容が教科等で示されている指導目標・指導内容と混同して設定している場合があります。例えば、自立活動の「健康の保持」の内容は「保健体育科」の指導内容（段階）で扱えるのではないか、自立活動の「コミュニケーション」の内容は「国語科」の指導内容（段階）で扱えるのではないか、などです。

　以下に、自立活動の指導目標が教科等の指導目標・指導内容（段階）と混同している典型的な例を示しました。

＜例1＞

【自立活動】
目標①：物の形には違いがあることが分かり、同じ○△□の形を分類することができる。
目標②：大きさの異なる○△□の形のマッチングを2分以内でできる。

特別支援学校【算数科】
　目標：具体的な操作などの活動を通して、数量や図形などに関する初歩的なことを理解し、それらを扱う能力と態度を育てる。
　内容1段階：(1) 具体物があることが分かり、見分けたり分類したりする。
　内容1段階：(3) 身近にあるものの形の違いに気付く。

＜例2＞

【自立活動】
目標①：マット、跳び箱、平均台、トンネルなど様々な遊具を使いながら、楽しく取り組むことができる。
目標②：設定されたサーキット器具の内容を全てクリアすることができる。

特別支援学校【体育科】
　目標：適切な運動の経験を通して、健康の保持増進と体力の向上を図り、楽しく明るい生活を営む態度を育てる。
　内容3段階：(1) 歩く、走る、跳ぶなどの基本的な運動を姿勢や動きを変えるなどしていろいろな方法で行う。
　内容3段階：(2) いろいろな器械・器具・用具を使った運動、表現運動、水の中での運動などをする。

＜例3＞

【自立活動】
目標①：クレヨン、はさみ、のり、色紙などを使いながら、みんなで協力して七夕飾りを完成することができる。
目標②：短冊にはみ出さないように色を塗ったり、願いごとを書いたりすることができる。

特別支援学校【図画工作科】
　目標：初歩的な造形活動によって、造形表現についての興味や関心をもち、表現の喜びを味わうようにする。
　内容2段階：(1) 見たことや感じたことを絵にかいたり、つくったり、それを飾ったりする。
　内容2段階：(2) 粘土、クレヨン、はさみ、のりなどの身近な材料や用具を親しみながら使う。
特別支援学校【国語科】
　目標：日常生活に必要な国語を理解し、伝え合う力を養うとともに、それらを表現する能力と態度を育てる。
　内容3段階：(4) 簡単な語句や短い文を平仮名などで書く。

　<例１>の場合は、特別支援学校の算数科の指導目標・指導内容（段階）と混同したものです。また、「２分以内でできる」など、自立活動は速さを競う取り組みをするものではありません。

　<例２>の場合は、特別支援学校の体育科の指導目標・指導内容（段階）と混同したものです。また、「サーキット器具の内容を全てクリアすることができる」など、自立活動はトレーニングの取り組みではありません。

　<例３>の場合は、特別支援学校の図画工作科や国語科の指導目標・指導内容（段階）と混同したものであり、生活単元学習でも可能です。また、「みんなで協力して七夕飾りを完成することができる」など、自立活動は個別指導が基本であり、最初から集団を前提にした取り組みではありません。仮に集団指導で行っても、集団で指導することの根拠や「自立活動の個別の指導計画」で〝集団での個別化〟を図ることが重要となります。

　いずれの例の場合も、教科等の中で十分に取り扱うことができます。

　このような自立活動の指導目標では、どのような自立活動の内容の６区分 27 項目*を関連付けて設定して導いたのかがよく分かりません。おそらく、６区分 27 項目からの選定を意識していなかったのでしょう。これでは、根拠のない目標となります。このような指導目標を設定してしまうと、学習評価についても、知識や技能の向上に偏りすぎて、自立活動の目標である「心身の調和的発達の基盤を培う」から逸脱しています。本来の自立活動の目標とは、かけ離れたものになってしまいます。

パターン5　指導目標・指導内容を「6区分 27 項目*」から選定していない

　教師の中には、自立活動の授業時間を特設しているものの、指導目標・指導内容を『解説自立活動編』にある６区分 27 項目から選定しないで、児童生徒の実態や課題から推測して勝手に指導目標・指導内容を設定している場合があります。特に、小・中学校の特別支援学級や通級による指導で少なからず見られます。なかには、『解説自立活動編』を読んだことがない、持っていないといった教師も見られます。

　パターン４でも述べましたが、６区分 27 項目から選定しないと、指導目標・指導内容が教科等の指導目標・指導内容（段階）と混同してしまい、根拠のない自立活動を行っていることになります。

　このような自立活動では、「国語や算数などのワークテスト的な補充学習」「買い物、洗濯、調理などの生活自立を図るためのスキル学習」「対人関係やパニック等を改善させるためのソーシャルスキルトレーニング（SST）の学習」など、自立活動の意義から外れた取り組みになってしまいます。

＊自立活動の内容の６区分 27 項目：P47、第３章表 3-3 を参照。

パターン6 「自立活動の個別の指導計画」と「教育課程に基づく教育計画である個別の指導計画」の作成で困惑している

　教師の中には、「教育課程に基づく教育計画である個別の指導計画」の中に、「自立活動の個別の指導計画」も含めている場合があります。例えば、表1-3に示すような様式です。このように、各教科等と一緒に指導目標・指導内容などを作成してしまうと、自立活動の指導目標・指導内容について、『解説自立活動編』にある「実態把握から具体的な指導内容を設定するまでの流れ（流れ図）」を参考にすることなく作成してしまう可能性があります。

　このようなことを防ぐためには、「自立活動の個別の指導計画」の様式と「教育課程に基づく教育計画である個別の指導計画」を区別して作成する方法が考えられます。表1-3の自立活動の欄には、"「自立活動の個別の指導計画」を参照"と記載しておくのがよいでしょう。

表 1-3　教育課程に基づく教育計画である個別の指導計画

		領域／単元	指導目標	場所・担当	指導内容	指導方法	評　価
1学期	国語						
	社会						
	算数						
	…						
	自立活動	「自立活動の個別の指導計画」を参照					
	特別活動						
	生活単元						

パターン7 自立活動の指導が教科等で行われているのかが明確でない

　教師の中には、自立指導の指導が各教科等でも関連して行われているのかを明確にしていない場合があります。このような教師は、「自立活動は授業時間を特設して行っているので、それで大丈夫である」と捉えていることもあります。しかし、自立活動で取り組む個々の障害による学習上又は生活上の困難の改善・克服ためには、特設した〝自立活動の時間における指導〟だけでは十分ではありません。学校の教育活動全体を通じて行う必要があります。そのため、各教科等においても自立活動の指導の関連が重要となります。

　各教科等においても自立活動の指導と関連していることを示すためには、「自立活動の個別の指導計画」の中に、関連する教科名と目標を書き入れることが考えられます。

パターン8 学習評価が明確でないために引継ぎがうまくいかない

　教師の中には、「『自立活動の個別の指導計画』をなかなか活用できない。前年度に児童生徒が何をどこまでできているのかがよく分からない」と困惑している場合があります。次年度に担当する教師は、前年度とほとんど変わらない「自立活動の個別の指導計画」を作成していたり、前年度の指導計画を確認したりすることなく最初から「自立活動の個別の指導計画」を作り直していることもあります。

　このようなことの最大の要因は、様式の不備と学習評価の不明確さにあるのではないでしょうか。新学習指導要領では、児童生徒の育成する資質・能力として、①生きて働く「知識・技能」の習得、②未知の状況にも対応できる「思考力・判断力・表現力等」の育成、③学びを人生や社会に生かそうとする「学びに向かう力・人間性」の涵養が示されました。そして、その学習評価として、３観点（知識・技能、思考力・判断力・表現力等、主体的に学習に取り組む態度）が示されました。

　自立活動もこの３観点に沿って、且つ、数値・評定・段階などを取り入れながら具体的に評価していくことが重要です。このことにより、「何を学んだのか」「どのように学んだのか」「何ができるようになったか」が明白になります。そうすることで、次年度に担当する教師にとって理解しやすいものとなるでしょう。

学習指導要領・学習指導要領解説を読み解く

　学習指導要領を読んでいくと、文末表現をどのように解釈したらよいか、戸惑うことがあります。そこで、具体的に文末表現を取り上げて解説します。

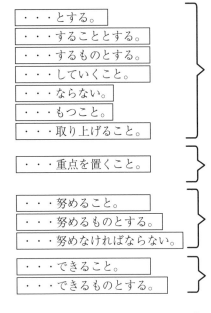

・・・とする。
・・・することとする。
・・・するものとする。
・・・していくこと。
・・・ならない。
・・・もつこと。
・・・取り上げること。

その通りにしなければならない。絶対的なもの。

・・・重点を置くこと。

重要なので、通常の場合はそのようにすること。

・・・努めること。
・・・努めるものとする。
・・・努めなければならない。

推奨し、可能な限り努力すること。

・・・できること。
・・・できるものとする。

理由がある場合には、そのようにしてよい。それができること。

＊学習指導要領の文章は、（　）や「　」が多いために、内容を読み取れなくなる場合があります。そこで、（　）や「　」内はカットして読むと理解しやすくなります。1段落を読んだ後で（　）や「　」内の文言を読むようにします。

---

(2)　授業時数等の取扱い
　　ア　小学部又は中学部の各学年における第2章以下に示す各教科（知的障害者である生徒に対する教育を行う特別支援学校の中学部において、外国語科を設ける場合を含む。以下同じ）、道徳科、外国語活動（知的障害者である児童に対する教育を行う特別支援学校の小学部において、外国語活動を設ける場合を含む。以下同じ。）、総合的な学習の時間、特別活動（学級活動（学校給食に係る時間を除く。）に限る。以下、この項、イ及びカにおいて同じ。）及び自立活動（以下「各教科等」という。）の総授業時数は、小学校又は中学校の各学年における総授業時数に準ずるものとする。

まず、（　）や「　」内をカットして読む

---

(2)　授業時数等の取扱い
　　ア　小学部又は中学部の各学年における第2章以下に示す各教科（知的障害者である生徒に対する教育を行う特別支援学校の中学部において、外国語科を設ける場合を含む。以下同じ）、道徳科、外国語活動（知的障害者である児童に対する教育を行う特別支援学校の小学部において、外国語活動を設ける場合を含む。以下同じ。）、総合的な学習の時間、特別活動（学級活動（学校給食に係る時間を除く。）に限る。以下、この項、イ及びカにおいて同じ。）及び自立活動（以下「各教科等」という。）の総授業時数は、小学校又は中学校の各学年における総授業時数に準ずるものとする。

第 2 章

自立活動 Q&A

~学習指導要領における
自立活動の理解~

Q1　自立活動は、どのような児童生徒に実施するのですか？

　自立活動の対象は、障害のある児童生徒となります。つまり、特別支援学校に在籍している児童生徒、小・中学校等の特別支援学級に在籍している児童生徒、小・中学校等の通常の学級に在籍していて通級による指導を受けている児童生徒です。

　一方、小・中学校等の通常の学級に在籍している障害のある児童生徒で、通級による指導を受けていない児童生徒であっても、障害による学習上又は生活上の困難の改善・克服を目的とした指導が必要な場合があります。

Q2　自立活動は、特別支援学校、小・中学校等の特別支援学級及び通級による指導において、教育課程の中で必ず取り上げて実施しなければならないのですか？　知的障害者に対しても同様に実施しなければならないのですか？

　自立活動は、小・中学校等の通常の学級の教育課程にはなく、特別支援学校、小・中学校等の特別支援学級及び通級による指導の教育課程において、特別に設けられている指導領域です。しかし、学習指導要領や同解説には、自立活動を実施しなければならないことが示されています。

　『特別支援学校学習指導要領』では、特別支援学校の教育課程の編成における共通的事項として、「各教科、道徳科、外国語活動、特別活動及び自立活動の内容に関する事項は、特に示す場合を除き、いずれの学校においても取り扱わなければならない。」こと、また、知的障害者である児童（生徒）に対する教育を行う特別支援学校においても自立活動は、「特に示す場合を除き、全ての児童（生徒）に履修させるものとする。」と明記されています。

　『小学校学習指導要領解説総則編』及び『中学校学習指導要領解説総則編』には、特別支援学級における特別の教育課程の編成に係わって、「特別支援学校小学部・中学部学習指導要領第7章に示す自立活動を取り入れること。」と明記されています。また、通級による指導においても、特別の教育課程を編成する場合には、「特別支援学校小学部・中学部学習指導要領第7章に示す自立活動の内容を参考とし、具体的な目標や内容を定め、指導を行うものとする。」と明記されています。

『特別支援学校学習指導要領』
第1章総則　第3節教育課程の編成　3－(1)－ア・カ・キ

> ア　第2章以下に示す各教科、道徳科、外国語活動、特別活動及び自立活動の内容に関する事項は、特に示す場合を除き、いずれの学校においても取り扱わなければならない。

> カ　知的障害者である児童に対する教育を行う特別支援学校の小学部においては、生活、国語、算数、音楽、図画工作及び体育の各教科、道徳科、特別活動並びに自立活動については、特に示す場合を除き、全ての児童に履修させるものとする。また、外国語活動については、児童や学校の実態を考慮し、必要に応じて設けることができる。
>
> キ　知的障害者である生徒に対する教育を行う特別支援学校の中学部においては、国語、社会、数学、理科、音楽、美術、保健体育及び職業・家庭の各教科、道徳科、総合的な学習の時間、特別活動並びに自立活動については、特に示す場合を除き、全ての生徒に履修させるものとする。また、外国語科については、生徒や学校の実態を考慮し、必要に応じて設けることができる。

『小学校学習指導要領解説総則編』及び『中学校学習指導要領解説総則編』

特別支援学級における特別の教育課程（第 1 章第 4 の 2 の（1）のイ）

> イ　特別支援学級において実施する特別の教育課程については、次のとおり編成するものとする。
> (ア)　障害による学習上又は生活上の困難を克服し自立を図るため、特別支援学校小学部・中学部学習指導要領第 7 章に示す自立活動を取り入れること。

通級による指導における特別の教育課程（第 1 章第 4 の 2 の（1）のウ）

> ウ　障害のある児童（生徒）に対して、通級による指導を行い、特別の教育課程を編成する場合には、特別支援学校小学部・中学部学習指導要領第 7 章に示す自立活動の内容を参考とし、具体的な目標や内容を定め、指導を行うものとする。その際、効果的な指導が行われるよう、各教科等と通級による指導との関連を図るなど、教師間の連携に努めるものとする。

『高等学校学習指導要領』

通級による指導における特別の教育課程（第 1 章総則第 5 款の 2 の（1）のイ）

> イ　障害のある生徒に対して、学校教育法施行規則第 140 条の規定に基づき、特別の教育課程を編成し、障害に応じた特別の指導（以下「通級による指導」という。）を行う場合には、学校教育法施行規則第 129 条の規定により定める現行の特別支援学校高等部学習指導要領第 6 章に示す自立活動の内容を参考とし、具体的な目標や内容を定め、指導を行うものとする。その際、通級による指導が効果的に行われるよう、各教科・科目等と通級による指導との関連を図るなど、教師間の連携に努めるものとする。

Q3　"特別の教育課程" とは、どのようなことですか？

　「学校教育法施行規則第 140 条の規定による特別の教育課程について定める件」（平成 5 年文部省告示第 7 号、平成 28 年 12 月 9 日一部改正公布）において、小・中学校等における障害に応じた特別の指導は、「障害による学習上又は生活上の困難を改善し、又は克服することを目的とする指導とし、特に必要があるときは、障害の状態に応じて各教科の内容を取り扱いながら行うことができるものとすること。」とされています。

　小・中学校等の特別支援学級及び通級による指導においては、児童生徒の障害の特性や状態等から考えると、小・中学校等の教育課程をそのまま適用できない場合が多

くあります。したがって、『特別支援学校学習指導要領』に示された自立活動等を取り入れた特別の教育課程を編成することになります。

Q4 自立活動は、週時程表に必ず時間設定（自立活動の時間における指導）して実施しなければならないのですか？　特に、知的障害のある児童生徒の場合、時間設定が必要なのですか？

『解説自立活動編』には、「自立活動は、授業時間を特設して行う自立活動の時間における指導を中心とし、各教科等の指導においても、自立活動の指導と密着な関連を図って行われなければならない。」と述べられています。

また、『小学校学習指導要領解説総則編』及び『中学校学習指導要領解説総則編』には、特別支援学級において実施する特別の教育課程において「自立活動を取り入れること」、通級による指導で特別の教育課程を編成する場合において「自立活動の内容を参考とし、具体的な内容を定め、指導を行うものとする」と述べられています。

つまり、特別支援学校、小・中学校の特別支援学級及び通級による指導では、週時程表に時間設定（自立活動の時間における指導）して実施することが望まれます。知的障害のある児童生徒にとっても同様と解釈できます。

もし、知的障害特別支援学校や知的障害特別支援学級において、"特別の教育課程を編成しない"あるいは"自立活動を週時程に特設しない"と主張するのであれば、それは知的障害のある児童生徒が通常の教育課程で十分に教育を行うことができることを意味しますから、障害による学習上又は生活上の困難の改善・克服に特化した授業を行わないということになります。特別支援学校や特別支援学級が学びの場として適切であるという根拠がなくなるのではないでしょうか。

Q5 「自立活動の指導」と「自立活動の時間における指導」とは、どのように異なるのですか？

自立活動の教育活動は、学校の教育活動全体を通じて行う"自立活動の指導"と、授業時間を特設して行う"自立活動の時間における指導"の2つがあります。教育課程上では、特に示す場合を除いて原則的に全ての児童生徒に自立活動を履修させなければなりません。

特に、知的障害の児童生徒には、これまで学校の教育活動全体を通じて行う"自立活動の指導"だけで実施してきた経緯があります。しかしながら最近は、知的障害の特別支援学校でも"自立活動の時間における指導"を実施することが増えてきています。それは、知的障害の他に自閉スペクトラム症や肢体不自由などが重複しており、知的障害の児童生徒にとっても、自立活動が重要であるとの認識が高まっているからでしょう。

障害の重い児童生徒には、各教科等を自立活動に替えて、自立活動を中心とした教育課程を編成することができるのですか？

『特別支援学校学習指導要領』第1章第8節では、重複障害者等に関する教育課程の取扱いについて、以下のように示されています。

> 重複障害者のうち、障害の状態により特に必要がある場合には、各教科、道徳科、外国語活動若しくは特別活動の目標及び内容に関する事項の一部又は各教科、外国語活動若しくは総合的な学習の時間に替えて、自立活動を主として指導を行うことができるものとする。

つまり、障害の状態が重く、各教科等での教育課程が設定できない児童生徒の場合には、自立活動を主として指導を行うことができます。しかし、そのためには、「なぜ教科等ができないのか」「なぜ自立活動が必要なのか」といった明確な根拠を示す必要があります。障害の重い児童生徒であっても教科等の学習が必要であることを理解することが重要です。安易に、自立活動を主とした指導を行うことのないように留意しなければなりません。

また、道徳科及び特別活動については、その目標及び内容の全部を替えることができないことに留意する必要があります。

自立活動は、週に何時間くらい設定すればよいですか？

学校の教育活動全体を通じて行う"自立活動の指導"では、通常、教育課程上の授業時数としてカウントされません。一方、授業時間を特設して行う"自立活動の時間における指導"では、個々の児童生徒の障害の状態等に応じて適切な授業時数を配当することになります。各教科等では、学年ごとに一律に授業時数が決められていますが、自立活動には、授業時数が決められていません。しかし、授業時数が決められていないので、「自立活動をしなくともよい」ということではありません。

授業時数は、学校種や障害種によっても異なります。全国的な授業時数の調査（国立特別支援教育総合研究所, 2019）によると、特別支援学校（知的障害）の小学部では週1～4時間、中学部では週1～3時間が多く設定されているようです。また、小・中学校の特別支援学級では、週1～2時間が多く設定されているようです。

一方、小・中学校等の通級による指導（文部科学省, 2013）では、年間35～280単位時間（週1～8コマを標準）としています。ただし、LD・ADHD等は、1つの単元や題材でも指導の効果があることから、年間10～280単位時間（月1～週8単位時間程度）と幅があります。

いずれにしても、自立活動を特設すると必然的に教科等の授業時数が削減されることになります。自立活動は、各教科等と関連して指導することも可能です。全体のバランスも考慮して適切に配当する必要があります。

8 自立活動の目標の中の「心身の調和的発達の基盤を培う」とは、どのようなことですか？　特に、知的障害のある児童生徒の自立活動をどのように捉えますか？

障害のある児童生徒は、発達の個人差が大きいと言えます。そこで、一人一人の児童生徒の発達の遅れや不均衡を改善したり、発達の進んでいる側面を更に伸ばすことによって遅れている側面の発達を促すようにしたりします。自立活動の指導によって獲得された知識、技能、態度及び習慣が、新たな自立的な生活や活動を生み出すことにつながるという意味です。例えば、発話がない聴覚障害（難聴）の児童生徒が自立活動の指導で手話を覚えることにより、様々な人々と会話ができるようになり、コミュニケーションの幅が広がっていくことなどです。

特に、知的障害のある児童生徒は、全般的な知的発達の程度や適応行動に比較して、言語、運動、動作、情緒、行動等の特定の分野に、顕著な発達の遅れや特に配慮を必要とする様々な状態が知的発達に随伴して見られることがあります。このような障害により困難となっている状態を改善・克服するのが自立活動となります。例えば、手指の動作がぎこちない知的障害の児童生徒が目と手の協応動作を高めるような自立活動の指導により、着替えが速くなったりボタンはめや紐結びができたりすることで、周りからの支援が減ることなどです。

9 自立活動と合理的配慮との関係は、どのように捉えればよいですか？

自立活動と合理的配慮との関係については、『解説自立活動編』（第2章2（3））に以下の2つの関連で捉える必要があると示されています。

一つ目は、自立活動としては、障害による学習上又は生活上の困難を改善・克服するために、幼児児童生徒が、困難な状況を認識し、困難を改善・克服するために必要な知識、技能、態度及び習慣を身に付けるとともに、自己が活動しやすいように主体的に環境や状況を整える態度を養うことが大切であるという視点である。

二つ目は、学校教育における合理的配慮は、障害のある幼児児童生徒が他の幼児児童生徒と平等に教育を受けられるようにするために、障害のある個々の幼児児童生徒に対して、学校が行う必要かつ適当な変更・調整という配慮であるという視点である。

特に、二つ目の点においては、自立活動の指導であっても通常の学級での指導であっ

ても、本人が他の児童生徒と同じように学習できるよう配慮することです。例えば、視覚障害（弱視）の児童生徒の拡大文字やプリントを使用したり、手指機能が不全な児童生徒の板書でデジカメを使用したりすることなどです。

　なお、合理的配慮の具体的な内容については、「個別の教育支援計画」に明記されるとともに、「自立活動の個別の指導計画」の中にも関連付けて記載しておくとよいでしょう。

Q10　「教育課程に基づく教育計画である個別の指導計画」と「自立活動の個別の指導計画」は、どのように異なるのですか？

　「自立活動の個別の指導計画」は、自立活動だけの個別の指導計画です。平成 11 年 3 月告示の特別支援学校学習指導要領から作成が義務付けられました。

　一方、「教育課程に基づく教育計画である個別の指導計画」は、国語、算数、音楽、図画工作、体育、特別活動、生活単元学習……など、設定している全ての教科等についての個別の指導計画です。平成 21 年 3 月告示の特別支援学校学習指導要領から作成が義務付けられました。この中には、自立活動も含まれます。自立活動が両者の個別の指導計画で作成されることになると混同してしまいますから、「教育課程に基づく教育計画である個別の指導計画」の中にある自立活動の欄には、"別紙参照" または "自立活動の個別の指導計画による" などのように記載しておくと分かりやすくなります。（P18、表 1 -3 参照）

Q11　「個別の教育支援計画」と「自立活動の個別の指導計画」は、どのように異なるのですか？

　「個別の教育支援計画」は、障害のある児童生徒の一人一人のニーズを正確に把握し、教育の視点から適切に対応していくという考えの下、長期的な視点で乳幼児期から学校卒業後までを通じて一貫して的確な教育的支援を行うことを目的として作成されるものです。作成にあたっては保護者の参画が必要であり、また、教育のみならず、福祉、医療、労働等の関係機関との連携協力も不可欠となります。

　一方、「自立活動の個別の指導計画」は、個々の指導内容（教育課程）を具体化したもので、自立活動の具体的な指導目標と手立て等を記載するものです。したがって、長期的にわたり支援するためのトータルプランとしての「個別の教育支援計画」を作成した後に、その趣旨を踏まえて具体的な指導のための「自立活動の個別の指導計画」が作成されると考えると分かりやすいでしょう。

Q12 「自立活動の個別の指導計画」は、必ず作成しなければならないのですか？

『特別支援学校学習指導要領』（第7章第3の1）では、以下のように示されています。

> 1　自立活動の指導に当たっては、個々の児童又は生徒の障害の状態や特性及び心身の発達の段階等の的確な把握に基づき、指導すべき課題を明確にすることによって、指導目標及び指導内容を設定し、個別の指導計画を作成するものとする。

「自立活動の個別の指導計画」は、平成11年3月告示の学習指導要領から作成が義務付けられています。今回改訂された学習指導要領では、指導計画作成の理解をさらに促すために、「指導すべき課題」を明確にすることが加えられています。したがって、「自立活動の個別の指導計画」の作成の必要性はもとより、これまで以上に、内容の充実が求められていると考えます。

Q13 「自立活動の個別の指導計画」は、様式や手順が決まっているのですか？

『解説自立活動編』には、「自立活動の個別の指導計画」作成の手順として、個々の児童生徒の実態把握から具体的な指導内容を設定するまでの流れの例が、"流れ図"として示されています。また、障害種の異なる13の事例も示されています。

平成21年6月告示の『解説自立活動編』では、「児童生徒の実態の把握」「指導目標（ねらい）の設定」「具体的な指導内容の設定」「評価」という展開に従って配慮事項が示されていましたが、今回改訂された『解説自立活動編』では、「児童生徒の実態の把握」「指導すべき課題の抽出」「指導目標（ねらい）の設定」「具体的な指導内容の設定」「評価」までの手続きと、手続きの間をつなぐ要点が示されています。

様式については規定されたものはありませんが、"流れ図"そのものを様式とすることは可能と言えます。ただし、各教科等との関連や指導経過、評価について記載する欄はありません。したがって、必要な項目を増やしたり記入欄を工夫したりするなど、よりよい様式にするための検討が必要です。本書にも様式と記入例が多く記載されていますので、ぜひ参考にしてください。

Q14 「自立活動の個別の指導計画」の活用は、どのようにすると効果的ですか？

　自立活動については、『解説自立活動編』を概観しても、教科のように目標の系統性が示されていません。そのため、作成した「自立活動の個別の指導計画」を活用し、次年度へ引き継ぐことが、児童生徒一人一人の自立活動における指導の継続性を確保するための重要なツールとなります。

　また、対象となる児童生徒の現在の姿のみにとらわれるのではなく、そこに至る背景や学校・学級で指導可能な残りの在学期間、数年後や卒業後までに育みたい力との関係など、児童生徒の中心的な課題を整理する上で重要な情報となります。

　特に、指導者が複数の場合や年度によって担当の指導者が替わる場合には、「自立活動の個別の指導計画」を活用することによって、指導内容の共通理解や継続がスムーズにできるとともに、指導の重複や欠落がないように確認したり指導を見直したりすることができます。

Q15 「自立活動の個別の指導計画」の評価は、どのようにすると効果的ですか？

　自立活動の指導は、教師が児童生徒の実態を把握した上で「自立活動の個別の指導計画」を作成しますが、計画は当初の仮説に基づいて立てた見通しであるため、児童生徒にとって適切な計画であるかどうかは、実際の指導を通して明らかになるものです。したがって、学習状況や指導の結果に基づいて適宜修正を図る必要があります。そのため、実際の指導が指導目標に照らしてどのように行われ、児童生徒が指導目標の実現に向けてどのように変容しているかを明らかにする評価が重要となります。

　指導と評価は一体であると言われるように、評価は児童生徒の学習評価であるとともに、教師の指導に対する評価とも言えます。教師自身が自分の指導のあり方を見つめ、児童生徒に対する適切な指導内容や指導方法の改善に結び付けることが大切です。また、評価にあたっては、多面的な判断ができるように、複数の教師間で検討したり、必要に応じて外部の専門家や保護者との連携を図ったりすることも検討するとよいでしょう。

　児童生徒にとっても、評価は自らの学習状況や結果に気付き、自分を見つめ直すきっかけとなり、その後の学習への意欲や発達を促す上でも効果があります。したがって、児童生徒の実態に応じて、学習の前後や学習中に自己評価を取り入れるといったことも大切です。

Q16 「自立活動の個別の指導計画」と他の領域や教科等との関連は、どのように位置付ければよいですか？

『特別支援学校学習指導要領』（第7章第3の2の（5））では、以下のように示されています。

> 各教科、道徳科、外国語活動、総合的な学習の時間及び特別活動の指導と密接な関連を保つようにし、計画的、組織的に指導が行われるようにするものとする。

「自立活動の個別の指導計画」の作成にあたっては、各教科、道徳科、外国語活動、総合的な学習の時間及び特別活動と自立活動の指導との関連を図ることが必要であり、両者が補い合って効果的な指導が行われるようにすることが大切です。

障害のある児童生徒は、各教科等において育まれる資質・能力の育成につまずきなどが生じやすいため、心身の調和的な発達の基盤に着目して指導する自立活動の指導が、各教科等において育まれる資質・能力を支える役割を担っていると言えます。したがって、「自立活動の個別の指導計画」の中に、各教科等との関連を記入する欄を設け、さらに評価するなどして、その関連性を明確にしておくとよいでしょう。

また、重度重複障害の児童生徒に自立活動を中心に行う教育課程を編成する場合においても、領域、教科等での指導について十分に検討する必要があります。

Q17 保護者との連携は、どのようにすると効果的ですか？

「自立活動の個別の指導計画」を作成する際には、児童生徒について障害の状態、発達や経験の程度、興味・関心、生活や学習環境などの実態を的確に把握することが必要です。実態把握をする際に収集する情報としては、病気等の有無や状態、生育歴、基本的な生活習慣、家庭や地域の環境等、保護者からの聞き取りが必要な内容があります。学校生活における児童生徒の様子は、実態の一部であることを認識し、より的確な実態を把握するには、成長の過程や学校以外の場面での様子を十分に把握し、多面的に捉える必要があります。

また、指導課題の選定にあたっては、教師のみの判断ではなく、本人、保護者と一致していることが大切です。そのためには、指導課題を本人、保護者と一緒に考えたり、教師が考えた指導課題について共通理解を図るよう努めたりすることが必要です。

自立活動の6区分27項目の内容は、学校と保護者との連携を図ることでより教育効果が高まると期待できます。例えば、健康の保持や心理的安定といった区分の内容においては、生活のリズム、服薬等との関連や環境的な要因が心理面に大きく関与していることなどを考えると保護者との連携は重要であると言えます。

Q18　自立活動と関係機関（医療、福祉、労働等）との連携は、どのようにすると効果的ですか？

　「自立活動の個別の指導計画」は、個別の教育支援計画の趣旨を踏まえて作成することから、関係機関（医療、福祉、労働等）との関連性があることは言うまでもありません。一方、学校で取り組んでいる指導内容やその結果を関係機関と共有することで、長期的な見通しの予測がしやすくなり、児童生徒の実態により即した個別の教育支援計画の見直しが可能となります。

　また、障害のある児童生徒は、進学などによって対人関係や環境に変化があると新たな学習上又は生活上の困難が生じたり、困難さの状況が変化したりすることがあります。そのような場合にも、個別の教育支援計画や「自立活動の個別の指導計画」の見直しを行う必要があり、関係機関との連携が重要となります。

　児童生徒の障害が重度で重複しているような場合には、医療的な配慮が必要なケースも少なくありません。内臓や筋の疾患がある場合の運動の内容や量、脱臼や変形がある場合の姿勢や動作、極端に情緒が不安定になる場合の接し方等、主治医等からの指導・助言を得ながら指導することも必要です。

Q19　校内に「自立活動指導員（PT、OT、ST、心理、視覚など）」が配置されている場合、どのように組織付けて連携すればよいですか？

　障害の状態や発達の段階が多様であり、その実態の的確な把握に基づいた指導が必要とされる自立活動においては、教師以外の専門家の指導・助言が必要となる場合があります。例えば、児童生徒の姿勢や歩行、日常生活や作業上の動作、摂食行動やコミュニケーション等の心身の機能や情緒や行動面の課題への対応が必要な場合は、それぞれの分野の専門家からの指導・助言を得ることが大切です。

　校内にそれぞれの分野の専門家である自立活動指導員（PT、OT、ST、心理、視覚など）が配置されている場合は、「自立活動の個別の指導計画」の作成や評価に関する検討会議等のメンバーとするなど、その役割を明確にします。ただし、自立活動の指導は教師が責任をもって計画し実施するものであり、専門家にゆだねてしまうことのないように留意する必要があります。

　専門家からの助言や知見などを指導に生かす場合、指導の経過や児童生徒の様子等の情報交換の場があるとよいでしょう。校内体制として定期的に話し合いの時間を設定すると、より確実に指導を充実させることにつながります。

Q 20 児童生徒が転学や進学する場合、教育課程の連続性として「自立活動の個別の指導計画」は、どのように活用すればよいですか？

　児童生徒の転学や進学先の学校において、教育課程の連続性の観点から、指導内容の重複や全く異なる内容を唐突に実施されることは避けなければなりません。自立活動の指導も系統性や一貫性を確保しつつ、継続的に行われる必要があります。そのため、指導内容等の引継ぎが重要となります。

　前籍校においては、「自立活動の個別の指導計画」の中に、「何を引継ぎたいのか」を明確に記すような項目を設けるなどの工夫をするとよいでしょう。

　転学や進学先の学校においては、前籍校から引継いだ「自立活動の個別の指導計画」を基に、児童生徒の障害の状態や特性、心身の発達の段階、自立活動の学習状況を踏まえ、継続的な指導を行うようにします。ただし、転学や進学によって生活環境や学習環境が変わることで、児童生徒の状態も変化することは少なくありません。改めて児童生徒の状態に応じて指導内容や指導方法の検討をする必要があります。

　「自立活動の個別の指導計画」は引継ぎのために重要な役割を果たしますが、文面だけでは分からないことがある場合は、前籍校の担当者や保護者からの情報収集などに努めることも必要です。

Q 21 児童生徒が就労する場合、「自立活動の個別の指導計画」は、どのように活用すればよいですか？

　障害者基本法や今回改訂された学習指導要領において、引継ぎに関しては、「個別の教育支援計画」の活用が重要であると示されています。ただし、「個別の教育支援計画」及び「教育課程に基づく教育計画である個別の指導計画」と「自立活動の個別の指導計画」の作成の目的や活用の仕方には、違いがあることに留意する必要があります。

　自立活動の指導は、児童生徒の心身の調和的な発達の基盤に着目して指導するものであり、障害による学習上又は生活上の困難を克服し自立を図るために必要な知識・技能を授けることを目的としています。そのため、教科等の個別の指導計画よりも、就労先での支援に結び付きやすい内容となっていると考えられます。

　「自立活動の個別の指導計画」そのものを引継ぐことも大切ではありますが、学校における学習状況を情報提供する場合は、その情報量に配慮することも必要です。引継ぎ先では、全ての資料に目を通しそれを活かすということは容易ではありません。したがって、就労先が必要とする情報は何であるかを考え、引継ぐ情報を精選することも重要です。

第3章

本人参画型の
「自立活動の個別の指導計画」の
様式と作成手順

1 「自立活動の個別の指導計画」の様式の考案

　障害のある児童生徒にとっての自立活動は、個々の障害による学習上又は生活上の困難を改善・克服するために、心身の調和的な発達の基盤に着目する最も重要な学習です。しかし、実際の教育現場を見ると、必ずしも適切な指導が行われているとは言い難い面も少なくなくありません。特に、知的障害の特別支援学校や特別支援学級では、自立活動の時間を週時程に特設（自立活動の時間における指導）していることがまだまだ少なく、しかも、学校の教育活動全体を通じて指導していると言いながら、その「自立活動の個別の指導計画」が不十分であったり、見当たらなかったりします。また、各教科等との指導と密接な関連が図られていないことも少なからずあるようです。

　自立活動は、「自立活動の個別の指導計画」を作成して個別指導の形態で行うことを基本としています。仮に集団指導の形態の場合であっても、個々の指導目標は異なるので、"集団の個別化"が図られなければなりません。「自立活動の個別の指導計画」は、最初に"様式"への記載から始まります。指導計画（Plan）が作成されると、それを基に実践（Do）することになります。そして、その実践が終わると評価（Check）し、さらに、その指導計画を改善（Action）していきます。つまり、「自立活動の個別の指導計画」は、「PDCAサイクル」で進めていくことになります。

　しかしながら、『解説自立活動編』や多くの自立活動に関する書籍では、"様式"が指導計画（Plan）だけに見られ、実践（Do）・評価（Check）・改善（Action）は別様式や別ファイルになっていて、文章表記で長々と記載されていることがあります。そのため、「何ができて、何ができなかったのか」といった学習評価や次年度の改善事項などが不明確になってしまうのではないでしょうか。

　そこで本書では、「指導計画（Plan）－実践（Do）－評価（Check）－改善（Action）」が一体化しており、各学校でそのまま作成・評価・活用（引継ぎ）できる オリジナルな"様式"を考案しました。この「自立活動の個別の指導計画」の"様式"は、**教師用と本人用の２種類**が１つの様式になっています。

　教師用の「自立活動の個別の指導計画」である**【様式１】**は、『解説自立活動編』28頁（図２）に示されている「① 実態把握のために必要な情報を収集する段階」から「⑧ 具体的な指導内容を設定する段階」までの様式の"流れ図"に、さらに、オリジナルである「⑨ 具体的な指導方法を設定する段階」「⑩ 各教科等との関連」「⑪ 指導経過」「⑫－１ 自立活動の学習評価」「⑫－２ 各教科等の学習評価」「⑬ 指導計画の作成から実施までの全般的な評価」「⑭ 次年度への引継ぎ事項」を加えたものです。また、様式の最初に、「⓪ プロフィール」の項目を付け加えました。

　一方、本人用の「自立活動の個別の指導計画」は、本人が自立活動の学習を理解で

きるようにするための“概略版（本人用の自立活動シート）”として、障害等が比較的軽い（理解できる）児童生徒のための【様式２】（本人用①）と障害等が比較的重い（理解できにくい）児童生徒のための【様式３】（本人用②）の２種類を考案しました。本人の能力・特性に応じて、どちらかの様式を選択します。

　教師が作成した【様式１】を確認しながら、自分の意見を内容に盛り込むことができる児童生徒は【様式２】を作成します。場合によっては、児童生徒が【様式１】の「自立活動の個別の指導計画」作成の初期段階から参画することもよいでしょう。それらが難しい児童生徒は、教師の助言を受けたり、保護者が参画するなどして（保護者の確認でも可能）、【様式３】を作成します。

　これまでの自立活動は、教師が単独で作成した指導計画の下に実践されてきた経緯があり、児童生徒は自立活動の内容をあまり理解していなかった部分もあったようですが、本書の提案は、まさしく『本人参画型』の自立活動と言えるでしょう。

　それでは、次項から本書で提案する「自立活動の個別の指導計画」の【様式１】【様式２】【様式３】を示します。

「自立活動の個別の指導計画」

名　前		性別		学校・学部・学年	
障害名 診断名					
検査結果 手帳取得					
指導期間			指導時数		
指導場所			指導者		
関係者等					
合理的配慮 （観点）					

① 障害の状態、発達や経験の程度、興味・関心、学習や生活の中で見られる長所やよさ、課題等について情報収集

②－１　収集した情報（①）を自立活動の区分に即して整理する段階					
健康の保持	心理的な安定	人間関係の形成	環境の把握	身体の動き	コミュニケーション

②－２　収集した情報（①）を学習上又は生活上の困難や、これまでの学習状況の視点から整理する段階

②－３　収集した情報（①）を卒業後（〇年後）の姿の観点から整理する段階

③　①をもとに②－１、②－２、②－３で整理した情報から課題を抽出する段階

④　③で整理した課題同士がどのように関連しているかを整理し、中心的な課題を導き出す段階

課題同士の関係を整理する中で今指導すべき指導目標として	⑤　④に基づき設定した指導目標を記す段階	
	知識・技能	
	思考・判断・表現	
	学びに向かう力、人間性等	

指導目標を達成するために必要な項目の選定	⑥　⑤を達成するために必要な項目を選定する段階					
	健康の保持	心理的な安定	人間関係の形成	環境の把握	身体の動き	コミュニケーション

⑦　項目と項目を関連付ける際のポイント

選定した項目を関連付けて具体的な指導内容を設定	⑧　具体的な指導内容を設定する段階		
	ア	イ	ウ

指導内容について具体的に指導方法を設定	⑨　⑧を実施するために具体的な指導方法（段階、教材・教具の工夫、配慮など）を設定する段階		
	ア	イ	ウ

⑩　各教科等との関連（指導場面、指導内容、指導方法）を設定する段階　＜関連する教科等のみ記載＞	
国語	
社会／地歴／公民	
算数／数学	
理科	
生活	
音楽／芸術	
図画工作／美術／芸術	
家庭／技・家／職・家／職業	
体育／保健体育	
外国語活動／外国語	
情報	
道徳	
総合的な学習（探究）の時間	
特別活動	
その他（　　　　　）	
日常生活の指導	
遊びの指導	
生活単元学習	
作業学習	

＊その他の教科は、理数、農業、工業、商業、水産、看護、福祉、保健理療、印刷、理容・美容、クリーニングなど。
＊各学校の教育課程の編成に応じて、教科等を取捨選択して作成する。（基本的な教育課程の構造は示しておく）

⑪　指導経過（⑧の指導内容、⑨の指導方法に対する指導経過）			
1学期	ア	イ	ウ
2学期	ア	イ	ウ
3学期	ア	イ	ウ

⑫−1　自立活動の学習評価（⑤の指導目標に対する学習評価）　◎よくできた　〇できた　▲できなかった		
	知識・技能	思考・判断・表現	主体的に学習に取り組む態度
年間の評価			
その他			

⑫−2　各教科等の関連評価（⑩の各教科等を通して）　＜関連する教科等のみ記載＞　　◎〇▲で評価	
国語	
社会／地歴／公民	
算数／数学	
理科	
生活	
音楽／芸術	
図画工作／美術／芸術	
家庭／技・家／職・家／職業	
体育／保健体育	
外国語活動／外国語	
情報	
道徳	
総合的な学習（探究）の時間	
特別活動	
その他（　　　　　　　）	
日常生活の指導	
遊びの指導	
生活単元学習	
作業学習	

⑬　指導計画の作成から実施までの全般的な評価（よかった点、改善すべき点、意見など）	
実態把握 指導目標	
指導内容 指導方法	
教科等との関連	
指導経過 学習評価	
本人の意見 本人用シート	
保護者の意見	
その他	

⑭　次年度への引継ぎ事項（変更点、要望など）	
担任・担当者へ	
本人・保護者へ	
その他	

【様式２】（本人用①）

自立活動の学習

学校・学部　　年・組　名前

自分の得意なことや苦手なこと、困っていること					
健康について（健康の保持）	自分の気持ちについて（心理的な安定）	人付き合いについて（人間関係の形成）	周りの感じ方について（環境の把握）	体の動かし方について（身体の動き）	友達や他人との会話について（コミュニケーション）

特に、がんばりたいこと、よくしたいこと、直したいこと					
健康について（健康の保持）	自分の気持ちについて（心理的な安定）	人付き合いについて（人間関係の形成）	周りの感じ方について（環境の把握）	体の動かし方について（身体の動き）	友達や他人との会話について（コミュニケーション）

１年間の目標	
知識・技能	①
思考・判断・表現	②
学びに向かう力	③

学習内容学習方法				
	学期	◎とてもよくできた　〇できた　▲できなかった		
ふり返り	１学期	①	②	③
	２学期	①	②	③
	３学期	①	②	③
	その他			

自立活動の学習

学校・学部　　年・組　名前

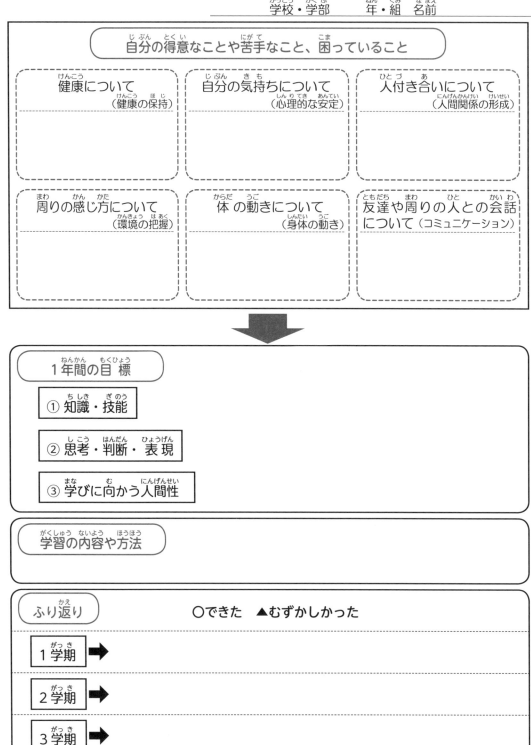

自分の得意なことや苦手なこと、困っていること

健康について
（健康の保持）

自分の気持ちについて
（心理的な安定）

人付き合いについて
（人間関係の形成）

周りの感じ方について
（環境の把握）

体の動きについて
（身体の動き）

友達や周りの人との会話について（コミュニケーション）

1年間の目標

① 知識・技能

② 思考・判断・表現

③ 学びに向かう人間性

学習の内容や方法

ふり返り　　　〇できた　▲むずかしかった

1学期 ➡

2学期 ➡

3学期 ➡

2　教師用の「自立活動の個別の指導計画」の作成手順と記載内容

　次に、教師用の「自立活動の個別の指導計画」の【様式１】に示した「⓪ プロフィール」から「⑭ 次年度への引継ぎ事項」までの作成手順（記載の仕方）について、第４章の事例（小学校の知的障害特別支援学級）を参考にしながら詳しく解説します。

　※事例は、様々な実践をアレンジして作成したものです。

⓪　プロフィール

　プロフィールには、基本的な情報の他に、特に「検査結果・手帳取得」や「合理的配慮（観点）」の項目を加えました。それぞれの項目には、具体的に記載する内容を示しました。それを参考にしながらプロフィールを作成していきます。

名　前			性別		学校・学部・学年	＊学校・学部・学級・学年の区別
障害名 診断名	＊病院での診断名、専門家チームや就学指導委員会の障害診断名（いつ、どこで、誰が） ＊薬を服用している場合（薬の名前、服用開始時期、服薬量）					
検査結果 手帳取得	＊ WISC-Ⅳ・KABC-Ⅱや発達検査等の個別検査結果、RNT 等の集団検査結果（いつ、どこで、誰が） ＊障害者手帳（療育、身体障害者、精神障害者）の有無、取得と更新（時期）					
指導期間	＊通常は１年間の期間			指導時数	＊年間の総時数や週時数	
指導場所	＊教室や自立活動教室など			指導者	＊担任（担当）	
関係者等	＊主治医 Dr.、作業療法士 OT、理学療法士 PT、言語療法士 ST など（いつ、どこで、誰が） ＊関係者については、図3-1 を参照					
合理的配慮 （観点）	＊本人・保護者と学校（教育委員会等）が支援体制や支援内容について取り決めたこと ①物的環境整備（スロープ、エレベータ、エアコン、ICT 機器、FM 補聴器、タブレット端末、災害避難など） ②人的環境整備（支援員、T-T、取り出し指導、通級指導、具体的な教材教具、支援具など） ③その他の配慮（薬の副作用、書字支援、身体支援、課題の量、座席の位置、授業参加度など） ＊「観点」については、表3-2 を参照					

【記入例】

名　前	○○　○○		性別	男	学校・学部・学年	特別支援学級（知的障害）２年さくら学級
障害名 診断名	知的発達症（県立 S 療育センター・I Dr、6歳時） てんかん（M総合クリニック・T Dr、小学校１年時）、服薬（デパケン錠200mg、朝１回）					
検査結果 手帳取得	田中ビネーⅤ　IQ65（県立 S 療育センター・A臨床心理士、6歳時） 療育手帳B取得（小学校１年時）					
指導期間	令和２年４月〜令和３年３月（１年間）			指導時数	特設：年間70時間（週２時間）	
指導場所	教室他			指導者	担任（Y教諭）	
関係者等	主治医（M総合クリニック・T Dr）、大学研究室の個別指導（S大学・I教授）					
合理的配慮 （観点）	学習能力に応じで、☆本や通常の教科書の内容を取捨選択して学習に取り組ませる。（①−１−２） デパケン薬の副作用により、午前中は集中力が欠けたり眠くなるので学習を調整する。（①−１−２） 指導中や活動中に、てんかんを誘発する「興奮」を避け、「光る物」を提示しない。（①−２−３） てんかん発作が起こった時は養護教諭と連携し対応するが、5分以上続く時は救急搬送する。（③−２）					

「検査結果・手帳取得」については、表3-1に示すように標準化された個別検査がありますので、受検している場合には、検査名・検査場所・検査年・検査員を記載します。また、障害者手帳を取得している場合には、その種類・等級・取得年を記載します。

　「合理的配慮」は、障害のある児童生徒が教科等の学習や様々な活動をする際にスムーズに適応できるようにするための内容、あるいは、通常の学級など障害のない児童生徒と一緒に教科等の学習や様々な活動をしたりすることができるようにするための内容です。そこで、その内容の根拠を示すために、『共生社会の形成に向けたインクルーシブ教育システム構築のための特別支援教育の推進（報告）』（文部科学省，2012）で示された「学校教育における合理的配慮の観点」の番号を記載します（表3-2）。

表3-1　個別検査の種類

分　類	主な個別検査名（略称）
発　達	・遠城寺式乳幼児分析的発達検査法 ・津守・稲毛式乳幼児精神発達質問紙 ・S-M社会生活能力検査第3版 ・新版K式発達検査2001
知能・心理	・田中ビネー知能検査Ⅴ ・WISC™-Ⅳ知能検査 ・日本版KABC-Ⅱ個別式心理教育アセスメントバッテリー
運動発達	・ムーブメント教育・療法プログラムアセスメント（MEPA-R） ・重症児（者）・重度重複障がい児のムーブメント教育・療法プログラムアセスメント（MEPA-ⅡR） ・脳性麻痺簡易運動テスト
言語発達	・言語学習能力診断検査（ITPA）
視覚認知	・フロスティッグ視知覚発達検査（DTVP）（DTVP-Ⅱ）
自閉症・行動	・自閉症・発達障害児教育診断検査（PEP-3） ・精研式CLAC自閉症行動チェック（CLAC-Ⅱ）（CLAC-Ⅲ）

表3-2　合理的配慮の観点

「合理的配慮」の観点① 教育内容・方法	①-1　教育内容 　①-1-1　学習上又は生活上の困難を改善・克服するための配慮 　①-1-2　学習内容の変更・調整 ①-2　教育方法 　①-2-1　情報・コミュニケーション及び教材の配慮 　①-2-2　学習機会や体験の確保 　①-2-3　心理面・健康面の配慮
「合理的配慮」の観点② 支援体制	②-1　専門性のある指導体制の整備 ②-2　幼児児童生徒、教職員、保護者、地域の理解啓発を図るための配慮 ②-3　災害時等の支援体制の整備
「合理的配慮」の観点③ 施設・設備	③-1　校内環境のバリアフリー化 ③-2　発達、障害の状態及び特性等に応じた指導ができる施設・設備の配慮 ③-3　災害時等への対応に必要な施設・設備の配慮

①　実態把握のために必要な情報を収集する段階

　障害のある児童生徒の状態像は、一人一人異なります。そこで、実態把握では、障害の程度や障害特性、発達や経験の程度、興味・関心、学習や生活の中で見られる長所やよさ、課題等について多方面からの情報収集が求められます。情報収集では、「情報の内容」「実態把握の方法」「専門家からの指導・助言」の３つの視点が重要となります。その内容は、図3-1のとおりです。

情報の内容	実態把握の方法	専門家からの指導・助言
病気等の有無や状態、生育歴 基本的な生活習慣 人や物とのかかわり 心理的な安定の状態 コミュニケーションの状態 対人関係や社会性の発達 身体機能、視機能、聴覚機能 知的発達や身体発育の状態 興味・関心 障害の理解 学習上の配慮事項や学力 特別な施設・設備や補助用具の必要性 進路 家庭や地域の環境 　　　　　　　　　　　　など	観察法 　行動目録法 　行動描写法 面接法 　構造化面接 　半構造化面接 　非構造化面接 検査法 　知能・認知 　発達・心理 　運動・移動 　行動・情緒 　言語・語彙 　絵画・空間 　日常生活 　　　　　　　など	医療関係 　医師、保健師 　理学療法士 　作業療法士 　言語療法士 心理関係 　公認心理師、臨床心理士 　スクールカウンセラー 　ソーシャルスクールワーカー 教育関係 　大学教授・准教授 福祉関係 　児童相談所職員 　障害福祉担当職員 労働関係 　ハローワーク職員 　　　　　　　　　　　　など

図 3-1　情報収集の３つの視点

①　障害の状態、発達や経験の程度、興味・関心、学習や生活の中で見られる長所やよさ、課題等について情報収集
・身辺自立はほぼできているが、何かに夢中になるとトイレに行くことを忘れてしまうため排泄の失敗が時々ある。 ・手先が不器用なため、衣服の小さなボタンはめには、時間がかかる。 ・ひらがな・カタカナは、ほぼ読めたり書けたりでき、漢字は１年生の新出漢字の50％程度理解している。 ・てんかん発作の服薬をしているが、半年に１度程度、学校で発作が起こる。家庭では小さな発作が時々ある。 ・教師の手伝いをしたり、下学年の子のお世話をするのが好きである。

＊課題やマイナス面だけに偏らず、長所やよさなども加える
＊本人の全体像や特徴が見えるように多面的に示し、絞らない
＊箇条書きにする

② 指導すべき課題を整理する段階

次の段階では、①で収集した実態把握での情報を整理します。

最初の②-1では、自立活動の内容の区分に即して整理します。ここでは、内容6区分27項目に関連して一つの区分に偏ることなく課題を整理していきます。

②-1 収集した情報（①）を自立活動の区分に即して整理する段階					
健康の保持	心理的な安定	人間関係の形成	環境の把握	身体の動き	コミュニケーション
・てんかん発作の影響により、体調が悪い時がある。	・思い通りにならないと、学習に取り組めなくなる。	・人とのかかわりが好きだが、自ら関係をつくろうとしない。	・自分のいる場所や進む道順が分からなくなる。	・手先の不器用さがあり、ボタンはめがうまくできない。	・発音がやや不明瞭で、早口なため、相手に言いたいことが伝わらないことがある。

POINT

＊空白がないように、6区分すべてを埋める
＊本人の特徴を6区分で示す

次の②-2では、①で収集した実態把握での情報を、学習上又は生活上の困難や、これまでの学習状況の視点から整理します。

②-2 収集した情報（①）を学習上又は生活上の困難や、これまでの学習状況の視点から整理する段階
・気持ちの浮き沈みは、本人の自信のなさや意欲の問題もあるが、てんかん発作の影響を受けているということも考えていく必要がある。（健、心） ・結果が伴わない経験が多く、自信のなさにつながっている。（心） ・学習への意欲は感じられるが、手先の不器用さがあることで、作業的なことや道具を使うことがうまくできず、運動ができない、きれいな作品ができない等、学習の成果が上がらない。（身）

POINT

＊末尾に6区分の"略称"を（　）で付け加える
＊学習や生活で困難になっていることは何か？
＊すでに達成していることは何か？
＊これから指導や支援をすればできそうなことは何か？

さらに②-3では、①で収集した実態把握での情報について、学校・学部を卒業する時の姿をイメージし、どのような力をどこまで育成するのかを整理します。

②－３　収集した情報（①）を卒業後（５年後）の姿の観点から整理する段階

・学習活動に参加するには体調管理も重要であるため、てんかん発作や服薬の必要性を理解し、自分体調に気を付けることの大切さを意識できるようにしたい。（健）
・手指の巧緻性を高め、できるという達成感を味わい、自信をもって学習に取り組むことができるようにする。（心）
・位置、方向、遠近の概念を身に付け、適切な行動が取れるようにする。（環）
・相手に伝わるような話し方を身に付け、円滑なコミュニケーションができるようにする。（コ）

POINT

＊卒業後までの年数を書き入れる（中学部の生徒は高等部卒業後までの年数）
＊末尾に６区分の"略称"を（　）で付け加える
＊卒業後のイメージを想像（期待）する
＊育成を目指す資質・能力の３観点をふまえる

③　課題を抽出する段階

　これまで実態把握で整理した情報から課題をいくつか抽出します。抽出した課題は６区分も示します。この課題は、「課題同士の関連があるか」「指導の優先順位は何か」「指導の重点の置き方」などに注目します。

③　①をもとに②－１、②－２、②－３で整理した情報から課題を抽出する段階

・てんかんについて十分に理解していないため、体調の変化になかなか気付けない。（健）
・できないことがあると自己肯定感が低くなり、イライラし、活動に取り組めない。（心）
・手指の巧緻性が乏しく、目と手を協応させた動きが苦手である。（環、身）
・道具を使うことや作業が苦手で、作品の出来栄えが悪い。（身）

POINT

＊末尾に６区分の"略称"を（　）で付け加える
＊課題の絞り込みは、「関連・優先・重点」の視点

④　中心的な課題を導き出す段階

　抽出した課題同士がどのように関連しているかを整理しながら、緊急性、重要性を考えて中心的な課題を導き出します。

④　③で整理した課題同士がどのように関連しているかを整理し、中心的な課題を導き出す段階

　学習への意欲は感じられるが、進んで取り組もうとする学習と、全く取り組もうとしない学習とがある。特に不器用さが顕著に表れる図画工作、体育の授業においては、意欲が低下してしまう。これは、手指が不器用であるため、作品等の出来栄えが悪く、達成感が十分に感じられないからだと考えられる。また、手指の巧緻性は、文字を書く、作業をする、運動をする等、学習活動全般において影響しており、どんな活動においても失敗してしまうといった体験を積み重ねてきたことが予測できる。

POINT

＊箇条書きではなく、文章で示す
＊最重要課題である、緊急性があるなど、根拠があるか？

⑤　指導目標（ねらい）を記す段階

　指導目標（ねらい）は、短期的な視点（一般的には１年間または学期ごと）で設定します。短期的な指導目標の達成が長期的な指導目標の達成につながります。本書では、資質・能力の３観点に分けて示すようにしました。各教科等での指導目標や指導内容（段階）と似通っていないかを確認します。この指導目標は、後述する学習評価と一体化しますので、とても重要な段階になります。また、長期的な指導目標も把握しておくと継続性が保たれます。

課題同士の関係を整理する中で今指導すべき指導目標として	⑤　④に基づき設定した指導目標を記す段階	
	知識・技能	・物を認知する力や手先の巧緻性を高めるためのはさみ等の道具が分かり、その道具をうまく使えるようになる。
	思考・判断・表現	・必要な道具を選んだり、自分でできる方法を考えたりしながら課題に取り組むことができる。
	学びに向かう力、人間性等	・苦手なことに対しても、やってみようという気持ちをもって取り組もうとしている。

＊　<u>3観点に分けて</u>指導目標を示す

＊　「知識」と「技能」を分けずに<u>一文で書く</u>

＊　「思考」「判断」「表現」を分けずに<u>一文で書く</u>

＊　「…できる。」「…しようとしている。」などの<u>文末表現</u>

⑥　必要な項目を選定する段階

　指導目標を達成するために必要な項目について、内容の６区分ごとに27項目の中から幾つか選定します。次頁の表3-3に、6区分27項目を示します。

指導目標を達成するために必要な項目の選定	⑥　⑤を達成するために必要な項目を選定する段階					
	健康の保持	心理的な安定	人間関係の形成	環境の把握	身体の動き	コミュニケーション
	(2) 病気の状態の理解と生活管理に関すること。	(3) 障害による学習上又は生活上の困難を改善・克服する意欲に関すること。	(3) 自己の理解と行動の調整に関すること。	(4) 感覚を総合的に活用した周囲の状況についての把握と状況に応じた行動に関すること。	(3) 日常生活に必要な基本的動作に関すること。(5) 作業に必要な動作と円滑な遂行に関すること。	(1) コミュニケーションの基礎的能力に関すること。(2) 言語の受容と表出に関すること。

＊区分ごとに、<u>27項目から選択</u>して書き入れる

＊指導目標に関連する項目のみを選択、関連がなければ空欄

表 3-3　自立活動の内容の６区分 27 項目

１．健康の保持 (1) 生活のリズムや生活習慣の形成に関すること。 (2) 病気の状態の理解と生活管理に関すること。 (3) 身体各部の状態理解と養護に関すること。 (4) 障害の特性の理解と生活環境の調整に関すること。 (5) 健康状態の維持・改善に関すること。	**４．環境の把握** (1) 保有する感覚の活用に関すること。 (2) 感覚や認知の特性についての理解と対応に関すること。 (3) 感覚の補助及び代行手段の活用に関すること。 (4) 感覚を総合的に活用した周囲の状況についての把握と状況に応じた行動に関すること。 (5) 認知や行動の手掛かりとなる概念の形成に関すること。
２．心理的な安定 (1) 情緒の安定に関すること。 (2) 状態の理解と変化への対応に関すること。 (3) 障害による学習上又は生活上の困難を改善・克服する意欲に関すること。	**５．身体の動き** (1) 姿勢と運動・動作の基本的技能に関すること。 (2) 姿勢保持と運動・動作の補助的手段の活用に関すること。 (3) 日常生活に必要な基本動作に関すること。 (4) 身体の移動能力に関すること。 (5) 作業に必要な動作と円滑な遂行に関すること。
３．人間関係の形成 (1) 他者とのかかわりの基礎に関すること。 (2) 他者の意図や感情の理解に関すること。 (3) 自己の理解と行動の調整に関すること。 (4) 集団への参加の基礎に関すること。	**６．コミュニケーション** (1) コミュニケーションの基礎に関すること。 (2) 言語の受容と表出に関すること。 (3) 言語の掲載と活用に関すること。 (4) コミュニケーション手段の選択と活用に関すること。 (5) 状況に応じたコミュニケーションに関すること。

⑦　項目間を関連付ける際のポイント

⑧の指導内容が６区分 27 項目のどれとどれが関連するのかを示します。

⑦　項目と項目を関連付ける際のポイント
・＜物を認知する力を高めることができるように＞（人）(3) と（環）(5)、（環）(4) と（コ）(2) を関連付けて設定した具体的な内容が⑧アである。 ・＜手先の巧緻性を高めることができるように＞（環）(4) と（身）(3) (5) を関連付けて設定した具体的な内容が⑧イである。

POINT

＊６区分の“略称”と 27 項目の“番号”を使って示す
＊書き始めは、＜…するために＞＜…できるように＞などとする
＊⑧の指導内容を実施する視点で書く

⑧　指導内容を設定する段階

項目同士を関連付けて具体的な指導内容（ア、イ、ウ）を設定します。また、指導内容ごとに「指導時数」を書き入れておくと指導の見通しが分かります。

	⑧　具体的な指導内容を設定する段階		
選定した項目を関連付けて具体的な指導内容を設定 （計 70 時間）	[ア] アー１（12 時間） 物を注視したり、見本を見て書き写したりする活動を行う。 アー２（８時間） 動物や動作の模倣を取り入れた活動をする。	[イ] イー１（15 時間） 手指の巧緻性が高まるように、指先を使う課題を行う。 イー２（15 時間） 学習で必要な道具を使えるようにするために、道具の使い方を身に付ける。	[ウ] ウー１（10 時間） 作業のある学習では、その手順を細分化したシートを提示し、手順にそってできるようにする。 ウー２（10 時間） 活動を振り返り、できたことや頑張ったことを確認する。

POINT

＊指導内容が複数ある場合には、「アー２」「ウー２」など細分化する
＊指導時数を書き入れる
＊指導内容は、根拠があるのか？
＊指導内容が４つ以上の場合には、欄を増やす

⑨　指導方法を設定する段階

⑧の指導内容（ア、イ、ウ）の各項目について、それぞれの指導方法を具体的に設定します。

	⑨　⑧を実施するために具体的な指導方法（段階、教材・教具の工夫、配慮など）を設定する段階		
指導内容について具体的に指導方法を設定	[ア] アー１ 点結びや模倣遊びといった活動をしながら、「何かを見てその通りに行う」活動をする。 アー２ 模倣遊びやジェスチャーゲームを通して、教師や友達の動きを見ることや、見たことを伝えたり模倣したりできるようにする。	[イ] イー１ 小さいものをつまむ、ペグを差す、紙を折る、といった活動を、早く正確にできるようにしていく。 イー２ はさみの握り方や力の入れ方を繰り返し行いながら、短い直線→長い直線→曲線といった順番で線を切る。	[ウ] ウー１ 「手順シート」を使って、学習の見通しや、作業の内容を知らせ、シートを見ながら作業を進める経験をさせる。 ウー２ 「振り返りシート」で、できた項目にシールを貼り、何ができたのかを確認できるようにする。

POINT

＊指導の段階、教材・教具の工夫、配慮などを具体的に書く
＊⑧の指導内容に対応した指導方法となっているか？

⑩　各教科等との関連を設定する段階

　自立活動の時間における指導が各教科等における指導と密接に関連することについて、指導場面、指導内容、指導方法を設定します。

⑩　各教科等との関連（指導場面、指導内容、指導方法）を設定する段階　＜関連する教科等のみ記載＞	
国語	文字を正しく書けるように、見本と見比べさせる。 板書をしっかり見て書くことを繰り返す。
社会	
算数	計算や図形の学習において、指先を使って自分で具体物を操作できるようにする。 図形の学習においては、形を正しく捉えられるようにする。
外国語活動／外国語	

POINT

＊自立活動と関連する各教科等のみを書く

＊基本的な教育課程の構造（教科等）は示しておく

＊自立活動の指導目標と、各教科で扱う内容・方法を関連させる

⑪　指導経過

　指導内容（ア、イ、ウ）に対して、それぞれの指導経過を学期ごとに記載します。指導方法の確かめでもありますから、最終的に指導目標が達成できない可能性がある場合には、指導内容や指導方法の変更も検討します。

⑪　指導経過（⑧の指導内容、⑨の指導方法に対する指導経過）			
1学期	ア ・点結びのプリントに集中して取り組むことができた。	イ ・指先を使って1cm四方の紙をつまみ取ることができるようになった。	ウ ・教師が作成した手順シートを見ながら作業を進めるということが理解できるようになった。
2学期	ア ・複雑な点結びは、間違えることもあったが、おおよその形を捉えることができるようになってきた。	イ ・ペグ差しで決められた絵柄の通りに差すことができた。	ウ ・教師の言葉かけがなくても、自分で手順シートを見ながら作業を進めることができる回数が増えた。
3学期	ア ・△、○、□といった形の模倣では、見本に近い形が書けるようになった。	イ ・紙を折る作業では、紙のふちとふちを合わせることを意識しながら、三角や四角に折ることができるようになった。	ウ ・簡単な作業や運動に、自分から進んで取り組むことができるようになった。

POINT

＊学期ごとに評価する

＊⑫の学習評価につながるように、具体的な取り組みの様子を書く

＊年間を「前期」「後期」に分けている場合には、欄の数を変更する

⑫－1　自立活動の学習評価

　⑤で記述した指導目標に対する1年間の学習評価を、3観点（知識・技能、思考・判断・表現、主体的に学習に取り組む態度）にそって記載します。文章表記だけでなく、「◎」「○」「▲」など3段階で評価すると達成度が分かりやすくなります。

⑫－1　　自立活動の学習評価（⑤の指導目標に対する学習の評価） ◎よくできた　○できた　▲できなかった		
知識・技能	思考・判断・表現	主体的に取り組む態度
年間の評価 ◎点結びに集中して取り組み、見本通りに形を捉えることができるようになった。 ○時間内で、決められた課題を終えることができるようになってきた。	◎ペグ差しや紙を折る作業では、見本通りになるように自分で試行錯誤しながら取り組み、目標の時間内で完成させることができた。 ▲指先で物をつまむということがなかなかできずに、イライラして活動を中止することがあった。	○苦手な活動でも手順シートを見ながら、自分なりに取り組もうとする様子が見られた。 ○手順シートを使って活動を進めていく中で、自分にもできるという発言が聞かれるようになった。
その他 ○見本を見て、その通りに書こうとする様子が見られるようになった。 ▲てんかんの発作があることや、体調によって集中できないことが理解できず、イライラしてしまうことがあり、そのような時に、自分の気持ちや様子を伝えることができなかった。		

POINT

＊⑤の指導目標の評価を「◎○▲」などで明確に！

＊3観点以外の評価は、「その他」の欄に書く

⑫－2　各教科等の関連評価

　⑩で記述した各教科等と関連する自立活動の指導の学習評価を、具体的（3段階など）に記載します。

⑫－2　　各教科等の関連評価（⑩の各教科等を通して）　＜関連する教科のみ記載＞　◎○▲で評価	
国語	◎ひらがなやカタカナの文字の形が整ってきた。 ○見本通りに書こうとする様子が見られた。 ▲手元に見本があれば意識するが、板書を書き写すことは難しかった。
社会	
算数	◎形と形の名称が一致するようになってきた。 ▲ドリルの計算式をノートに書くことに時間がかかり、決められた時間内で問題が解けなかった。
理科	

POINT

＊自立活動と関連する教科等の評価を「◎○▲」などで明確に！

⑬　指導計画の作成から実施までの全般的な評価

　「自立活動の個別の指導計画」の作成と実施にあたって、実態把握から指導内容を選定するまでの"流れ図"の手順や根拠、指導方法の設定や指導体制の状況、教科等との関連、学習評価の仕方、本人の意見や「本人用の自立活動シート」（【様式2】【様式3】参照）の活用、保護者の意見など、よかった点や改善すべき点について、今後よりよく活用するために全般的な評価をして次年度の自立活動に役立てます。

⑬　指導計画の作成から実施までの全般的な評価（よかった点、改善すべき点、意見など）	
実態把握 指導目標	・不器用さは様々な活動に影響することから、手指の巧緻性を高める指導目標を設定した。
指導内容 指導方法	・作業的な個別の課題では、どのように取り組むかを示せば、自分で進めることができた。動きの模倣は教師が実演するだけでなくビデオ等を活用すれば、一人でも取り組むことができたと思う。
教科等との 関連	・物の認知、手指の巧緻性、動きの模倣の課題は、教科学習の中でも取り入れやすいが、教科の目標を達成することと重ならないよう、自立活動の内容を明確にしておく必要がある。
指導経過 学習評価	・一定の成果は得られたと思うが、継続した指導は必要である。また、その時々の体調や気分によって課題に集中できる時とできない時の差が大きいため、興味がもてるような工夫が必要である。
本人の意見 本人用シート	・はさみが使えるようになって嬉しかった。
保護者の 意見	・少しずつ学習に取り組もうという意欲が感じられるようになり、よかった。 ・苦手なこともあるが、できることが増えると嬉しい。
その他	

　＊文末表現は、「…検討すべきであった。」「…が必要である。」
　「…もっと…した方がよいと感じた。」「…すればよかった。」
　「…うまくできた。」「…効果的であった。」などとする
　＊改善点は明確に！

⑭　次年度への引継ぎ事項

　「自立活動の個別の指導計画」について、担任や担当者（専任）が次年度に何をどのようにすればよいか具体的に分かるように、変更点や要望など、引継ぎのメッセージを記載します。もし、本人・保護者への引継ぎ事項があれば加えて記載します。

⑭　次年度への引継ぎ事項（変更点、要望など）	
担任・ 担当者へ	・手指の巧緻性を高める指導は継続し、学習への自信をつけることが必要である。 ・友達とのかかわりを広げられるような課題にも取り組んでほしい。
本人・ 保護者へ	・苦手なことにも取り組みながら、できることを増やしてほしい。 ・家庭生活においてもお手伝いをするなど、自分で動き、称賛される場面を増やすとよいでしょう。
その他	

　＊文末表現は、「…が必要です。」「…のようにした方がよいでしょう。」
　「…を検討してほしい。」「…を継続してほしい。」などとする
　＊変更や要望は明確に！
　＊担任と担当者が異なる場合は、区別して記載する

3 本人用の「自立活動の個別の指導計画」の作成と活用

　本人用の「自立活動の個別の指導計画」（「本人用の自立活動シート」【様式2】【様式3】）は、本人が自立活動の学習内容を理解し、確認できるようにするためのものです。教師の一方的な指導計画の下での学習にならないためにも、年度始めの作成の初期段階から本人（保護者）が参画するようにします。このことにより、本人が自立活動の学習内容を理解したり自分自身の障害を認識したりして、主体的に取り組みながら、障害による学習上又は生活上の困難の主体的な改善・克服に努めるようにすることが重要となります。

　学習場面では、自己選択や自己決定する機会を設けることによって、知識・技能の能力だけでなく、思考・判断・表現する能力も高めます。これらは、「障害者基本計画」に示されているとおり、社会のあらゆる活動への参加を一層促すことにもつながります。一方、本人に備わった能力を最大限に生かしながら、各教科等においても活動の幅を広げていくことになります。

(1)「本人用の自立活動シート」の様式
　「本人用の自立活動シート」は、【様式1】である教師用の「自立活動の個別の指導計画」をもとにしながら作成します。児童生徒の実態や年齢、発達段階などによって、【様式2】または【様式3】を選択します。これらの様式を作成して活用することで、本人が障害による学習上又は生活上の困難の主体的な改善・克服への理解を深めていきます。

(2) 自立活動の内容（自分の得意なことや苦手なこと、困っていること）
　【様式2】または【様式3】を作成する上での重要な視点は、本人に自立活動の6つの区分を分かりやすく伝えることです。そこで本書では、児童生徒が理解しやすいように、6つの区分を「健康」「自分の気持ち」「人付き合い」「周りの人の感じ方」「体の動き」「友達や周りの人との会話」にしました。この6つの区分について、「自分の得意なことや苦手なこと、困っていること」を児童生徒に提示します。障害等が比較的軽い（理解できる）児童生徒は、可能な限り自分で考え自分で書くようにします。障害等が比較的重い（理解できにくい）児童生徒は、教師に支援してもらいながら書きます。文字が書けない児童生徒は、保護者と一緒に作成するとよいでしょう。児童生徒によっては、文章だけでなくイラストなども活用するとさらに理解が深まるでしょう。

> **自分の得意なことや苦手なこと、困っていること**
>
> | 健康について
（健康の保持） | 自分の気持ちについて
（心理的な安定） | 人付き合いについて
（人間関係の形成） |
> | --- | --- | --- |
> | ときどき、あたまがいたくなります。くすりをのむのは、きらいです。 | できないことをいわれると、いやなきもちになります。 | いちねんせいのおせわがすきです。ともだちのつくりかたがわかりません。 |
> | 周りの感じ方について
（環境の把握） | 体の動きについて
（身体の動き） | 友達や周りの人との会話について（コミュニケーション） |
> | もじやかたちをうまくかくことができません。 | えやこうさくがじょうずにできない。はさみやなわとびができない。 | じぶんからはなすのはにがてです。 |

POINT

＊マイナス面だけでなく、<u>プラス面</u>にも注目
＊6区分について、自己理解できている
＊特にない場合は空欄

（3）自立活動の目標

　目標を設定する時には、本人・保護者・教師の三者の考えや理解をすり合わせることが重要です。教師が一方的に設定するのではなく、本人・保護者の意見も反映するようにします。しかし、本人・保護者の思いだからといって、そのまま受け入れるということではなく、短期的・長期的な視点をもって適切に設定することが大切です。1年間で達成できる具体的な目標を3観点にそって設定するようにします。

> **1年間の目標**
>
> | ① 知識・技能 | ・もじやかたちが、ちゃんとかけるようにする。 |
> | --- | --- |
> | ② 思考・判断・表現 | ・こうさくでははさみをうまくつかって、きれいにつくる。 |
> | ③ 学びに向かう人間性 | ・にがてなことでも、がんばってやりたい。 |

POINT

＊<u>3観点</u>に分けて目標を示す
＊1年間で達成できそうな目標を設定

(4) 自立活動の学習内容・方法

　学習内容・方法については、「いつ」「どこで」「どのように」といったように、具体的に考えられるようにします。しかし、学習内容・方法だけでなく学習時間や学習場所といったことは、教育課程や教育資源など専門的なことも含まれるため、児童生徒にとっては難しい面があります。そこで、教師の方から学習計画、指導内容・方法を提案することがよいでしょう。

学習の内容や方法
（がくしゅう　ないよう　ほうほう）

・みほんをよくみて、おなじようにかいたり、つくったりする。
・はさみがうまくつかえるように、れんしゅうする。
・「がんばったシール」をたくさんもらえるように、ひとりでべんきょうをがんばる。

POINT
＊目標を達成するための<u>具体策</u>を示す
＊実際にどんなことをするのかが分かるように書く

(5) 自立活動の学習評価

　学習評価は、教師の評価だけでなく、児童生徒が自己評価できるようになることも重要です。教師の一方的な評価にならないために、本人もこれまでの学習を振り返り、「何ができるようになったか」「次はどのようなことをするか」などが分かるようにします。
　「PDCAサイクル」で進めますので、年度始めだけでなく、学期ごとに振り返るようにすることで、自己理解が進み、自己決定や自己選択ができるようになっていくことが期待できます。

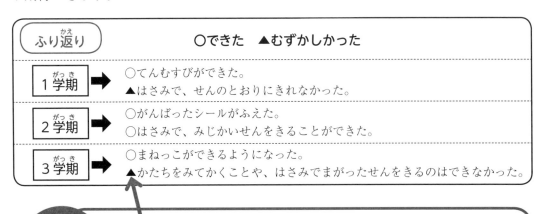

ふり返り（かえ）　　　　　〇できた　▲むずかしかった

1学期（がっき）	〇てんむすびができた。 ▲はさみで、せんのとおりにきれなかった。
2学期（がっき）	〇がんばったシールがふえた。 〇はさみで、みじかいせんをきることができた。
3学期（がっき）	〇まねっこができるようになった。 ▲かたちをみてかくことや、はさみでまがったせんをきるのはできなかった。

POINT
＊〇▲といった記号を使って明確に！
＊イラスト、数値も活用

第4章

障害のある児童生徒への
自立活動の実践　25事例

情緒の安定を促し、コミュニケーションの苦手さを改善・克服するための指導

「自立活動の個別の指導計画」

名　前	なご　たろう 名古　太郎	性別	男	学部・学年	小学部 2 年 2 組
障害名 診断名	知的発達症、自閉スペクトラム症（知多大学附属病院・熱田神子 Dr、3 歳 2 か月時）				
検査結果 手帳取得	遠城寺式　DQ41（運動 4 歳、探索・操作 3 歳 2 か月、社会 3 歳 1 か月、食事・排泄・生活習慣 3 歳 0 か月、理解・言語 2 歳 6 か月）、（知多大学附属病院・常滑空子臨床心理士、年長時） 療育手帳A取得（5 歳時）				
指導期間	令和 2 年 4 月〜令和 3 年 3 月（1 年間）		指導時数	特設：年間 140 時間（週 4 時間）	
指導場所	教室他		指導者	担任（濱田尚人教諭）	
関係者等	主治医（知多大学附属病院・熱田神子 Dr）				
合理的配慮 （観点）	情緒が不安定になった時には、別室で落ち着けるようにする。（③－2） 室内においても安心できる帽子を身に付けるなど柔軟に個別のルールを設定する。（①－1－1）				

① 障害の状態、発達や経験の程度、興味・関心、学習や生活の中で見られる長所やよさ、課題等について情報収集

・周りから働きかけられても、非言語的反応もないことが多い。
・要求がある時に、大人に近付き、意味のある単語を話すことがある。
・慣れた学校生活の中での簡単な音声言語は理解できる。
・思い通りにならないとパニックに至ることがある。
・偏食がある。水分補給は、自宅から持参したお茶だけを飲む。
・お守り代わりの物を手に持っていたり、身に付けていたりすることを好む。
・運動すること、屋外で遊ぶことは好まない。休み時間には自席で過ごすことが多い。
・夜の睡眠時間は確保されているが、昼食後には眠くなり活動できないことが多い。
・平仮名のなぞり書きができる。読める平仮名が増えつつある。
・5 までの数系列を理解し、多少比較をすることができる。
・慣れた学習課題には 20 分間程度集中して取り組むことができる。
・指先を使った細かい作業は苦手である。
・好きなアニメキャラクターを見ると、比較的大きな反応があり、楽しそうにする。

②－1　収集した情報（①）を自立活動の区分に即して整理する段階

健康の保持	心理的な安定	人間関係の形成	環境の把握	身体の動き	コミュニケーション
・健康状態は良好であるが、1 日活動できる体力がない。	・安心できる物を身に付けることで情緒が安定している。 ・思い通りにならないと情緒が不安定になることがある。	・周りの人からの働きかけに反応しないことが多い。	・慣れた学習課題には集中して取り組むことができる。 ・好きなアニメキャラクターには注意を向けやすい。	・両手を使った作業や指先を使った作業は苦手である。	・単語の発声により、大人に要求を伝えることがある。 ・簡単な音声言語は理解できる。

②－２　収集した情報（①）を学習上又は生活上の困難や、これまでの学習状況の視点から整理する段階
・健康状態は良好で、半日程度であれば活動することができる。（健） ・思い通りにならないと情緒が不安定になり大きな声を出したり、自分の手を噛んだりすることがあるが、お守り代わりのアニメキャラクターが付いた玩具やお気に入りの帽子を身に付けることで落ち着いている。（心） ・他の人からの働きかけに反応しないことが多いが、簡単な音声言語による指示は理解している。（人、コ） ・興味・関心がある時には、単語の発声により大人に要求を伝えることがある。（コ） ・慣れた学習課題で見通しをもてる時には、20 分間程度、注意を集中して取り組むことができる。（環）

②－３　収集した情報（①）を卒業後（４年後）の姿の観点から整理する段階
・思い通りにならない時に、思いを伝えるようにしたり、落ち着くようにしたりすること。（心、コ） ・他の人からの働きかけに消極的にならず、言葉や身振りで応じることができるようにすること。（人、コ） ・要求など伝えたい内容を他の人に伝える方法を獲得して、コミュニケーション手段として積極的に活用すること。（コ） ・慣れた学習課題で見通しをもてる時には、20 分間程度、注意を集中して取り組むことができる。（環）

③　①をもとに②－１、②－２、②－３で整理した情報から課題を抽出する段階
・思いを伝える方法を獲得していない。（コ） ・不安定な情緒になる前に落ち着くための方法を身に付けていない。（心） ・言葉や身振りで他の人の働きかけに応じる方法を身に付けていない。（人、コ） ・興味のあることや慣れたこと以外は取り組もうとしない。（心、環）

④　③で整理した課題同士がどのように関連しているかを整理し、中心的な課題を導き出す段階
お守り代わりのアニメキャラクターが付いた玩具やお気に入りの帽子が手放せない様子や自傷行為が見られることから、不安が強い状態像であると捉えられる。そのため、他の人から関わられても反応しなかったり、興味のあることや慣れたこと以外は取り組もうとしなかったりする。休み時間は自席で過ごしたり、人に対しての接近行動が消極的であったりすることからも、不安を軽減することが必要であると考えられる。お守りを身に付け、場や活動を変化させないことで安心できていることを基盤として、教師との一対一での信頼関係を深め、人に対する基本的な信頼感をもたせたい。教師を安全基地とすることで、情緒の安定を促し、新しい課題にも取り組めるようにしたい。さらに、興味のあることや慣れたことを取り入れながら、教師に思いを伝えたり、教師の働きかけに応じたりする技能を自分自身の課題として理解した上で身に付けさせたい。

課題同士の関係を整理する中で今指導すべき指導目標として	⑤　④に基づき設定した指導目標を記す段階	
	知識・技能	・教師に思いを伝えたり、働きかけに応じたりする方法に気付き、身に付けることができる。
	思考・判断・表現	・教師が自分にどのような働きかけをしたかに気付き、身に付けた方法で働きかけに応じることができる。
	学びに向かう力、人間性等	・興味のある事柄や思いを教師に伝えて共感を求めたり、働きかけに応じて教師と一緒に遊んだりしようとしている。

指導目標を達成するために必要な項目の選定	⑥　⑤を達成するために必要な項目を選定する段階					
	健康の保持	心理的な安定	人間関係の形成	環境の把握	身体の動き	コミュニケーション
		(1) 情緒の安定に関すること。 (2) 状況の理解と変化への対応に関すること。	(1) 他者とのかかわりの基礎に関すること。 (2) 他者の意図や感情の理解に関すること。			(1) コミュニケーションの基礎的能力に関すること。 (2) 言語の受容と表出に関すること。 (3) 言語の形成と活用に関すること。

	⑦　項目と項目を関連付ける際のポイント
	・＜教師に思いを伝えることができるように＞（人）(1) と（コ）(1) と（コ）(2) と（コ）(3) を関連付けて設定した具体的な内容が⑧アである。 ・＜教師の働きかけに応じることができるように＞（心）(2) と（人）(2) と（コ）(1) と（コ）(2) を関連付けて設定した具体的な内容が⑧イである。 ・＜安定した情緒で、新しい課題に取り組めるように＞（心）(1) と（心）(2) と（コ）(1) と（コ）(2) を関連付けて設定した具体的な内容が⑧ウである。

	⑧　具体的な指導内容を設定する段階		
選定した項目を関連付けて具体的な指導内容を設定 （計140時間）	**ア** ア－1 （35時間） 　頭を縦や横に振る身振り、絵カードを選択する方法などで、自分の意思が伝わることを理解できるようにする。 ア－2 （35時間） 　「はい（うん）。」「いや。」などの言葉や頭を縦や横に振る身振りで、そばにいる教師に自分の意思を伝えられるようにする。	**イ** イ－1 （15時間） 　教師からの返事を求める促しに応じて、言葉や身振り、絵カードの中から表現しやすい方法を選択して、意思を伝えることができるようにする。 イ－2 （20時間） 　教師がそばに近付いたり、自分の方を見ながら話しかけたりすることに気付き、働きかけに応じて、言葉や身振り、絵カードの選択で応じることができるようにする。	**ウ** ウ－1 （15時間） 　教師に興味のある物を指さしで伝えたり、共感を求めたりして、興味のある新しい課題に安定した情緒で取り組むことができるようにする。 ウ－2 （20時間） 　新しい課題に安定した情緒で取り組むことができるとともに、難しい時には、教師に訴えることができる。

	⑨　⑧を実施するために具体的な指導方法（段階、教材・教具の工夫、配慮など）を設定する段階		
指導内容について具体的に指導方法を設定	**ア** ア－1 ・本人の興味を引く遊びを、教師がそばで行い、本人からの働きかけがあるまで待つ。 ・興味のあるキャラクターを用いた絵カードを活用する。 ・身振り（頷く、首を振るなど）のイラストを示して意思の確認をする。 ア－2 ・興味のある活動の中で、教師に思いを伝える場面を設定する。 ・教師が「はい。」と言いながら頷いたり、「いや。」と言って首を振ったりする動作を分かりやすく示す。	**イ** イ－1 ・興味のあるキャラクター等で注意を引き、教師の方を見るようにする。 ・二択、三択で答えやすい質問をする。 イ－2 ・教師からの働きかけが分かりやすいように、本人の正面で言葉をかける。気付かない場合は、手を伸ばす、腕に触れるなどの方法で段階的に気付きやすくする。	**ウ** ウ－1 ・教師に伝えることで興味のある課題に取り組むことができるようにして、効力期待をもたせる。 ・興味があり、できそうな課題を繰り返すことで褒められる経験を積む。 ウ－2 ・新しい課題は、事前に手本や友達の様子を見せることで安心できるようにする。 ・既習事項を生かして、一部を新しい課題にするようにして、抵抗感を減らす。

⑩　各教科等との関連（指導場面、指導内容、指導方法）を設定する段階　＜関連する教科等のみ記載＞	
国語	
社会	
算数	
理科	
生活	仕事や教師の手伝いなど同じ役割を繰り返すことで慣れさせる。
音楽	教師や友達と一緒に音楽遊びの活動をする場面で、友達の表現活動に注意を向けるようにする。
図画工作	
家庭	
体育	教師や友達と安定した情緒で運動に取り組む。
外国語活動／外国語	
道徳	題材をタブレットＰＣで提示し興味を引くようにする。
総合的な学習の時間	
特別活動	学級の係活動の場面で、教師や友達との簡単なやりとりを取り入れる。
その他（　　　　　　）	
日常生活の指導	教師や友達と関わる場面を設定し、登校から朝の支度までの行動・動作を連鎖させる。
遊びの指導	
生活単元学習	教師や友達と一緒に安定した情緒で活動に取り組む。

⑪　指導経過（⑧の指導内容、⑨の指導方法に対する指導経過）			
1学期	[ア] ・教師が持っているキャラクター玩具を取ろうとした。	[イ] ・「お茶を飲む」「絵本を読む」など、２種類の絵カードを選択肢として提示すると、「お茶。」と言いながら指先で突いて選択した。	[ウ] ・教師が隣に座っても反応しなかったが、嫌がることもなかった。 ・自分の手を噛んで怒ることがあった。
2学期	[ア] ・教師を見ながら声を出して、キャラクター玩具をもらおうとした。	[イ] ・「お茶を飲む、飲まない。」の音声言語による質問に対して、「頷く」「首を振る」の絵カードの選択で意思表示した。	[ウ] ・教師が好きなキャラクターの絵本を見ていると、常に教師に注意を向けた。 ・自分の手を噛んで怒ることがあったが、「嫌なんだね。」と共感すると、すぐに収まった。
3学期	[ア] ・教師を見ながら声を出して頷く動作を行うようになってきた。 ・次に、手を重ねた「ください」の合図を学ぶようにする。	[イ] ・選択肢の絵カードを提示すると、すぐに絵カードを注視し、単語を言いながら指で突いて選択した。 ・１枚の好きな活動の絵カードを提示すると、頷く動作をした。	[ウ] ・事前に手本を見せるなどしたため、強い抵抗はなく、一部分において新しい課題に取り組んだ。

⑫－１　自立活動の学習評価（⑤の指導目標に対する学習評価）　◎よくできた　○できた　▲できなかった			
	知識・技能	思考・判断・表現	主体的に学習に取り組む態度
年間の評価	教師を見ながら言葉を出すことができた。 ◎絵カードを指で突いて選択し意思表示をすることができた。 ○教師を見ながら頷く動作をすることができた。	○困っている時に手を噛んで怒ることなく、教師を見て声を出し訴えることができた。 ▲教師の選択肢の提示に対して注意を向けられない場面があった。	◎教室内の自分の席であれば、好きなキャラクターの絵本を教師と一緒に安定した情緒で楽しむことができた。 ▲学部全体の活動時には、安定した情緒で参加できなかった。
その他			

⑫－2　各教科等の関連評価（⑩の各教科等を通して）　＜関連する教科等のみ記載＞	◎○▲で評価
国語	
社会	
算数	
理科	
生活	○教師と一緒に学習プリント等を配付した。 ▲学習プリント等を友達に手渡すことは避けたが、友達の机上に配付することはできた。
音楽	○声を出して音楽を楽しみながら、友達の音楽表現を意識することができた。
図画工作	
家庭	
体育	◎運動をしたくない時に、教師に発声で訴えることができた。 ▲学部合同体育では、怒り出して手を噛むことがあった。
外国語活動／外国語	
道徳	○題材の登場人物である子供が、友達と遊んだり、大人に助けられたりする様子を確認した。
総合的な学習の時間	
特別活動	○友達から教具などの具体物を受け取り集める活動を教師と一緒に行った。
その他（　　　　　　　）	
日常生活の指導	○登校時に、教師に自分から身振りと発声で挨拶をした。 ▲友達に身振りや発声で挨拶することはできなかった。
遊びの指導	
生活単元学習	◎好きなトランポリン遊びを積極的に楽しむことができ、友達と手をつなぐかかわりができた。 ◎安定した情緒で、教師や友達と一緒にトランポリン遊びを楽しめた。

⑬　指導計画の作成から実施までの全般的な評価（よかった点、改善すべき点、意見など）	
実態把握 指導目標	・教師とのコミュニケーションが中心課題となりがちだった。
指導内容 指導方法	・人に対する興味・関心を高める働きかけがさらに必要であった。 ・少人数の友達とコミュニケーションがとれる場の設定を増やすとよかった。 ・友達と協力して活動する場の設定が多くあるとよいと感じた。
教科等との関連	・課題の一部分を新しい課題に置き換える方法であれば、新しい課題にも比較的安定して取り組ませることが可能であった。
指導経過 学習評価	・気分の変動によって、課題の遂行が促進される時があるが、頑張っているからと難しい課題を要求しない方がよかった。
本人の意見 本人用シート	・一覧の本人用シートとともに、具体的な目標別のカード（1課題1枚）の活用によって、自己理解を深めることができるか検討すべきであった。
保護者の意見	・家庭でも情緒が安定してきている。
その他	・午後からは入眠することが多く、体力をつけることが必要だと感じた。

⑭　次年度への引継ぎ事項（変更点、要望など）	
担任・担当者へ	・午後から活動できる体力がないことや細かい作業が苦手なことへの計画的な指導が必要です。 ・教室を嫌なことをさせられない安全な場所に設定しておくことが重要だと思われます。 ・課題の一部分を新しい課題に置き換えるなど、スモールステップで課題を達成させるようにするとよいと思われます。 ・自己理解を促す本人用シートを補う課題別カードの導入を検討してほしいと思います。
本人・保護者へ	・人に言葉や身振りで伝えることで、うまくいく経験を積んでほしい。
その他	

自立活動の学習

しょうがく部 2年 2組　名前 なご　たろう

＜本人・保護者と一緒に作成＞

自分の得意なことや苦手なこと、困っていること

健康について（健康の保持）
・すききらいが　ある。
・うんどうが　きらい。
・つかれやすい。

自分の気持ちについて（心理的な安定）
・いつもと　おなじがいい。
・おまもりがあると　あんしん。

人付き合いについて（人間関係の形成）
・はなしかけられると　どうしていいか　わからない。

周りの感じ方について（環境の把握）
・ひとが　おおいところが　にがて。
・しずかなところが　すき。

体の動きについて（身体の動き）
・こまかい　さぎょうが　にがて。
・ちからが　つよい。

友達や周りの人との会話について（コミュニケーション）
・せんせいの　はなしが　よくわかる。
・こえをだして　つたえる。

1年間の目標

① 知識・技能
・うなずいたり　はなしたりして　つたえたい。

② 思考・判断・表現
・よばれたことに　きづきたい。

③ 学びに向かう人間性
・みんなと　いっしょに　あそびたい。

学習の内容や方法

・せんせいや　ともだちを　みて　へんじを　しよう。
・せんせいに　こまったことや　やりたいことを　つたえてみよう。
・せんせいや　ともだちに　わたしたり　もらったり　しよう。

ふり返り　　〇できた　▲むずかしかった

1学期 ➡ 〇せんせいと　えほんを　よんだ。
▲せんせいの　おもちゃを　とった。

2学期 ➡ 〇あいてを　みて　うなずいた。
▲あいてを　みない。

3学期 ➡ 〇みんなと　てを　つないで、トランポリンが　できた。
〇「いや」を　つたえた。

自己調整の方法を身に付け、不安定な心身の状態を改善するための指導

「自立活動の個別の指導計画」

名　前	りゅうざん　さわなり 竜　山　沢　成	性別	男	学部・学年	小学部 5 年 1 組
障害名 診断名	知的発達症、自閉スペクトラム症（山形県立中央療育センター・高橋幹則 Dr. 3 歳 3 か月時）				
検査結果 手帳取得	新版 K 式　DQ45（姿勢運動 6 歳 1 か月、認知・適応 4 歳 8 か月、言語・社会 3 歳 6 か月）、（山形県立 中央療育センター・伊藤那津子公認心理師、小学部 4 年時） 津守・稲毛式　DQ42（移動運動 5 歳 2 か月、手の運動 3 歳 7 か月、基本的生活習慣 4 歳 0 か月、対人 関係 3 歳 4 か月、発達 3 歳 8 か月、言語理解 3 歳 9 か月）、（山形県立中央療育センター・ 伊藤那津子公認心理師、小学部 4 年時） 療育手帳 A 取得（年長時取得、小学部 5 年時更新）				
指導期間	令和 2 年 4 月～令和 3 年 3 月（1 年間）		指導時数	特設：年間 84 時間（週 2 時間）	
指導場所	集会室、教室		指導者	担任（柴田雄一郎教諭）	
関係者等	主治医（山形県立中央療育センター・高橋幹則 Dr.）				
合理的配慮 （観点）	本人の体調や心理状態に応じて、活動の量を調整する。（①－1－2） 心理的に不安定な場合やパニック時に、クールダウンできる環境を複数用意する。（③－2）				

① 障害の状態、発達や経験の程度、興味・関心、学習や生活の中で見られる長所やよさ、課題等について情報収集

- 食べ物や乗り物の写真や絵本が好きで注目する。
- トランポリン、体を回してもらう、教師と手を合わせて叩く、ブランコなどの遊びが好きである。
- 体を動かして遊ぶことが好きである。
- 音に敏感で騒がしい環境が苦手。教師に耳をふさいでほしいことを伝えながら、耳を押さえてもらったりその場から離れたりする。
- 行動を止められたり、自分の思いと違ったりした時に、自分の額や頭を叩くことがある。
- 活動に気持ちを向けるのに時間がかかることが多く、本人の意思表示を尊重して活動に誘っている。
- 働きかけに対して「しない。」と答えることが多いが、学習の様子を見て、興味をもつと、近寄ったり笑顔で見るようになる。

②－1 収集した情報（①）を自立活動の区分に即して整理する段階

健康の保持	心理的な安定	人間関係の形成	環境の把握	身体の動き	コミュニケーション
・疲労のためか、給食後「寝る。」と教師に伝えることがあり、要求があった時は教室内で休息をとっている。 ・早食いで口に詰め込む。苦手な物や残飯を見ると食器を手で払いのける。	・気持ちが不安定になると体に力が入ったり、頭を叩く、壁に頭を打ち付ける等の行為がある。	・感情を抑えられず、目についたものを咄嗟に投げてしまうことがある。 ・自分にとって許せない行動があった時、すれ違いざまに、目の前にいる人を突発的に叩くことがある。	・騒がしく感じた時は、教師のそばに行き耳をふさいでほしいことを伝え、回避しようとする。	・一定時間椅子に座っての活動が苦手。教師の膝の上に座ることが多い。	・質問にはオウム返しが多い。質問の意図が分かることについては、「しない。」と自分の気持ちを答える。

②－2	収集した情報（①）を学習上又は生活上の困難や、これまでの学習状況の視点から整理する段階

- 苦手な物や残飯を見ると食器を手で払いのける。（健）
- 気持ちが不安定になると体に力が入ったり、頭を叩く、壁に頭を打ち付ける等の行為がある。（心）
- 感情を押さえられず、目についたものを咄嗟に投げてしまうことがある。（人）
- 自分にとって許せない行動があった時やすれ違いざまに、目の前にいる人を突発的に叩くことがある。（人）
- 質問にはオウム返しが多い。質問の意図が分かることについては、「しない。」と自分の気持ちを答える。（コ）

②－3	収集した情報（①）を卒業後（2年後）の姿の観点から整理する段階

- 安心して活動したり、休息したりできる環境（場所、人）を増やしていくこと。（健、心、環）
- 苦手な刺激や環境に気付き、そのことを他者に伝える手段を身に付けること。（環、コ）
- 自分の気持ちや身体の緊張を調整しながら活動すること。（心、人）

③	①をもとに②－1、②－2、②－3で整理した情報から課題を抽出する段階

- 体調に合わせて必要な休息を取る方法を身に付けていない。（健）
- 理解できる言葉に比べて、表出できる機能的な言葉が少ない。（コ）
- 心理的に不安定になった場合に、気持ちや身体の調整をする方法を身に付けていない。（心）
- 他者との安定した関係を形成していくための経験や技能が少ない。（人）

④	③で整理した課題同士がどのように関連しているかを整理し、中心的な課題を導き出す段階

- 言葉や周囲の状況を理解できる力がある一方で、自分の気持ちと身体の状態が整っていないと「○○しなければならない」「でも、できなくてつらい」という思考や葛藤から無理をしてしまったり、ストレスを感じやすかったりして、結果として心理的に不安定になり、自傷行為や他害行為をしてしまうと考えられる。気持ちや身体の調整がうまくできないことが人との安定した関係を形成しにくいことにも関連していると考えられる。自分の心身の状態に合わせて休息を取る方法も身に付いていないため、緊張やストレスへの対応方法を身に付ける必要がある。
- 一定の相手とのかかわりを基本としながら、本人にとって自分の気持ちに合った表出言語を増やすとともに、自分の気持ちや身体を落ち着かせたり、リラックスさせたりすることができる方法を身に付けることで、他者との安定した関係を築いていく素地ができると考える。自分の気持ちと身体の状態を安定させながら、人との関わり方について成功体験を積み重ねて学んでいくことで、安定した人間関係の形成や関わり方が広がり、自傷行為や他害行為が消失していくことも考えられる。

課題同士の関係を整理する中で今指導すべき指導目標として	⑤	④に基づき設定した指導目標を記す段階	
	知識・技能		・休息を取る場所やその方法、身体の力の抜き方が分かり、その技能や言葉での伝え方を身に付ける。
	思考・判断・表現		・自分の気持ちや身体の状態を考え、その対応方法を判断して、言葉で他者に伝える。
	学びに向かう力、人間性等		・自分の気持ちや身体の状態を自分から調整して、他者に関わろうとする。

指導目標を達成するために必要な項目の選定	⑥	⑤を達成するために必要な項目を選定する段階				
	健康の保持	心理的な安定	人間関係の形成	環境の把握	身体の動き	コミュニケーション
	(4) 障害の特性の理解と生活環境の調整に関すること。	(1) 情緒の安定に関すること。	(1) 他者とのかかわりの基礎に関すること。	(2) 感覚や認知の特性についての理解と対応に関すること。	(1) 姿勢と運動・動作の基本的技能に関すること。	(2) 言語の受容と表出に関すること。

⑦	項目と項目を関連付ける際のポイント

- <休息を取る方法や身体の力の抜き方を身に付けられるように>（健）(4)と（環）(2)と（身）(1)を関連付けて設定した具体的な内容が⑧アである。
- <自分の気持ちや身体の状態について言葉で伝えられるように>（身）(1)と（コ）(2)を関連付けて設定した具体的な内容が⑧イである。
- <自分の気持ちや身体を自分から調整して他者に関わることができるように>（心）(1)と（人）(1)を関連付けて設定した具体的な内容が⑧ウである。

選定した項目を関連付けて具体的な指導内容を設定 (計84時間)	⑧　具体的な指導内容を設定する段階		
	[ア] ア－1（14時間） 休息してよいことやその場所が分かり、休憩することができる。 ア－2（14時間） 身体の緊張に気付き、力を抜くことができる。	[イ] イ－1（14時間） 自分の気持ちを表す言葉が分かり、言葉で他者に伝えることができる。 イ－2（14時間） 自分の心身の状態を考えて、取り組む活動や活動量を判断して、言葉で伝えることができる。	[ウ] ウ－1（14時間） 興奮や緊張を自分から調整しようとする。 ウ－2（14時間） 心理的に安定した状態で他者に関わることができる。

指導内容について具体的に指導方法を設定	⑨　⑧を実施するために具体的な指導方法（段階、教材・教具の工夫、配慮など）を設定する段階		
	[ア] ア－1 ・活動場所にセラピーマット、毛布、枕等の休息できる環境設定をして、休息を保障する。 ・本人に疲労や不穏等の表情が見られる場合に「休憩しようか。」「寝ようか。」等の言葉をかけて、休息できる体験をする。 ア－2 ・教師は本人がイメージできる言葉「ふわぁ。」を添えながら、身体の力の抜き方を身体に触れて伝える。 ・教師が触れた力の入っている部位（手指、肩等）に本人が気付き、力を抜くことができる。	[イ] イ－1 ・教師が気持ちを表す言葉のモデルを示すことで、自分の気持ちを表現する方法を知る。 ・自分の気持ちを言葉で伝えることで、気持ちを受け止めてもらえる経験や、実現できる経験を増やす。 イ－2 ・教師が活動の参加について、「する。」「しない。」等の選択肢で問いかけたり、無理せず休息してもよいことを伝えたりする。 ・本人が「しない。」「いかない。」等と伝えた時や、活動場所を移動して休息しようとする時にはそれを認め、自分の心身の状態に合わせて活動に参加できるようにする。	[ウ] ウ－1 ・他者に関わる時に気持ちや緊張が高まった場合には、「ふわぁ。だよ。」と言葉かけをして、自己調整を促す。 ・本人が自分から「ふわぁ。」と言って身体の力を抜こうとしている時には「そうだね。ふわぁだね。」と称賛する。 ウ－2 ・落ち着いてから他者に関わる体験を積み重ねる。 ・落ち着いて他者に関わる時間を増やしたり、落ち着いて関わることのできる相手を増やしたりしていく。

⑩　各教科等との関連（指導場面、指導内容、指導方法）を設定する段階　<関連する教科等のみ記載>	
国語	擬音語や擬態語を活用する等して、本人がイメージしやすい言葉で関わる。
社会	
算数	本人が教材に注目したり、着席して落ち着いている時等に学習活動を行い、成功体験を積む。
理科	
生活	
音楽	
図画工作	
家庭	
体育	少人数グループでの活動、動的な活動と静的な活動を組み合わせる等して、本人にとって適当な刺激（強すぎない）の活動を設定する。
外国語活動／外国語	
道徳	
総合的な学習の時間	
特別活動	個別に活動できる場所や、集団活動の最中でも休息できる場所を保障する。
その他（　　　　　　）	
日常生活の指導	週初めや休み明け等は、気持ちが落ち着いている状態になることに配慮して、本人が「てつだってください。」と伝えてくる時には教師が支援する。
遊びの指導	全身を使って跳ぶ、揺れる、回転する等の遊びと、身体の力を抜いてリラックスできる遊び等、本人にとって適当な刺激の活動を設定する。
生活単元学習	制作活動等本人が見通しをもって取り組みやすい活動を設定するようにし、落ち着いている時に活動に誘いかける。

⑪	指導経過（⑧の指導内容、⑨の指導方法に対する指導経過）		
1学期	**ア** ・活動中に、急に泣く、自分の頭を叩く、教師を叩いたり蹴ったりすることがあった。	**イ** ・何も言わずに急に教室を飛び出したり、保健室に行ったりすることがあった。	**ウ** ・衝動的に物を払いのけたり、人に向かっていったりするかかわりが多く、興奮しすぎてしまうことが多かった。
2学期	**ア** ・気持ちが高ぶったり身体が緊張した時に、教師が「ふわぁ。」という言葉かけとともに、身体に触れて力の抜き方を伝えると、受け入れることができた。 ・自傷行為、他害行為は見られるが、1学期に比べ減ってきた。	**イ** ・教師が本人の気持ちを代弁する言葉をよく聞き、自分から模倣することが少しずつ増えてきた。	**ウ** ・衝動的に物や人に向かうことはまだ見られるが、教師の働きかけで行動を一度止めることを少しずつ受け入れられるようになった。
3学期	**ア** ・自傷行為、他害行為の頻度が減った。また、身体の力を抜いて活動できる場面が少しずつ増えてきた。 ・「ふわぁ。」と自分から言うことが増えた。	**イ** ・家での出来事や楽しみなことを単語や二語文で伝えるようになった。	**ウ** ・衝動的に人に向かった時でも、関われるタイミングや、待っていれば関われることを伝えると、行動を切り替えられるようになってきた。

⑫－1	自立活動の学習評価（⑤の指導目標に対する学習評価）　◎よくできた　○できた　▲できなかった		
	知識・技能	思考・判断・表現	主体的に学習に取り組む態度
年間の評価	◎セラピーマットに自分から向かい、休息できるようになった。自分から「ふわぁ。」と言葉で伝えるようになった。 ○自傷行為、他害行為が減少してきた。 ▲まだ突然身体に力が入ったり、緊張したりすることがある。	◎教師に言葉で自分の気持ちを伝えることが増えた。 ○教師が気持ちを代弁する言葉を伝えると、自分から模倣するようになった。 ▲うまく言葉で表現できない時に、自傷行為や他害行為がある。	◎自分から衝動的な行動や気持ちを切り替えようとするようになった。 ○教師と一緒に気持ちや行動を調整することを受け入れるようになった。 ▲急な変更や苦手な刺激によるパニック時には、安全確保と十分な時間が必要である。
その他	○学校生活全体を通して、自分のペースで落ち着いて活動できる場面が増えた。		

⑫－2　各教科等の関連評価（⑩の各教科等を通して）　＜関連する教科等のみ記載＞　　◎○▲で評価	
国語	○教師と1対1での言語活動の場面では、本人のイメージしやすい言葉で教師とやりとりができる場面が増えた。
社会	
算数	○数字カードとボールの個数をマッチングする場面では、教材に注目し、落ち着いて学習活動に自分から取り組んだ。
理科	
生活	
音楽	
図画工作	
家庭	
体育	○平均台を渡る運動では、足元に注意を向け、バランスを取りながら落ち着いて活動することができた。
外国語活動／外国語	
道徳	
総合的な学習の時間	
特別活動	▲集団活動の場面では、別室に移動して休息の時間が多く、学習活動に十分に参加できなかった。
その他（　　　　　　　）	
日常生活の指導	○着替えの場面では、「てつだってください。」と教師に言葉で伝えながら、自分から活動した。
遊びの指導	◎トランポリンで身体を動かして遊んだり、マットでくすぐり遊びなどの活動をしたりできた。
生活単元学習	○シール貼りを中心とした制作活動では、教師からの言葉での誘いかけを受け入れて活動を始めたり、自分から材料を準備して活動したりした。

⑬　指導計画の作成から実施までの全般的な評価（よかった点、改善すべき点、意見など）	
実態把握 指導目標	・個別の教育支援計画、個別の指導計画のこれまでの評価、前担任からの引き継ぎ等から、妥当な指導目標が設定できた。
指導内容 指導方法	・指導開始時は、指導者を一人の教師に固定し、本人が慣れてきた段階で他の教師に指導者を交代していくことで、安定して指導ができた。
教科等との関連	・各教科に共通する指導内容、配慮すべき事項について、共通して実施することができた。
指導経過 学習評価	・指導の経過を随時記録し、校内のネットワークを共有することで、他の教員とも共通理解しながら実施できた。
本人の意見 本人用シート	・本人がより自己選択、自己決定できるようなイラストや写真を活用したシートを今後検討すべきである。
保護者の意見	・学校生活での指導効果が分かったので、家庭やデイサービスにも指導場面を広げていきたい。
その他	

⑭　次年度への引継ぎ事項（変更点、要望など）	
担任・担当者へ	・指導目標や指導内容、指導経過については校内で共有できるデータに記録し、共通理解しながら実践してほしい。 ・新担任の場合は年度始めに本人に関わる担任を固定し、まずは安定した関係づくりをすることを優先してほしい。
本人・保護者へ	・イラストや写真カードで、自立活動の学習シートの内容に自分の考えを反映させて今後も取り組んでほしい。学校でできていることを家庭やデイサービスでもできるように、本自立活動シートを活用していくことを検討してほしい。
その他	・主治医の先生にも共通理解を図っていくとともに、医療的な観点から助言をいただきたい。

自立活動の学習

しょうがく 部　5年　1組　名前　りゅうざん さわなり

<本人・保護者と一緒に作成>

自分の得意なことや苦手なこと、困っていること

健康について（健康の保持）
・つかれたらねむくなったり、イライラしてしまったりする。

自分の気持ちについて（心理的な安定）
・ふあんでドキドキすると、からだにちからがはいってしまう。

人付き合いについて（人間関係の形成）
・やりたいことは、すぐにやってみたい。

周りの感じ方について（環境の把握）
・にがてな、おとがある。

体の動きについて（身体の動き）
・からだをうごかすのがすき。

友達や周りの人との会話について（コミュニケーション）
・じぶんのきもちをはなすには、どうしたらいいんだろう。

1年間の目標

① 知識・技能
・つかれたときには、やすみながらかつどうしたい。

② 思考・判断・表現
・じぶんのきもちをつたえて、わかってもらいたい。

③ 学びに向かう人間性
・からだもこころもよくして、ひとと、かかわりたい。

学習の内容や方法

・やすむばしょや、やすみかたをおぼえる。からだのちからのぬきかたをおぼえる。
・じぶんのきもちをことばではなす。
・じぶんでおちついたり、からだのちからをぬいたりして、ひとにかかわる。

ふり返り　　　〇できた　▲むずかしかった

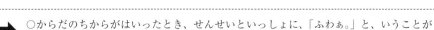

1学期 ➡ 〇つかれたときに、やすむことができた。
▲あまり、からだのちからをぬけなかった。

2学期 ➡ 〇からだのちからがはいったとき、せんせいといっしょに、「ふわぁ。」と、いうことができた。

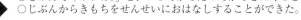

3学期 ➡ 〇じぶんで「ふわぁ。」と、いってからだのちからをぬくことができた。
〇じぶんからきもちをせんせいにおはなしすることができた。

自信がないこと、未経験のことを行う時などの不安を改善・克服するための指導

「自立活動の個別の指導計画」

名　前	とちぎ　たろう 栃木　太郎	性別	男	学部・学年	中学部2年1組

障害名 診断名	知的発達症（栃木県立中部療育センター・宇都宮次郎 Dr、3歳7か月時）

検査結果 手帳取得	田中ビネーV　IQ47（栃木県立中部療育センター、中1年時） S-M社会生活能力検査　全検査SQ56（身辺自立7歳2か月、移動8歳3か月、作業7歳1か月、コミュニケーション5歳8か月、集団参加8歳1か月、自己統制7歳9か月）、（岩松雅文教諭、中学部1年時） 療育手帳B取得（小学部1年時取得、6年時更新）

指導期間	令和2年4月〜令和3年3月（1年間）	指導時数	特設：年間70時間（週2時間）
指導場所	教室他	指導者	担任（岩松雅文教諭）
関係者等	主治医（栃木県立中部療育センター・宇都宮次郎 Dr）		
合理的配慮 （観点）	学習の成果発表や報告会などの未経験の場面では、話す内容を記載したふりがな付きの台本を準備する。（①-1-2） 実際の場面でどのように行動すればよいか、予め事前練習できる時間を個別に設ける。（①-1-2）		

① 障害の状態、発達や経験の程度、興味・関心、学習や生活の中で見られる長所やよさ、課題等について情報収集

・基本的な生活習慣はほぼ自立している。
・身辺自立や作業能力が高く、慣れた集団での学習や経験を積んだ作業時には積極的に取り組むことができる。
・会話を通した他人とのやりとりができるが、会話が一方的になったり、難しい質問にはオウム返しで返答したりする事がある。
・授業中などでは、活動の終わりや次の行動に移る際に気持ちの切り替えがうまくいかないことがあり、教師の指示を聞くことが難しかったり、活動終了までに時間がかかったりすることがある。
・時と場に合わない行動や言動が見られることがしばしばある。

②-1　収集した情報（①）を自立活動の区分に即して整理する段階

健康の保持	心理的な安定	人間関係の形成	環境の把握	身体の動き	コミュニケーション
・健康状態は良好であるが、生活リズムが若干崩れることがある。 ・テレビ鑑賞やゲーム遊びに伴い、昼夜逆転になりがちである。	・興味があることに対して自分から積極的に行動したり、取り組んだりすることができる。 ・新しい場所や場面では、緊張して消極的になったり、教師の補助を待ったりすることがある。	・教師や友達に対して、自分から積極的に関わることができる。 ・集団活動に参加し、友達と協力して活動することができる。	・周囲の友達と一緒に行動したり、楽しい雰囲気の中で一緒に楽しんだりすることができる。 ・時と場に応じて適切に振る舞ったり行動したりすることが難しいことがある。	・日常生活の基本動作や粗大運動は、大まかな行うことができる。 ・行動体力や筋力が弱く、持久的な運動や継続して適切な姿勢を保つことは難しい。	・日常的な会話を交えて、教師や友達と話をすることができる。 ・休日の出来事などを、時系列に沿って説明することができる。

②－2　収集した情報（①）を学習上又は生活上の困難や、これまでの学習状況の視点から整理する段階
・予定外の出来事や場面に遭遇した時や、相手から内容が難しい質問をされた時などには、どのように対応したらよいかが分からなくなり、その場から離れて別の行動をしたり、質問をオウム返ししたりすることがある。（心、環） ・事前に、想定される適切な行動や適切な受け答えなどを練習して経験しておくことで、落ち着いて行動ができるようになることがある。（心、コ） ・不安がある場面や未経験の場面でも、よく知っている人や教師が近くにいることで、安心して行動したり質問に答えたりすることができる。（心、人）

②－3　収集した情報（①）を卒業後（5年後、高等部卒業後）の姿の観点から整理する段階
・自分自身が困っている状況や、未経験の場面に遭遇したりした時に、自分の気持ちに気が付いて対処法を考えたり積極的に行動したりすることができること。（心、環） ・自分が分からないことや不安なことがあった時に、「分かりません。」や「教えてください。」と相手に伝えるなど、場に応じた適切な援助要請行動がとれるようになること。（心、人、環、コ）

③　①をもとに②－1、②－2、②－3で整理した情報から課題を抽出する段階
・自分が不安に感じていることや、場にそぐわない不適切な行動をしていることに自ら気が付くことが難しい。（心、環） ・初めてのことに対して不安感が強く、自ら取り組んだり参加しようとしたりすることが難しい。（心、環、コ）

④　③で整理した課題同士がどのように関連しているかを整理し、中心的な課題を導き出す段階
周囲の状況に応じて行動をしたり、自分の気持ちを言葉にして表現したりすることが難しいことがある。また、初めての活動や自信がもてない場面では、活動に対して躊躇したり、消極的になり参加を拒んだりしてしまうことがある。これは、自分自身を客観視したり先のことを予想したりすることが難しいため、不安感が強くなることが原因であると考えられる。 　安心感をもって適切に行動できるようになるためには、自分自身が置かれている状況を理解し、場面がどのように展開していくのか、また自分がどのように行動すればよいかを考えて実践できるようになることが必要であると考えられる。 　そのためには、実際の場面を想定して具体的な行動や対処法を繰り返し練習することが必要である。これらを通して、不安感に対して自分で対応したり、場に応じた行動がとれるようになったりすることを目指していく。

課題同士の関係を整理する中で今指導すべき指導目標として	⑤　④に基づき設定した指導目標を記す段階	
	知識・技能	・自分の気持ちや周囲の状況に気が付いたり、自分の不安を落ち着けたりする方法を知ることができる。
	思考・判断・表現	・自分の状況を考えたり判断したりして、自分がどうすればよいかを考えたり行動したりすることができる。
	学びに向かう力、人間性等	・自分から周囲の友達などに関わることができる、または積極的に活動などに参加したり、取り組もうとしたりする。

指導目標を達成するために必要な項目の選定	⑥　⑤を達成するために必要な項目を選定する段階					
	健康の保持	心理的な安定	人間関係の形成	環境の把握	身体の動き	コミュニケーション
	(4) 障害の特性の理解と生活環境の調整に関すること。	(1) 情緒の安定に関すること。 (2) 状況の理解と変化への対応に関すること。	(3) 自己の理解と行動の調整に関すること。 (4) 集団への参加の基礎に関すること。	(4) 感覚を総合的に活用した周囲の状況についての把握と状況に応じた行動に関すること。		(5) 状況に応じたコミュニケーションに関すること。

⑦　項目と項目を関連付ける際のポイント
・＜自分の気持ちへの気付きと積極的な行動ができるように＞（健）(4) と（心）(1) と（人）(3) を関連付けて設定した具体的な内容が⑧アである。 ・＜自分の気持ちの相手への伝え方と場に応じた適切な行動ができるように＞（心）(2) と（人）(4) と（環）(4) と（コ）(5) を関連付けて設定した具体的な内容が⑧イである。 ・＜周囲の状況理解と気持ちの切り替えができるように＞（健）(4) と（心）(1) と（環）(4) を関連付けて設定した具体的な内容が⑧ウである。

	⑧　具体的な指導内容を設定する段階		
選定した項目を関連付けて具体的な指導内容を設定 （計 70 時間）	[ア] ア－1（10 時間） 自分自身が困っていることや、不安なことに気が付き、対処法を考えたり行動したりできるようになる。 ア－2（15 時間） 初めての場所や活動でも、落ち着いて、自分から取り組むことができるようになる。	[イ] イ－1（15 時間） 自分の気持ちを相手に伝えるなど、場に応じた適切な援助要請行動がとれるようになる。 イ－2（10 時間） 集団の中での話し方など、やりとりや話をするタイミングを意識できるようになる。	[ウ] ウ－1（10 時間） 不安な状況でも、気持ちを切り替えて、自ら行動できるようになる。 ウ－2（10 時間） 教師の合図や指示を聞いたり自分で判断したりして、行動できるようになる。

	⑨　⑧を実施するために具体的な指導方法（段階、教材・教具の工夫、配慮など）を設定する段階		
指導内容について具体的に指導方法を設定	[ア] ア－1 ・自分の希望や気持ちについて、教師からの質問に答えることで、順序立てて整理できるようにする。 ア－2 ・静かにゆっくり行動してよいことなど、具体的な指示を伝え、安心できるようにする。	[イ] イ－1 ・やりとりの言葉や相手への伝え方など、繰り返し練習して慣れるようにする。 イ－2 ・相手の状況を見て、自分の行動を判断できる場面を多く設けるようにする。	[ウ] ウ－1 ・気持ちを切り替える際のアイテムになるように、タイマーの音や視覚的な支援、ICT 機器などを活用する。 ウ－2 ・やるべき行動を、短く具体的に指示をして、自ら考えて行動に移る場面を多く設けるようにする。

⑩　各教科等との関連（指導場面、指導内容、指導方法）を設定する段階　＜関連する教科等のみ記載＞	
国語	相手とやりとりする場面では、やりとりの言葉や相手への伝え方を覚える。
社会	
数学	式を立てて計算する文章問題では、不安な自分の気持ちを整理し、順序立てて計算する。
理科	
音楽	初めての合奏や歌唱の学習では、視覚的な支援や ICT 機器などを活用して不安な気持ちを切り替える。
美術	
保健体育	
職業・家庭	
外国語活動／外国語	
道徳	周囲の状況に応じた活動が難しい時には、自分自身が困っていることや不安感に気が付く。
総合的な学習時間	
特別活動	未経験の場面や初めてのことでも、積極的に活動する。
その他（　　　　　　　）	
日常生活の指導	
生活単元学習	不安感がある学習では、視覚的な支援、ICT 機器などを活用して気持ちを切り替える。
作業学習	作業学習の確認時には、依頼や報告をする。

⑪	指導経過（⑧の指導内容、⑨の指導方法に対する指導経過）		
1学期	ア ・予定外の出来事や場面に遭遇した時に、下を向いたりその場から離れて別の行動をしたりすることが多い。	イ ・難しい、または知らないことを質問された時などには、どう対応したらよいかが分からなくなり、質問をオウム返しすることがある。	ウ ・気持ちの切り替えがうまくできずに、イライラしたり友達や教師に言い返して口論になったりすることがある。
2学期	ア ・下を向いてしまったり、すぐに別の行動をしたりすることがなくなり、自分で考えようとする姿が多く見られるようになった。	イ ・「分かりません。」「難しくてできません。」という言葉を自ら言えるようになった。	ウ ・教師からの言葉かけや促しに応じて、気持ちを切り替えたり、別の活動に移ったりすることができるようになった。
3学期	ア ・教師からの「どうしたいと思う？」や「今は何をするべきだと思う？」などの質問に対して、自分の考えを答えられるようになった。	イ ・「教えてください。」「手伝ってください。」など、自分の気持ちや希望を表わす言葉を伝えられることが増えてきた。	ウ ・気になることがある時や活動の途中であっても、時間や周りの様子を見て、気持ちを切り替えて次の行動に移ることが増えてきた。

⑫−1	自立活動の学習評価（⑤の指導目標に対する学習評価）　◎よくできた　○できた　▲できなかった		
	知識・技能	思考・判断・表現	主体的に学習に取り組む態度
年間の評価	◎自分の気持ちや希望を表わす言葉を伝えられることが増えてきた。 ○周囲の状況を見ることができるようになった。 ▲自力での不安解消はまだ難しく、教師の促しや言葉かけが必要な時がある。	○自分がどうするべきかを考えて、教師からの質問に対して答えることができた。 ▲自力で行動に移すことはまだ不十分であった。	◎気持ちを切り替えて、次の行動に移ることが増えてきた。 ○友達の誘いに応じたり、周囲の様子を見たりして一緒に活動できた。 ▲好きな活動中では、スムーズに次の活動へ移ることが難しいことがまだある。
その他			

⑫-2 各教科等の関連評価（⑩の各教科等を通して）　　＜関連する教科等のみ記載＞　　◎○▲で評価	
国語	◎相手とやりとりする場面では、気持ちや希望を表わす言葉が増えてきた。
社会	
数学	○文章問題では、教師からの言葉かけを受けて、落ち着いて順序立てて計算することができた。
理科	
音楽	◎合奏や歌唱の学習では、スクリーンに映した歌詞やタブレット型端末を活用し、気持ちを落ち着けて学習できた。
美術	
保健体育	
職業・家庭	
外国語活動／外国語	
道徳	○初めての活動の時には、自分の気持ちや不安感に気付くことができた。 ▲周囲の状況を見て行動する場面では、教師の促しや言葉かけなどの補助が必要な時がある。
総合的な学習の時間	
特別活動	◎学校行事の時には、気持ちを切り替えて、活動を切り上げたり次へ移ったりできた。 ▲大人数の前や好きな活動中には、うまく気持ちを切り替えることが難しいことがある。
その他（　　　　　　　）	
日常生活の指導	
生活単元学習	◎終了時間で学習が中断した時も、気持ちを切り替えて、学習を切り上げたり次へ移ったりできた。 ▲好きな活動をしている時には、うまく気持ちを切り替えることが難しいことがある。
作業学習	◎活動終了時や確認が必要な時には、その旨を報告することができるようになった。 ▲依頼することが必要な場面では、伝えられる語彙数がまだ少ない。

⑬　指導計画の作成から実施までの全般的な評価（よかった点、改善すべき点、意見など）	
実態把握 指導目標	・前担任からの引き継ぎ資料の活用や情報交換は、生徒理解に対して効果的であった。 ・指導目標及び内容は、概ね生徒の実態に合ったものを作成することができた。
指導内容 指導方法	・具体的に他者とやりとりしたり、不安感と向き合ったり解消したりできる経験場面を、もっと多く設定した方がよいと感じた。
教科等との関連	・教科学習における、発表や机上学習と関連付けた指導機会の充実を更に検討すべきであった。
指導経過 学習評価	・指導は、段階を経て徐々に高次な目標へと移行することができた。 ・学習評価を、更に具体的にスモールステップで評価していく必要があるといった意見があった。
本人の意見 本人用シート	・本人用シートは、具体的に取り組んだり、自己の課題と向き合い自己理解したりするための補助資料として効果的であった。
保護者の意見	・家庭でも、気持ちを切り替えて行動できるようになってきた。
その他	

⑭　次年度への引継ぎ事項（変更点、要望など）	
担任・担当者へ	・具体的な対処法や望ましい行動ができるようになるためには、成功体験を多く積むことが必要です。そのため、自力での不安感の解消や克服ができるよう、活動場面や練習の機会を多く設けるようにした方がよいと思われます。 ・教室内や活動時には、本人が自分の気持ちや周囲の状況に気付き、時と場に応じた適切な行動ができるような指導内容及び目標について検討してほしいと思います。
本人・保護者へ	・家庭内でも、親や兄弟と話をしたりやりとりをしたりする際には、自分の気持ちややりたいことについて、言葉で表現したり根気強く伝えたりする練習をたくさんしてほしいと思います。
その他	

自立活動の学習

中学部　2年　1組　名前　栃木　太郎

自分の得意なことや苦手なこと、困っていること

健康について（健康の保持）

・テレビを見たりゲームをしたりすることが好き。
・運動は好きじゃない。

自分の気持ちについて（心理的な安定）

・気持ちがうまく話せない。
・きんちょうして、にがてなことがある。

人付き合いについて（人間関係の形成）

・自分から話しかけるのができない。
・好きなことは話せる。

周りの感じ方について（環境の把握）

・友だちといっしょに勉強したり、ゲームをしたりできる。

体の動きについて（身体の動き）

・ラジオたいそうはできる。
・つかれることは、あまりしたくない。

友達や周りの人との会話について（コミュニケーション）

・友だちと話すことは楽しい。
・休みの日のことをたくさん話したい。

1年間の目標

① 知識・技能
・こわいとか不安な気持ちをおちつけられるようになりたい。

② 思考・判断・表現
・どうすればよいか考えて自分で動けるようになりたい。

③ 学びに向かう人間性
・楽しいことは、たくさんやりたい。

学習の内容や方法

・自分の気持ちを知る。何をするか考える。
・言いかたをおぼえて、何回も、れんしゅうする。
・すぐにきりかえる。次のことをやる。

ふり返り　〇できた　▲むずかしかった

1学期 ➡
▲まだ、むずかしかった。
▲何をしたらいいかわからなかった。

2学期 ➡
〇自分で考えて、話すことができた。
▲すぐにきりかえてできるようになったけど、先生に手つだってもらった。

3学期 ➡
〇自分で友だちや先生に、手つだってほしいことを話すことができた。
〇友だちといっしょに、すぐに気持ちをきりかえられるようになった。

発表場面で声が小さくなったり、話さないで済ませたりすることを改善・克服するための指導

「自立活動の個別の指導計画」

名　前	ながさき　あまこ 長 崎 雨 子	性別	女	学部・学年	中学部３年１組
障害名 診断名	知的発達症、ダウン症（長崎県出島医療センター・福山正治 Dr、出生時）				
検査結果 手帳取得	田中ビネー V　IQ49（長崎県出島医療センター・前川清子臨床心理士、中学校２年時） S-M 社会生活能力検査　全検査 AS55（身辺自立７歳１か月、移動８歳６か月、作業７歳０か月、意思 交換６歳１か月、集団参加７歳９か月、自己統制７歳２か月）、（西川崇主幹教諭、 中学部２年時） 療育手帳 A 取得（３歳時取得、小学部２年時更新、中学部１年時更新）				
指導期間	令和２年４月〜令和３年３月（１年間）		指導時数	特設：年間 70 時間（週２時間）	
指導場所	自立学習室、教室等		指導者	自立活動担当（西川崇主幹教諭）	
関係者等	主治医（長崎県出島医療センター・福山正治 Dr）、言語聴覚士（出島総合医療センター・三輪彰浩 ST）				
合理的配慮 （観点）	・学部全体や全校での発表場面で声が小さく、聞き取れない時には、マイクやプレゼンテーションソフトを併用する。 　（①−１−１） ・緊張感が強く話すことが難しい場面では、教師の質問に答える方法で取り組む。（①−１−１）				

①　障害の状態、発達や経験の程度、興味・関心、学習や生活の中で見られる長所やよさ、課題等について情報収集

・基本的生活習慣は、ほぼ自立している。
・小学校１・２年程度の簡単な読み書きができる。漢字混じりの短文は、ふりがながあればすらすらと読むことができる。
・見通しがもてる活動には意欲的に取り組み、失敗しても落ち込むことは少ない。
・初めての学習や、新しい道具・教材などの使用は、やや慎重になることが多い。
・話し言葉は明瞭で、休み時間や遊びの場面では、友達や教員と冗談を交えながら会話を楽しむことができる。「日曜日にお母さんとお姉ちゃんと○○○のライブに行ったよ。」のように楽しそうに話す。
・作業学習で失敗したことを報告する場面や、授業中に指名されて発言するなど、あらたまった場面では言葉が出にくかったり、声が小さくなったりすることがある。
・急に指名されると緊張して「パス。」、「分かりません。」と発言するなど、話さないで済ませようとする面が見られる。
・友達や下級生に優しく接したり、集団学習で友達を応援したりするなど、社交的で対人関係は良好である。
・自己評価をしたり、自己課題を考えたりすることはまだ十分ではない。
・ダンスサークルやスイミング教室に通っており、身体を動かすことや動作の模倣は得意である。

②−１　収集した情報（①）を自立活動の区分に即して整理する段階

健康の保持	心理的な安定	人間関係の形成	環境の把握	身体の動き	コミュニケーション
・基本的生活習慣は、ほぼ自立している。 ・自分がダウン症であることを知っている。	・初めての学習や、新しい道具・教材などの使用は、やや慎重になる。 ・緊張時や話しにくくなった時に、話さないで済ませようとすることがある。	・友達や下級生に優しく接したり、集団学習で友達を応援したりするなど、社交的で対人関係は良好である。 ・自分の課題の認識がまだ浅い。	・小学校１・２年程度の簡単な読み書きができる。 ・漢字混じり文はふりがながあれば、すらすらと読むことができる。	・身体を動かすことや動作の模倣は得意である。	・話し言葉は明瞭である。 ・冗談を交えながら会話を楽しむことができる。 ・あらたまった場面では言葉が出にくかったり、声が小さくなったりする。

②－2　収集した情報（①）を学習上又は生活上の困難や、これまでの学習状況の視点から整理する段階

・初めての学習や、新しい教材の使用などについては、初めは教員や友達がしているのを見せて、「自分にもやれそう」、「やってみたい」と思うような雰囲気があれば取り組むことができる。（心、人）
・緊張時に話しにくくなることについて、これまでの自立活動の指導等において、発表の原稿を準備したり、発表内容に好きなお笑い芸人のネタを入れたりして、リラックスしながら発表することに取り組んで成果を得ている。（心、コ）
・学習場面で、楽しい雰囲気や冗談が認められるような雰囲気の時には、自分からよくしゃべり、周りを盛り上げることができる。（心、コ）
・発表や報告の場面で、教師の方をチラチラ見る、目で助けを求めるなど教師に頼る意識が強く、学習集団が大きい場面や、近くに教師がいない場合などは、自信をもって発表することが難しい。（心、人、コ）
・下校の路線バスを乗り換えた時に、途中で気付いたもののどう行動すればよいか分からずに、終点まで乗ってバスの乗務員から声をかけてもらったことがある。（環、コ）

②－3　収集した情報（①）を卒業後（4年後、高等部卒業後）の姿の観点から整理する段階

・保護者は、本人の朗らかでユニークな性格が生き、障害者への理解がある公的機関での接客や販売補助等の職場で、楽しくおしゃべりをしながら働く姿をイメージしている。（心、環、コ）
・本人は、当初はケーキ屋さんに憧れをもっていたが、高等部に在籍していた先輩が就職した大学の学生食堂のようなところで、食器洗いや盛り付け補助などの仕事をしたいと希望している。（心、人、環）
・将来の一般就労または福祉的就労を視野に入れ、困った時や失敗した時に周りの人に報告する意識や、職場の人やお客様との円滑なコミュニケーション能力が必要である。（心、コ）
・将来を見据え、慣れていること、見通しがもてることだけでなく、新しいことにも積極的に取り組む姿勢が必要である。（心、人、環）

③　①をもとに②－1、②－2、②－3で整理した情報から課題を抽出する段階

・初めて経験することや、できるかどうか自信がないことに消極的な面がある。（心）
・人前で緊張して話しづらくなることについて、自己理解ができていない。（心）
・苦手なことや未経験のことにも取り組み、自分の得意・不得意を知ることが必要である。（人）
・困った時や失敗した時に、周りの大人に助けを求めてよいということを理解する必要がある。（人）
・言葉に詰まった時にごまかしたり話すのをやめたりするのではなく、相手に伝わる方法で伝えようとすることが必要である。（環、コ）
・場面や相手に応じて、適切な話し方をすることが必要である。（コ）

④　③で整理した課題同士がどのように関連しているかを整理し、中心的な課題を導き出す段階

　本生徒は友達や教師と話すことが好きで、周りの友達をサポートする優しさももっている。いろいろな場面で自分の考えを主体的に話す力は、今後も伸ばしていきたいと考える。しかし、授業の発表場面で緊張して自分の力を発揮できなかったり、困っていることや失敗したことを言い出せなかったりすることがある。失敗を悪いこと、恥ずかしいこととして捉えていることがその要因であると考えられる。「困ったことや失敗したこと」は悪いことではなく、それを黙っていることで自分が損をする場合があることを理解させる必要がある。
　また、周りの人に助けを求めることは生きていく上で、あるいは働く大人になるための力として必要なこととして理解させることも課題であると思われる。
　さらに、緊張した時に言葉に詰まってしまったり、発表しないで済ませたりする自分の姿を客観視することができれば、発表場面で自分がどのようにすればよいのかを考えるきっかけになると思われる。

課題同士の関係を整理する中で今指導すべき指導目標として	⑤　④に基づき設定した指導目標を記す段階	
	知識・技能	・困ったことや失敗したことを伝えるのは、恥ずかしいことではないということを理解して行動することができる。
	思考・判断・表現	・いろいろな場面で、うまくできたことや工夫したこと、もっと頑張りたいことなどを自分で考えながら判断して発表することができる。
	学びに向かう力、人間性等	・緊張して言葉に詰まった時に、諦めるのではなく、自分で気持ちを切り替えて対処することができる。

指導目標を達成するために必要な項目の選定	⑥　⑤を達成するために必要な項目を選定する段階					
	健康の保持	心理的な安定	人間関係の形成	環境の把握	身体の動き	コミュニケーション
		(2) 状況の理解と変化への対応に関すること。 (3) 障害による学習上又は生活上の困難を改善・克服する意欲に関すること。	(3) 自己の理解と行動の調整に関すること。	(4) 感覚を総合的に活用した周囲の状況についての把握と状況に応じた行動に関すること。		(2) 言語の受容と表出に関すること。 (5) 状況に応じたコミュニケーションに関すること。

⑦　項目と項目を関連付ける際のポイント
・<周りの人に伝えるのは、恥ずかしいことではないということを理解するために>（心）(2)(3) と（人）(3) と（コ）(5) を関連付けて設定した具体的な指導内容が⑧アである。 ・<いろいろな場面において、自分で考えて発表することができるために>（心）(3) と（人）(3) と（コ）(2)(5) を関連付けて設定した具体的な指導内容が⑧イである。 ・<緊張して言葉に詰まった時に、自分で気持ちを切り替えて対処するために>（心）(2)(3) と（人）(3) と（環）(4) と（コ）(5) を関連付けて設定した具体的な指導内容が⑧ウである。

選定した項目を関連付けて具体的な指導内容を設定 （計70時間）	⑧　具体的な指導内容を設定する段階		
	[ア] ア－1（15時間） 困ったことや失敗したことを隠したりごまかしたりしないで、素直に伝える。 ア－2（20時間） 教師や友達、自分の失敗などを認め合ったり、励ましたりする。	[イ] イ－1（教育活動全般で随時） 授業や1日の振り返りなどの場面で、自分で感想を考えて発表する。 イ－2（教育活動全般で随時） 学部の行事や全体での学習の場で進行したり、発表したりする。	[ウ] ウ－1（15時間） 緊張場面で、自分で気持ちを切り替えて発言しようとする。 ウ－2（20時間） 台本やメモ、板書などを見て発表、発言する。

指導内容について具体的に指導方法を設定	⑨　⑧を実施するために具体的な指導方法（段階、教材・教具の工夫、配慮など）を設定する段階		
	[ア] ア－1 ・困っている場面のイラストにセリフを考えて記入する学習を行う。 ア－2 ・教師をバス運転手や店員等に見立てて、困っていることを伝える学習を行う。 ・日常で想定される困った場面でどう伝えればよいかを友達と一緒に考えを深めさせる。	[イ] イ－1 ・玩具のマイクを持って、自分が話す番という意識をもたせ、楽しい雰囲気の中で発表させる。 イ－2 ・生徒会長として自信をもてるように教員も応援、拍手をし、学部全体のいろいろな場面で発表できるようにする。 ・発言している場面を動画撮影して、振り返りの学習を行う。	[ウ] ウ－1 ・もじもじしている姿を動画で見せて、切り替えて何か話せばよいことに気付かせる。 ウ－2 ・メモや台本を見ながら、顔を上げて大きな声で話す練習をする。 ・集会や交流学習の挨拶文は、教師と一緒に文面を考え、読みやすい原稿を書かせる。

⑩　各教科等との関連（指導場面、指導内容、指導方法）を設定する段階　<関連する教科等のみ記載>	
国語	年間を通して音読の学習をする。学期の節目や行事ごとに感想文を書かせて発表させる。
社会	
数学	
理科	
音楽	
美術	授業の終末に、自分が頑張ったことや友達のよい点などを考えて発表する場面を設定する。
職業・家庭	導入で知っている食材やメニューを発表させる。 授業の終末に頑張ったことなどを考えて発表する場面を設定する。
保健体育	
外国語活動／外国語	
道徳	
総合的な学習の時間	郷土食調べの成果発表会で、原稿を覚えて発表する場面を設定する。
特別活動	委員会活動で放送委員を選択させ、朝や昼の校内放送で、全校に向かって話す機会をつくる。
その他（　　　　　　　）	
日常生活の指導	朝の会や帰りの会で、1日の感想や連絡事項等を発表する場面を設定する。
生活単元学習	文化祭の劇で、本人が考えるアドリブを取り入れながら、自信をもって表現できるようにする。
作業学習	封筒の袋詰め作業が終わるごとに、教師や作業リーダーへの報告の場を設定する。

⑪	指導経過（⑧の指導内容、⑨の指導方法に対する指導経過）		
1学期	**ア** ・登校中にICカードを紛失して、うまく話せなかったケースを取り上げ、バスの運転手さんにどう言えばよいかを繰り返し練習した。	**イ** ・帰りの会ではよく話す生徒の後に発表させることで、発表内容を考えるヒントになるようにした。 ・その日の時間割を掲示しておき、印象に残った授業を選択させた。	**ウ** ・発言できないでもじもじしている場面を映像で見せ、「もじもじはかっこいいかな。」「もじ子さんは将来お店でお仕事できないね。」と意識させるようにした。
2学期	**ア** ・登校時にバスに乗り遅れた時に、自分の携帯電話から学校に連絡することができたので、称賛した。説明が不十分だったため、どのように説明すれば伝わるかをシミュレーションで学習した。	**イ** ・生徒会長として、学部集団の場で感想や自己課題を話す場面を仕組むようにした。 ・マイクを持って話すことの抵抗がなくなったので集会の進行を任せ、その日のうちに評価するようにした。	**ウ** ・文化祭の劇では自分のセリフを早い時期から覚えたので、大きな声で、大きな動きで演じるとかっこいいことを意識させ、自立活動の時間にも練習をさせた。
3学期	**ア** ・作業バザーのレジで、お客さんの会計に時間がかかる時にどう言えばよいかを自立活動の題材にして模擬練習した。	**イ** ・友達や教師と対話ができるように、帰りの会の友達のコメントに、コメントを返すようにした。形式的な感想に「私も○○さんと同じで、・・・」のように友達の感想にかぶせるような話し方をすることが増えた。	**ウ** ・卒業式のお別れの言葉の時に「1、2」と太ももを軽く叩いてリズムをとって話す方法を、発表場面でも取り入れてみたところ、緊張感がとれてよい発言をするようになった。

⑫－1	自立活動の学習評価（⑤の指導目標に対する学習評価）　◎よくできた　○できた　▲できなかった		
	知識・技能	思考・判断・表現	主体的に学習に取り組む態度
年間の評価	◎学習場面で固まることが減り、「やってしもた。」「オーマイガー。」などと失敗を認めるようになった。 ○通学のシミュレーションを継続することで、バスの運転手さんに自分から挨拶をするようになった。 ▲想定外の場面では、何も言えずに固まることが見られる。	◎学級では冗談も交えながら、自分の言葉で発表するようになった。 ○友達の発表を聞いて、それと重複しないように自分の発表を考えるようになった。 ○大きな集団になると感想が少なくなるが、自分で書いた原稿があれば大きな声で発表できるようになった。	◎卒業式の練習を日常にも応用して、言葉に詰まった時に、太ももを叩いて話し始めることが増えた。 ○たくさん話をしたいという気持ちをもつようになった。
その他	◎支持的、肯定的な雰囲気を学級経営の柱にしたことで、友達や教師が失敗をした時に本生徒が「ドンマイ。」と声をかけるようになった。 ○自分の失敗を「勉強になった」「いい経験をした」と前向きに捉えるには、まだ教師の声かけや励ましが必要であるが、固まることは減っている。		

⑫－2　各教科等の関連評価（⑩の各教科等を通して）　　＜関連する教科等のみ記載＞　　◎○▲で評価	
国語	◎音読は、自信をもって取り組めた。 ○自分で書いた感想はスムーズに読めた。スピーチは動作化することでスムーズに発表した。
社会	
数学	
理科	
音楽	
美術	◎好きな色やデザイン、イメージしたことなどを発表することができた。
職業・家庭	◎調理の学習では、絵カードや写真を見て自信をもって発言することができた。調理や洗濯の学習で、友達が頑張っていることを見つけて話をすることができた。
保健体育	
外国語活動／外国語	
道徳	
総合的な学習の時間	◎保護者が参観に来たことで、セリフを飛ばすことなく張り切って発表することができた。
特別活動	◎曲紹介などの定型文は、スムーズに原稿を読むことができた。2学期中盤には原稿を覚えた。 ▲教育実習生へのメッセージなど、トピック的なものは、原稿があっても詰まることがあった。
その他（　　　　　　　）	
日常生活の指導	○発表内容が思い浮かばない時は、教師のヒントが必要だったが、自分の言葉で話すことができた。
生活単元学習	◎劇のストーリーを覚え、セリフを忘れた友達に小声で教えながら、堂々と演技することができた。
作業学習	◎できたことの報告は自信をもって行うことができた。 ▲材料が足りない時や、失敗した時に、教師の顔色をうかがい、固まることがあった。

⑬　指導計画の作成から実施までの全般的な評価（よかった点、改善すべき点、意見など）	
実態把握 指導目標	・複数の教員からの情報や医療機関の関係者からの専門的な視点も踏まえて実態把握や、目標・方法の検討を効果的に行うことができた。
指導内容 指導方法	・課題が似通った生徒3名と同じ場でシミュレーション学習を行い、一緒に思考を深めたりモデリングの意味で有効であったが、通学や進路に関わる個人的な内容は、抽出指導がさらに効果的であると考える。
教科等との関連	・学部会等で情報交換を行うことで、生徒の課題を共通理解し、教育活動の中でも無理なく指導場面を設けることができた。
指導経過 学習評価	・担当が中心に記載し、他の授業担当者が追記していくことで、自立活動の時間の指導だけでなく、他の指導の形態における変容も整理することができた。
本人の意見 本人用シート	・学期末毎に振り返るツールとして用いた。自分で考えて記入することは難しかったが、教師と話し合いながら作成することができた。◎○▲や表情シールなどで自己評価できるように工夫した。
保護者の意見	・保護者からは「本人や保護者の思いを取り入れた指導に満足している」という感想があった。
その他	

⑭　次年度への引継ぎ事項（変更点、要望など）	
担任・担当者へ	・高等部では、身近にいる教員だけでなく、日ごろかかわりが少ない事務職員や大学教員等との挨拶やコミュニケーション場面も取り入れてほしい。 ・一般就労を視野に入れているため、高等部では、現場実習先の職員との定型のやりとりや、困った場面を想定したシミュレーションの指導も必要だと思われます。
本人・保護者へ	・言葉がつまった時に自分の太ももを叩いて勢いをつけて話し始める方法は、本人が見つけた方法として、うまくできていることを称賛しながら、今後も継続してほしい。
その他	・自分が映っている動画を見ることが好きなので、動画を見せてうまくできているところを称賛したり、自分の話し方を客観視させたりする指導方法は効果的であると思われます。

自立活動の学習

中学部　3年　1組　名前　長崎　雨子

自分の得意なことや苦手なこと、困っていること

健康について（健康の保持）
・自分のことを自分ですることができる。
・自分のしょうがいがわかる。

自分の気持ちについて（心理的な安定）
・はじめてすることは、きんちょうする。

人付き合いについて（人間関係の形成）
・友だちにやさしくすることができる。

周りの感じ方について（環境の把握）
・かん字のべんきょうをがんばっている。

体の動きについて（身体の動き）
・ダンスやスイミングがとくい。

友達や周りの人との会話について（コミュニケーション）
・友だちとたのしくおしゃべりができる。
・はっぴょうはきんちょうする。

1年間の目標

① 知識・技能
・できないこと、しっぱいはあってもいいことをわかる。

② 思考・判断・表現
・かんそうや、がんばりたいことをはっぴょうする。

③ 学びに向かう人間性
・きんちょうしても、がんばる。にげないのがすばらしい。

学習の内容や方法
・しっぱいしたら「ドンマイ」という。
・「もしもこんなときは」のべんきょうをする。
・中学部のリーダーとして、みんなの前でいろんなことをはっぴょうする。

ふり返り　　　〇できた　▲むずかしかった

1学期 ➡ 〇メモちょうづくりで、しっぱいをほうこくすることができた。
▲中学部のみんなのまえではなすのは、まだ、きんちょうする。

2学期 ➡ 〇バスにのれなかったときに、がっこうにでんわすることができた。
▲じっしゅうの先生へのメッセージほうそうは、むずかしかった。

3学期 ➡ 〇「ドンマイ。」「やってしもた。」と、言えるようになった。
〇きんちょうしても、「1、2」と足をたたいて、はっぴょうすることができた。

自分の気持ちを理解し、言語で表現できるようになるための指導

「自立活動の個別の指導計画」

名　前	べにばな　いちろう 紅 花　一 郎	性別	男	学部・学年	高等部1年1組
障害名 診断名	知的発達症、自閉スペクトラム症（蔵王市立大学附属病院・石川充Dr.、2歳6か月時）				
検査結果 手帳取得	田中ビネー　IQ60（蔵王市立大学附属病院、上山紅子臨床心理士、中学部3年時） 療育手帳B取得（小学校4年取得、中学部3年時更新）				
指導期間	令和2年4月〜令和3年3月（1年間）		指導時数		特設：年間70時間（週2時間）
指導場所	教室他		指導者		担任（志鎌知弘教諭）
関係者等	主治医（蔵王市立大学附属病院・石川充Dr.）				
合理的配慮 （観点）	障害の特性に応じた休憩時間の調整などのルール・慣行の柔軟な変更を行う。（①−1−1） 情緒不安定になりそうな時には、別室などの落ち着ける場所で休めるようにする。（③−2）				

①　障害の状態、発達や経験の程度、興味・関心、学習や生活の中で見られる長所やよさ、課題等について情報収集

・偏食があり、好きなものをたくさん食べるため肥満傾向である。水分を摂りたがる。
・気持ちが落ち着かなくなった時、大きな声を出したり、飛び跳ねたりする。
・相手に対して要求がある時、一方的に伝えることが多い。何度も繰り返すことがある。
・見通しのもてる活動に、集中して取り組むことができる。嫌だと感じると伏せてしまうことがある。
・簡単な動作模倣ができる。
・長い距離を歩くことができる。走る速度はゆっくり。
・平仮名のなぞり書きができる。一方で読めない。
・要求や考えを二語文程度で話す。
・音声言語による簡単な指示を理解して行動できる。
・ドライブが好きで、ほぼ毎日3時間以上している。

②−1　収集した情報（①）を自立活動の区分に即して整理する段階

健康の保持	心理的な安定	人間関係の形成	環境の把握	身体の動き	コミュニケーション
・偏食があり、好きなものをたくさん食べるため肥満傾向である。	・気持ちが落ち着かなくなった時、大きな声を出したり、飛び跳ねたりする。	・相手に対して要求がある時、一方的に伝えることが多い。	・見通しのもてる活動に、集中して取り組むことができる。	・簡単な動作模倣ができる。 ・長い距離を歩くことができる。 ・平仮名のなぞり書きができる。	・要求や考えを二語文程度で話す。 ・音声言語による簡単な指示を理解して行動できる。

②−2　収集した情報（①）を学習上又は生活上の困難や、これまでの学習状況の視点から整理する段階

・伝えたいことを、「○○する」「○○しない」など二語文程度の言葉で伝えるが、自分の意思を適切に伝えることが難しい。（人、コ）
・言葉によってやりとりをしているが、絵カードや文字、身振りでのコミュニケーションは難しい。具体物から3択程度の意思決定ができる。（人、身、コ）
・気持ちが落ち着かなくなると、じっとしていられなくなり、歩き回ったり、大きな声を出したりする。長い時は2週間程度不安定な状態が続く。（心）
・集団行動では、周りが動いてから動いたり、他の人の促しを受けてから動いたりする。（人、環）

②－３　収集した情報（①）を卒業後（３年後）の姿の観点から整理する段階
・気持ちが不安定になった時でも、大きな声を出したり飛び跳ねたりせずに気持ちを落ち着かせる方法を身に付ける必要がある。（心） ・高等部卒業後、関わる人と言葉や身振りなどの方法で簡単なコミュニケーションをとれるようになること。（人、コ） ・自分の感情を理解して、意思を伝えながら、いろいろな活動に取り組もうとすること。（心、人、コ）

③　①をもとに②－１、②－２、②－３で整理した情報から課題を抽出する段階
・気持ちが落ち着かなくなった時に、自分なりの適切に収める方法を身に付けていない。（心） ・言葉や感情の理解度が不明確で、表出する言葉の語彙力が限られている。（コ） ・興味の範囲が狭く、自分から人に関わろうとすることが少ない。（人） ・新しいことや苦手なことには、なかなか取り組もうとしない。（環）

④　③で整理した課題同士がどのように関連しているかを整理し、中心的な課題を導き出す段階
言葉や感情の理解度が低く、表出する言葉が限られているため、自分の意思を適切に伝えらず、自分のやりたいことを一方的に伝えてくることがある。様々な状況の中で、本人の思い通りにならないことや、見通しがもてないことがあり、不安感やストレスを抱えていることで、気持ちが不安定になることがある。また、視覚的な情報も入りにくく、日常的に経験していることであれば円滑に行動できるが、新しいことには自分から取り組もうとすることが少ない。情報をいろいろな方法で受容するようになることで、自分の感情を理解したり、表したりし、見通しをもって活動できるようになると考える。また、気持ちが不安定になった時に、適切な方法で気持ちを表したり、収集したりする方法を身に付けることで、課題となる行動が減少すると考える。 　余暇の時間には、座っていることが多く、自分から人と関わることが少ない。また、他人からの言葉かけや促しを受けてから行動することが多い。興味の範囲が狭いことで、行動のパターンが定まっており、コミュニケーションのとり方を身に付けることで、卒業後でも他者との良好なかかわりや、余暇の過ごし方へも発展できると考える。

課題同士の関係を整理する中で今指導すべき指導目標として	⑤　④に基づき設定した指導目標を記す段階	
	知識・技能	・自分で気持ちを落ち着かせる方法をいくつか知り、それを身に付ける。
	思考・判断・表現	・自分の意思や気持ちを考え、自分なりの方法を見つけて、人に伝えることができる。
	学びに向かう力、人間性等	・人と関わりながら、いろいろな活動に取り組もうとする。

指導目標を達成するために必要な項目の選定	⑥　⑤を達成するために必要な項目を選定する段階					
	健康の保持	心理的な安定	人間関係の形成	環境の把握	身体の動き	コミュニケーション
		(1) 情緒の安定に関すること。 (2) 状況の理解と変化への対応に関すること。	(2) 他者の意図や感情の理解に関すること。 (3) 自己の理解と行動の調整に関すること。	(2) 感覚や認知の特性についての理解と対応に関すること。		(2) 言語の受容と表出に関すること。 (3) 言語の形成と活用に関すること。

⑦　項目と項目を関連付ける際のポイント
・＜気持ちを落ち着かせて活動できるように＞（心）(1) と（心）(2) と（環）(2) を関連付けて設定した具体的な内容が⑧アである。 ・＜自分の意思や気持ちを伝えられるように＞（人）(2) と（コ）(2) と（コ）(3) を関連付けて設定した具体的な内容が⑧イである。 ・＜いろいろな活動に取り組めるように＞（心）(2) と（人）(2) と（人）(3) と（コ）(3) を関連付けて設定した具体的な内容が⑧ウである。

選定した項目を関連付けて具体的な指導内容を設定（計70時間）	⑧　具体的な指導内容を設定する段階		
	[ア] ア－１（10時間） 　気持ちが不安定になった時には、体を動かしたり、好きなことをしたりして気持ちを落ち着かせてから活動に戻ることができるようになる。 ア－２（10時間） 　いくつかの落ち着く方法を考えられるようになる。 ア－３（10時間） 　落ち着くまでの時間が徐々に短くできるようになる。	[イ] イ－１（10時間） 　言葉や身振りなどで、自分の意思や気持ちを相手に適切な方法で伝えられるようになる。 イ－２（10時間） 　ICT機器を用いてのコミュニケーション能力を向上できるようになる。	[ウ] ウ－１（10時間） 　相手と関わって活動し、活動の幅を広げられるようになる。 ウ－２（10時間） 　いろいろな人と関わりながら、自分の興味のもてる活動を見つけられるようになる。

指導内容について具体的に指導方法を設定	⑨　⑧を実施するために具体的な指導方法（段階、教材・教具の工夫、配慮など）を設定する段階		
	[ア] ア－１ ・散策したり、水を飲んだりして、落ち着いてから少しずつ活動に戻る。 ア－２ ・ストレッチなどの体を動かすことや、音楽を聴く、本を見るなど好きなことを教師と一緒に取り組んで落ち着く方法を増やしていく。 ア－３ ・○分、○曲、○冊と気持ちの状況に合わせて、落ち着くまでの時間が短くなるようにきっかけづくりをしていく。	[イ] イ－１ ・言葉と身振りを一致できるように、併用しながらやりとりをする。 ・動きが分かりやすいイラストを用いて視覚支援も活用する。 イ－２ ・言葉や身振りと合わせてICT機器も活用してやりとりをする。 ・タップやフリックなど、タブレット型端末の簡単な操作に慣れるようにする。	[ウ] ウ－１ ・普段からコミュニケーションをとっている身近な人と関わるようにする。 ・安心できる雰囲気の中でコミュニケーションがとれるよう、環境を設定する。 ウ－２ ・徐々に集団の人数を広げていくようにする。 ・本人が慣れている取り組みやすい活動から始める。

⑩　各教科等との関連（指導場面、指導内容、指導方法）を設定する段階　<関連する教科等のみ記載>	
国語	授業の始まりにイラスト等で流れを伝え、平仮名の読みなど、得意としている活動から始める。
社会	
数学	授業の始まりはイラスト等で流れを伝え、１桁の計算など、得意としている活動から始める。
理科	
音楽	授業の内容をイラストやタブレット型端末などを用いて活動を伝える。 楽器の活動は身近な友達と一緒に活動する。
美術	
職業・家庭	
保健体育	授業の内容をイラストやタブレット型端末などを用いて活動を伝える。 集団で活動する時は、身近な友達と一緒に活動する。
外国語	
情報	
道徳	
総合的な探究の時間	交流の活動では、身近な友達と一緒に、短時間でも他校の生徒と関わって活動するようにする。
特別活動	儀式的行事など座っている時間が長くなる活動では、適宜休憩をとるようにする。
その他（　　　　　　）	
日常生活の指導	給食の活動で、おかわりをしたい時に具体物と言葉が一致するようにコミュニケーション面に留意する。
生活単元学習	活動内容が分かるよう、授業の始まりや進行状況に合わせて、イラストを適宜用いて伝える。 グループでの活動を設定し、クラスメイトと関わるようにする。
作業学習	製作の活動が長時間続く時は、ストレッチをしたり適宜休憩をしたりするようにする。

⑪	指導経過（⑧の指導内容、⑨の指導方法に対する指導経過）		
1学期	**ア** ・イライラすると、大きな声を出したり、地団太を踏んだりする。	**イ** ・落ち着かない時に「ドライブ。」「帰る。」など、決まった単語を話すことが多い。	**ウ** ・これまでに取り組んだことがある活動は、スムーズにできたが、初めての場合は、机に伏せることがあった。
2学期	**ア** ・自立活動の時間に毎回散歩で学校の敷地を歩くようにする。 ・横になり、腕や足などをゆっくり動かす活動を取り入れる。	**イ** ・選択肢を設けて選ぶようにしたり、表情から教師が判断して言葉で返したりして、やりとりをする。	**ウ** ・教師やクラスメイトからの誘いかけで、慣れない活動にも短時間活動できることが増えた。
3学期	**ア** ・表情が悪い時に散歩に行くことで、表情がよくなることがある。自分から深呼吸をすることもある。	**イ** ・「散歩行きたい。」「楽しい。」など自分から話すことがある。	**ウ** ・クラスメイトとペアになって、会食の準備をしたりものづくりができた。

⑫-1	自立活動の学習評価（⑤の指導目標に対する学習評価）　◎よくできた　○できた　▲できなかった		
	知識・技能	思考・判断・表現	主体的に学習に取り組む態度
年間の評価	◎体を動かすことで気持ちを落ち着かせて切り替えてから活動に戻ることができた。 ○自分から深呼吸をして肩の力を抜いて落ち着こうとすることができた。 ▲教師主導になりがちであった。	○行動ではなく、言葉で伝えられるようになってきた。 ○タブレット型端末を使った活動では、積極的に操作した。 ▲言葉で伝える語彙が少ない。 ▲気持ちを伝えることは不十分であった。	◎担任やクラスメイトと一緒の活動ならば、いろいろな活動に取り組もうとすることが増えた。 ▲学部全体など大人数の活動や他学年の友達との活動の時は、参加できないことがまだある。
その他			

⑫-2　各教科等の関連評価（⑩の各教科等を通して）　　＜関連する教科等のみ記載＞　　◎○▲で評価	
国語	○平仮名を書く活動まで集中できるようになった。
社会	
数学	○これまでしていた活動から徐々に活動内容が増えた。
理科	
音楽	△繰り返しの活動が増えると、急に大きな声を出すことがある。 ○楽器演奏の時に、いったん退出して落ち着いてから戻ることができた。
美術	
職業・家庭	
保健体育	◎風船バレーを担任やクラスメイトと一緒に活動できた。 ▲気温が高い時に外で活動すると、落ち着かなくなりがちであった。
外国語	
情報	
道徳	
総合的な探究の時間	○交流活動で、他校の生徒と一緒でも短時間であれば、調理など活動できた。
特別活動	◎行事の際、落ち着かなくなった時に、いったん退出して落ち着いてから戻ることができた。
その他（　　　　　）	
日常生活の指導	○「ください。」とお代わりを言葉で伝えることが増えた。 ▲食べたくない時に、器をひっくり返すことがあった。
生活単元学習	◎イラストから、自分のやりたい活動を選択して、調理活動ができた。 ○制作の活動で、ペアになって活動できた。
作業学習	◎イラストから、自分のやりたい活動を選択することができた。 ▲タブレット型端末はまだ使えない段階。（タップの力加減が不十分）

⑬	指導計画の作成から実施までの全般的な評価（よかった点、改善すべき点、意見など）	
実態把握 指導目標	・本人が落ち着かなくなる時の状況や気持ちが分かるようになってきた。 ・落ち着く方法を身に付けるといった単純にスキルの習得にならない目標の設定が必要です。	
指導内容 指導方法	・気持ちと身体の状況とのつながりが意識できるやりとりへと広げられた。 ・担任以外の教師とも、同様のかかわりができた。	
教科等との関連	・自立活動の指導の時間で取り組んだことを教科等の時間でもできた。 ・学習する人数やメンバーなど適宜検討していくとよい。	
指導経過 学習評価	・本人の様子に合わせてかかわりを見直したり、本人と話し合ったりできた。 ・本人の気持ちを推察できるよう目標や内容を見直しながら評価を検討していけるとよい。	
本人の意見 本人用シート	・イラストを活用したことで、なりたい自分が理解できたのではないか。 ・自分のことを振り返ることができるよう、さらに工夫が必要です。	
保護者の意見	・家庭で活用できることを伝えることができた。 ・保護者の困りにも共有しながら、今後の計画を検討できるとよい。	
その他		

⑭	次年度への引継ぎ事項（変更点、要望など）	
担任・担当者へ	・本人と担任との信頼関係を築くことが大前提になると思われます。 ・いろいろな活動に一緒に取り組んでいきながら、本人の状況を理解していくことがよいです。 ・身体の状況から本人が自分の気持ちに意識を向けられるような活動を検討してほしい。	
本人・保護者へ	・いろいろな方法で落ち着くことができるようになってきたと思います。 ・家でもさらにできるようになってほしいと思います。	
その他		

自立活動の学習

高等部　1年　1組　名前 紅花 一郎

自分の得意なことや苦手なこと、困っていること

健康について（健康の保持）
・たくさんあるける。
・すきなものをたくさんたべたい。

自分の気持ちについて（心理的な安定）
・先のことがわからないと、ふあんになる。

人付き合いについて（人間関係の形成）
・自分から話しかけるのがにがて。

周りの感じ方について（環境の把握）
・あついのがにがて。
・やっていることがわかるとしゅうちゅうできる。

体の動きについて（身体の動き）
・さんぽがすき。

友達や周りの人との会話について（コミュニケーション）
・いつも聞いていることならわかる。

1年間の目標

① 知識・技能　　・イライラしないですごしたい。

② 思考・判断・表現　　・自分がおもっていることを話せるようになりたい。

③ 学びに向かう人間性　　・いろいろなことにたくさんチャレンジしたい。

学習の内容や方法

・しんこきゅうのしかたをおぼえる。気もちをきりかえるほうほうをおぼえる。
・タブレットをつかって、友だちや先生に話すれんしゅうをする。
・いろいろなべんきょうのことをことばやえでつたえる。

ふり返り　　〇できた　▲むずかしかった

1学期 →
〇しんこきゅうすることをおぼえた。
▲気もちをつたえることは、まだできていない。

2学期 →
〇タブレットからえらぶことができた。
▲たくさん人がいるべんきょうはにがてだった。

3学期 →
〇いろいろなべんきょうにイライラしないでできた。
〇友だちとたくさんはなせた。

相手や場面に応じた 言動を身に付けるための指導

「自立活動の個別の指導計画」

名　前	かわむら　よしこ 川 村　美 子	性別	女	学部・学年	高等部 1 年 1 組
障害名 診断名	知的障害、自閉症（土佐市立大原総合病院・坂上竜馬 Dr、3 歳 4 か月時）				
検査結果 手帳取得	KABC-Ⅱ　認知 65（継次 55、同時 69、計画 60、学習 61）、習得 62（語彙 66、読み 64、書き 54、算数 59）、（土佐市立大原総合病院・広末涼太特別支援士、中学校 3 年時） 田中ビネー　IQ64（長崎市児童相談所・司馬龍太郎臨床心理士、中学校 3 年時） 療育手帳 B 取得（小学校 5 年時取得、高等部 1 年時更新）				
指導期間	令和 2 年 4 月～令和 3 年 3 月（1 年間）		指導時数	特設：年間 35 時間（週時間）	
指導場所	1 組教室、特別教室		指導者	担任（谷亜由美教諭）、その他（高等部教諭）	
関係者等	主治医（土佐市立大原総合病院・坂上竜馬 Dr）				
合理的配慮 （観点）	・聴覚過敏があるため、大きな音が鳴る場面に遭遇することが予想される際には、事前に本人に伝える ようにする。（①-1-1） ・指示の内容が分からないと意欲が失せてしまうので、言語指示及びモデルを合わせて提示後、理解の 有無までを確認してから取り組むように促す。（①-2-2） ・行動修正が必要な場合には、否定語を避け、その代替となる正しい行動を伝えるなど、肯定的な支援 を行う。（①-3-5）				

① 　障害の状態、発達や経験の程度、興味・関心、学習や生活の中で見られる長所やよさ、課題等について情報収集

・聴覚過敏があるため、大きな音や声が苦手である。
・2～3 桁の簡単な加減乗除ができ、単語や文章の意味の理解は小学校 3 年生程度である。
・助詞の使い方が不十分である。主格の転倒も見られる。
・独特のイントネーションで、文章を読んだり、発表したりする。
・やりたくない活動や面倒くさいと思うと、その気持ちが表情や態度に出てしまう。
・嫌なことがあるとすぐに怒鳴ったり、イライラしたりすることが多い。
・不適切な言動や場にふさわしくない言動が見られる。

②-1　収集した情報（①）を自立活動の区分に即して整理する段階

健康の保持	心理的な安定	人間関係の形成	環境の把握	身体の動き	コミュニケーション
・寝付くまでに時間がかかるため、睡眠導入剤を時々服用している。一時安定剤を服用している。	・不快に感じる場面に遭遇した時や、やりたくない活動の際には、大きな声でわめいたりして不安定になる。	・不適切な言動や場にふさわしくない言動、相手の容姿に関する失礼な言動などがよく見られる。	・聴覚過敏があり、大きな音や高い声が聴こえると不安定になり、活動に集中できなくなる。	・短距離走が得意であるため、自信をもって取り組むことができる。	・独特のイントネーションで、文章を読んだり、発表したりする。

②-2　収集した情報（①）を学習上又は生活上の困難や、これまでの学習状況の視点から整理する段階

・助詞の正しい使い方の習得など、文法的な学習が必要である。（コ）
・文章を読んだり、発表したりする際、独特のイントネーションを改善することが必要である。（コ）
・他の人が行っている準備や片付け等で、自分がすべきことを知り、手伝おうという気持ちをもつことができるようになるとよい。（人、環）
・不快な気持ちになった時でも、怒らずに、その気持ちを冷静に相手に伝えることができるようになるとよい。（心、人）
・興味のないことや面倒くさいという感情を適切に表現できるようになるとよい。（心、人、コ）
・自分の不適切な言動や場にふさわしくない言動が、他の人が不快な気持ちになることを意識できるようになるとよい。（人、環）

②-3　収集した情報（①）を卒業後（3 年後）の姿の観点から整理する段階

・学校や実習先において相手や場面にふさわしい態度や言葉づかいを理解し、適切な言動を心がけるようになること。（人）
・文章の読みや発表の仕方に慣れるとともに、相手に正確に正しく伝えることを意識できるようになること。（コ）
・作業や活動のえり好みをせず求められる役割を意識し、準備や片付け等にも積極的に取り組めるようになること。（環）
・学校や職場でのルールを意識して、最後まで気持ちを安定して取り組むことができるようになること。（心、環）

③　①をもとに②-1、②-2、②-3で整理した情報から課題を抽出する段階

・まずは、相手や場面にふさわしい態度や言葉づかいについて知ること。（環、人、コ）
・モデルを提示し、それを手本として、文章を読んだり、発表をしたりして、正しいイントネーションや発表の仕方を知ること、練習すること。（コ）
・自分の仕事、役割を最後までしっかり遂行したという経験値を増やすこと。（心、環）
・本人が最後まで気持ちを安定して取り組める時間を決めて、その約束した時間までは落ち着いて作業に取り組むことができるようになること。（心、人）

④　③で整理した課題同士がどのように関連しているかを整理し、中心的な課題を導き出す段階

　「心理的な安定」としては、体調の関係や、あまり好きではない活動の場合、「やりたくありません。」などと大きな声を出してしまうことがある。これに関しては、「○○だから、△△です」という、理由をつけた言い方について学習することが必要である。
　「人間関係の形成」としては、時に、周囲が恥ずかしくなる内容の発言があるので、その場や通常の学習などにおいて、社会的コミュニケーションスキルについて学習を重ねることが必要である。時間を意識した行動はできており、作業学習時など、開始前にはすでに準備に取りかかれる点は素晴らしい。ただし、先を読みすぎて、ともすれば勝手に取り掛かってしまう場面が見られるため、確認スキルを身に付けることが重要である。
　「コミュニケーション」としては、きれいな姿勢でお辞儀をすることや、相手の顔を見て受け答えすること、丁寧な言葉づかいで話すことなどが、見本を示した後であればできるようになることが現段階の課題である。作業時は、報告や確認が抜かったり、活動のえり好みをした際に、修正を求められても、不安定になる場面が多かったりするため、改善していく必要がある。

課題同士の関係を整理する中で今指導すべき指導目標として	⑤　④に基づき設定した指導目標を記す段階	
	知識・技能	・場面にふさわしい言葉づかいや態度について知って、会話や行動ができる。
	思考・判断・表現	・不快な場面や事柄に遭遇した時には、その理由と気持ちを考え、どのように他者に伝えるかを判断して行動することができる。
	学びに向かう力、人間性等	・あまり好まない活動の場合でも、ある程度は自分を奮い立たせて意欲をもって取り組もうとすることができる。

指導目標を達成するために必要な項目の選定	⑥　⑤を達成するために必要な項目を選定する段階					
	健康の保持	心理的な安定	人間関係の形成	環境の把握	身体の動き	コミュニケーション
		(1) 情緒の安定に関すること。 (2) 状況の理解と変化への対応に関すること。	(2) 他者の意図や感情の理解に関すること。 (4) 集団への参加の基礎に関すること。	(4) 感覚を総合的に活用した周囲の状況についての把握と状況に応じた行動に関すること。		(3) 言語の形成と活用に関すること。 (5) 状況に応じたコミュニケーションに関すること。

⑦　項目と項目を関連付ける際のポイント
・＜場面にふさわしい言葉づかいや態度が身に付くように＞（コ）(3) と（コ）(5) を関連付けて設定した具体的な内容が⑧アである。 ・＜理由を正しく相手に伝えられるように＞（人）(2) と（コ）(3) と（人）(4) を関連付けて設定した具体的な内容が⑧イである。 ・＜どんな活動にもまずは取り組んでみようとできるように＞（心）(1) と（心）(2) と（人）(4) を関連付けて設定した具体的な内容が⑧ウである。

選定した項目を関連付けて具体的な指導内容を設定 （計 35 時間）	⑧　具体的な指導内容を設定する段階		
	[ア] ア－1（13 時間） 日常生活場面で生起する頻度が高いと想定される具体的な場面についてのふさわしい言葉づかいや態度について、ロールプレイやプリント学習に取り組む。	[イ] イ－1（5 時間） 不快な場面や事柄に遭遇した時には、大きな怒ったような声を出さずに、自分の今の気持ちを適切に言語化できる。 イ－2（5 時間） 落ち着いた口調で他者に伝えることができる。	[ウ] ウ－1（12 時間） あまり好まない活動の場合では、視点を変えて考えるようにしたり、気持ちに折り合いをつけたりするなど、ある程度は自分を奮い立たせて意欲をもって取り組むことができる。

指導内容について具体的に指導方法を設定	⑨　⑧を実施するために具体的な指導方法（段階、教材・教具の工夫、配慮など）を設定する段階		
	[ア] ア－1 ・自立活動の時間に、ロールプレイで実際にやりとりを体験する。 ・プリントで復習をして定着を図る。 ・接客サービス学習で、丁寧な言葉遣いや態度について学習する。	[イ] イ－1 ・「〇〇だから嫌です。すみません。やめてください。」と文字カードを提示し、それを見ながら理由を言うように伝える。 イ－2 ・「ふつう」の表情カードを提示し、「ふつう」の表情をつくるように促す。	[ウ] ウ－1 ・本人が主人公の 4 コマ漫画を作成し、好まない活動でも、やってみたら意外に楽しかったというストーリーを伝え、本人が「とりあえずはやってみよう」とポジティブに考えられるようにする。

⑩　各教科等との関連（指導場面、指導内容、指導方法）を設定する段階　＜関連する教科等のみ記載＞	
国語	敬語の使い方について知る。 発音、速さ、声の大きさ、抑揚などに気を付けて話すことができるようになる。
社会	社会生活を送る上で、ふさわしい行動について考え、それを実行できるようになる。
数学	
理科	
音楽	
美術	
職業	どんな仕事にも積極的に取り組み、最後までやり遂げられるようになる。 決められた手順で作業を行えるようになる。
保健体育	
外国語	
情報	
道徳	相手の立場になり、自分が言われたら嫌な気持ちになるかどうかを考えることができるようになる。
総合的な探究の時間	
特別活動	
その他（　　　　　　　）	
日常生活の指導	「ありがとう」「ごめんなさい」などを相手に理解してもらえるように適切に言えるようになる。
生活単元学習	いろいろな活動を通して、友達と協力して係り活動をしたり、一緒に製作活動を行ったりすることで、他者とのやりとりの仕方や丁寧な言葉づかいについて学習する。
作業学習	接客サービス学習で、挨拶やお辞儀、丁寧な言葉づかいやお客様の顔を見て話すことなどについて練習を行う。

⑪　指導経過（⑧の指導内容、⑨の指導方法に対する指導経過）			
1学期	[ア] ・男女の普段隠すべき身体の部位に関する言葉を聞くと、過剰に反応してしまい、本来やるべきことが疎かになってしまっている。	[イ] ・嫌な気持ちが先行してしまうことが多く、大きな声が出てしまう。	[ウ] ・「(4コマ漫画の主人公の）川村さんのようになりたい。」と言いながら、ポジティブ思考で取り組める場面が見られ始めてきた。
2学期	[ア] ・男女の普段隠すべき身体の部位に関する言葉を聞いても、恥ずかしくて、笑いたくなる気持ちになっているのに、それを抑えようとする場面が見られ始めてきた。	[イ] ・「○○だから嫌です。すみません。やめてください。」の文字カードがなくても、カードの文章を思い出して、教員に理由を伝えられることができるようになってきた。	[ウ] ・畑の耕し作業は、あまりやりたくない作業であるが、4コマ漫画を見せると比較的スムーズに参加できるようになった。
3学期	[ア] ・接客サービス以外の日常生活場面でも、丁寧な言葉づかいで過ごす場面が多くなった。 ・近所の人に自分から挨拶をしたり、物を置く際、丁寧に置くことができたりするようになった。	[イ] ・調理で、嫌いなメニューの試食を頼まれた時に、「私は○○が嫌いなので食べられません。」と言うことができた。給食以外の場面でも理由をしっかり言えることができたことは成果であった。	[ウ] ・4コマ漫画を見せなくても、初めての木工作業において、特に嫌がる素振りもなく、スムーズにチャレンジすることができた。

⑫－1　自立活動の学習評価（⑤の指導目標に対する学習評価）　◎よくできた　○できた　▲できなかった			
	知識・技能	思考・判断・表現	主体的に学習に取り組む態度
年間の評価	◎全般的に落ち着いてきており、丁寧な言葉づかいや所作ができるようになった。 ○男女の普段隠すべき身体の部位に関する言葉を聞いても、今やるべきことに対して、集中できるようになった。	○不快な場面や事柄に遭遇した時には、すぐに怒り出すのではなく、自分から他者に、その理由をきちんと伝えられるようになった。 ▲大きな声を出す友達に対しては、まだ、「やめてください！」と怒鳴ってしまうことがある。	○あまり好まない作業や活動でも、「えー。」などと言わずに、スムーズに取り組めるようになった。 ▲作業時、自分だけの判断で取りかかってしまう時があるので、他の人に許可を得てから取りかかれるようになるとよい。
その他			

⑫－2　各教科等の関連評価（⑩の各教科等を通して）　＜関連する教科等のみ記載＞　◎○▲で評価	
国語	○敬語で話すことができてきた。 ▲独特なイントネーションは少なくなってきたが、まだ継続課題である。
社会	○お尻や胸などの言葉を聞いても、特に過剰な反応を示すことがなくなった。
数学	
理科	
音楽	
美術	
職業	○まだ躊躇することはあるが、とりあえずはやってみようとチャレンジできることが増えてきた。 ▲最初は、決められた手順でできるが、自分なりにアレンジしてしまう時がまだある。時と場合によってはよいと思うが、事前に確認を求めるなどのスキル獲得が必要である。
保健体育	
外国語	
情報	
道徳	▲相手の容姿について、自分なりの印象を言ってしまいがちであるが、その後「失礼なことを言っちゃった。ごめんなさーい。」と言える場面も時々は見られてきている。
総合的な探究の時間	
特別活動	

その他（　　　　　　　）	
日常生活の指導	○「ありがとうございます。」や「ごめんなさい。」「すみません。」も自然に言える場面が増えた。
生活単元学習	◎困っている友達がいたら、「これを使うといいよ。」と自分の物を貸してあげることができるようになった。
作業学習	◎基本のセリフや動きは覚え、丁寧な印象を受けるお辞儀ができるようになった。お客様の顔を見て受け答えできるようになった。

⑬　指導計画の作成から実施までの全般的な評価（よかった点、改善すべき点、意見など）

実態把握 指導目標	・実態把握については、各授業担当教員にエピソード記録を依頼したことで、日常生活上における中心課題を抽出することがうまくできた。 ・指導目標については、高等部卒業後、一般就労を目指すためのジョブコミュニケーションスキル及び自己コントロール力の向上を目指した目標設定ができた。
指導内容 指導方法	・指導内容については、具体的な場面に焦点化した取組を行ったことで、自分自身を客観視する力や自己表現力、事前によいイメージをもち、活動に取り組む力などを高める指導内容の設定ができた。 ・指導方法については、川村さんが実際に体験・体感できる内容を重視したため、具体的で分かりやすい指導を行うことができた。
教科等との関連	・国語科との関連性が最も深いと感じた。しかし、まだ助詞の使い方が不十分であることや、主格の転倒がみられることなどから、国語科の指導内容について、さらに検討すべきであった。
指導経過 学習評価	・評価は、指導場面及びそれ以外の場面におけるエピソードでの評価としたが、挨拶や丁寧さ、活動への意欲の向上などの変容がみられたため、一定の成果は得られた。
本人の意見 本人用シート	・シートに書いたので、がんばることがよく分かりました。 ・いっぱいがんばったので、先生にたくさんほめてもらえました。とてもうれしかったです。
保護者の意見	・以前は、丁寧語が使えなかったのですが、「～ます」「～です」と言える場面が増えてきています。 ・近所の人から、「おはようございます。」などと挨拶をしてくれるようになったことを聞いています。
その他	・下校時に気持ちが不安定な時があることなどが挙げられる。心理的な安定を図るための指導・支援について、検討すべきであった。

⑭　次年度への引継ぎ事項（変更点、要望など）

担任・担当者へ	・登校時は、まだ気持ちが不安定な時があり、言葉づかいも乱暴な時があります。気持ちが不安定な時の他者への言葉づかいや態度などについて気を付けるよう、自己コントロール力を高めていくことが重要です。 ・助詞の使い方が不十分であり、主格の転倒もみられるので、次年度も継続した指導をしてほしいです。 ・イントネーションはまだ独特であるため、音読指導を重視した方がよいと思われます。 ・日常生活で何か質問に答える際、よく聞かれる文章での質問であれば答えられるのですが、言い回しが変わると答えられなくなることが多いです。そのため、意図的に言い回しの表現を変えて質問をするなど、本人が質問の内容をよく理解して、受け答えができる場面を増やしていく必要があります。
本人・保護者へ	・自分の気持ちをさらに上手に言葉で伝えられるようになれることが必要です。 ・国語の学習をしっかり行うとよいと思います。具体的には、声を出して文章を読むことや、「が、は、を、に」などの使い方をきちんと覚えることなどです。
その他	

自立活動の学習

高等部　1年　1組　名前 川村　美子

自分の得意なことや苦手なこと、困っていること					
健康について （健康の保持）	自分の気持ち について （心理的な安定）	人付き合い について （人間関係の形成）	周りの感じ方 について （環境の把握）	体の動かし方 について （身体の動き）	友達や他人との 会話について （コミュニケーション）
・ねむいけれど、すぐにねむれないです。	・やりたくないことは、ぜったいやりたくないから、先生にいつも注意されます。	・エッチなことばを聞くと、わらってしまいます。	・大きな音や声がしたりすると、心ぞうがドキドキして、イライラします。	・走ることが大好きです。でも、マラソンは、つかれるので好きではないです。 ・調理がとくいです。	・お母さんや先生から、ていねいな言葉を話すように言われます。

特に、がんばりたいこと、よくしたいこと、直したいこと					
健康について （健康の保持）	自分の気持ち について （心理的な安定）	人付き合い について （人間関係の形成）	周りの感じ方 について （環境の把握）	体の動かし方 について （身体の動き）	友達や他人との 会話について （コミュニケーション）
・ふとんに入ったら、すぐにねむりたいです。	・やりたくなくても、がんばれるようになりたいです。	・エッチなことばを聞いても、わらわないようにしたいです。	・大きな音がしても、イライラしないようになりたいです。	・ときょうそうではいつも1番になりたいです。	・いつもていねいな言葉を話すようになりたいです。

1年間の目標	
知識・技能	①ていねいな言葉づかいができるようになる。
思考・判断・表現	②イライラしたときには、理由をちゃんと先生につたえられるようになる。
学びに向かう力	③あまりやりたくなくても、「でも、ちょっとがんばってみようかな」と思うようになる。

学習内容 学習方法	・接客サービスで、ていねいな言葉づかいや、しつれいなことを言わないことを練習する。 ・文字カードを見ながら、先生にいやな気持ちをつたえるやり方をおぼえる。 ・私が主人公の4コマまんがをよんで、チャレンジできた私がうれしい気持ちになることをイメージしてからやってみる。		
	学期	◎とてもよくできた　〇できた　▲できなかった		
ふり返り	1学期	① 〇接客サービスでは、セリフや動きを少しずつおぼえてきました。	② ▲まだ、イライラしてしまうと、おこってしまいます。	③ ▲やりたくないことは、やっぱりやりたくないと思ってしまいます。
	2学期	① ▲接客サービスじゃないときに、あいての顔を見て話を聞いたり、話したりすることはむずかしいです。 〇エッチな言葉を聞いても、わらわないようになってきました。	② 〇イライラしたときに、先生につたえられたときがありました。つたえたら、気持ちがちょっとスッキリしました。	③ 〇畑のたがやし作業は、あまりやりたくなかったです。けれど、みんなにさそわれて、やってみました。先生にたくさんほめられました。うれしかったです。
	3学期	① ◎家庭科クラブのときに、ていねいな言葉で友だちと調理ができました。先生にほめてもらえました。とてもうれしかったです。	② 〇調理で、きらいなメニューのししょくをたのまれました。でも、「きらいなので食べられません。」と言えました。そしたら、食べなくてもだいじょうぶでした。	③ ◎木工作業のお手伝いをたのまれました。やりたくなかったけれど、やってみたら楽しかったです。がんばったからうれしかったです。
	その他			

自己理解を深め、感情のコントロール方法を身に付けるための指導

「自立活動の個別の指導計画」

名　前	おながわ　いくお 女 川 育 夫	性別	男	学部・学年	高等部3年3組
障害名 診断名	知的発達症（石巻総合病院・中村正敏 Dr、小学校2年時）				
検査結果 手帳取得	KABC-Ⅱ　認知66（継次60、同時70、計画61、学習63）、習得64（語彙61、読み64、書き60、算数 64）、（石巻総合病院・辺見陽検査員、中学部3年時） 療育手帳B取得（小学校6年時取得、高等部2年時更新）				
指導期間	令和2年4月～令和3年3月（1年間）		指導時数		特設：年間20時間（週0.5時間）
指導場所	教室他		指導者		自立活動担当（荒瀬和成教諭）
関係者等	担任（木村操教諭、阿部正樹教諭）、主治医（石巻総合病院・中村正敏 Dr）				
合理的配慮 （観点）	・指示が複数あると優先順位が分からなくなるため、一つの手順が終わる毎に報告させて、次の指示を出す。（①－1－2） ・感情をコントロールする力を高められるよう、日記や健康観察、自立活動等を通して、教師が定期相談を行う。（①－2－3） ・活動や作業で正しい動きを反復し、習得した時に認め、称賛することで自己肯定感を高める。（①－2－3）				

①　障害の状態、発達や経験の程度、興味・関心、学習や生活の中で見られる長所やよさ、課題等について情報収集

・失敗体験から学習することが難しい。
・視覚的より聴覚的な情報を正確に記憶する、保持する能力は高い。
・周りの状況から総合的に考えることが難しいため、自分が興味や関心のある点しか目に入らないことがある。
・不安やストレスをうまく発散できず、気持ちに影響することがある。
・怒りや苛立ちが高まると、物に当たったり口調に表れたりすることがある。
・不安やストレスで気持ちが不安定になると、消極的になりやすい。
・指先を使った細かい作業に苦手意識があり、ストレスを感じることがある。
・気持ちが不安定になると、他者の言動が過度に気になり、態度や口調に表れることがある。
・体を動かすことが好きで、特に野球に興味・関心がある。
・新しい環境や慣れない環境だと興奮を抑えられず、無自覚に言動に表れてしまう。
・性格は明るく、誰に対しても分け隔てなく接することができるため、友人が多い。

②－1　収集した情報（①）を自立活動の区分に即して整理する段階

健康の保持	心理的な安定	人間関係の形成	環境の把握	身体の動き	コミュニケーション
・不安やストレスをうまく発散できず、気持ちに影響することがある。	・怒りや苛立ちが高まると、物に当たったり口調に表れたりすることがある。	・不安やストレスで気持ちが不安定になると、消極的になりやすい。 ・感情の高ぶりが、無自覚に言動に表れてしまう。	・新しい環境や慣れない環境だと、興奮を抑えられない時がある。	・指先を使った細かい作業に苦手意識があり、ストレスを感じることがある。	・気持ちが不安定になると、他者の言動が過度に気になり、態度や口調に表れることがある。

②－2	収集した情報（①）を学習上又は生活上の困難や、これまでの学習状況の視点から整理する段階

・感情の浮き沈みがあり、態度や言動に表れる。人や物に対して攻撃することがある。（心、コ）
・失敗したことを引きずり、苦手なことには消極的になる。気持ち次第では、注意されたことを生かそうとすることもできる。（心、人）
・物事を悲観的に捉える傾向がある。（心）
・定期的に相談できる場を設けることで、不安や悩みを言葉で表現することができる。（人、コ）
・事前に経験を振り返ることで、失敗を繰り返さないように努力することができる。（健、人）

②－3	収集した情報（①）を卒業後（1年後）の姿の観点から整理する段階

・なぜ感情が不安定な状況になったのかを振り返り、自己理解を深められるようになること。（健、心）
・感情が不安定になった際のコントロール方法を考えられるようになること。（健、人）
・考えた感情のコントロール方法を実践し、自分に合うコントロール方法に気付くことができるようになること。（心、人、コ）

③	①をもとに②－1、②－2、②－3で整理した情報から課題を抽出する段階

・感情が不安定になる前に、自分でそのことに気付くことができずに気持ちが不安定になる。（健、心）
・気持ちが落ち着かなくなった時に、自分で適切に収める方法を身に付けていない。（心、人）
・気持ちが不安定になると、無自覚に言動に表れて友人とトラブルになったり、苦手なことに対して消極的になったりすることがある。（人、コ）
・気持ちが不安定なると、態度や口調に表れることがある。（心、人、コ）

④	③で整理した課題同士がどのように関連しているかを整理し、中心的な課題を導き出す段階

　自分の気持ちの状態を客観的に捉えることや、情報を基に推理する力の弱さから感情が不安定になり、混乱を示して自分の言動をコントロールすることが難しくなっていると考える。自分がどのような時に感情が不安定になることが多いのかを明らかにし、どのように対処したらよいかを考え、実践していく指導を行うことで、自分の気持ちを安定させて、適切な言動で対応する力が身に付くのではないかと考える。

　障害の特性上、失敗経験から学習することが難しいため、関わる機会が多い職員同士が同じ認識をもって、その都度根気よく適切な声掛けを行っていく必要がある。さらに成功体験を積む機会を設け、適切な判断ができた時には大いに褒めながら自分に合う感情のコントロール方法に気付くことができるようにする必要がある。

課題同士の関係を整理する中で今指導すべき指導目標として	⑤	④に基づき設定した指導目標を記す段階
	知識・技能	・事実と気持ちの関係を理解して不安定になった状況を特定し、客観的に把握できるように感情の不安定度を数値で表すことができる。
	思考・判断・表現	・自分にできる気分転換の方法を把握して、状況に合わせた方法を選んで行動に移すことができる。
	学びに向かう力、人間性等	・これまでの経験と照らし合わせて、似たような状況に陥った時に有効な方法で気分転換をして、トラブルを未然に回避しようとする。

指導目標を達成するために必要な項目の選定	⑥	⑤を達成するために必要な項目を選定する段階				
		健康の保持	心理的な安定	人間関係の形成	環境の把握	身体の動き	コミュニケーション
		(4) 障害の特性の理解と生活環境の調整に関すること。	(1) 情緒の安定に関すること。 (2) 状況の理解と変化への対応に関すること。	(2) 他者の意図や感情の理解に関すること。 (3) 自己の理解と行動の調整に関すること。			(5) 状況に応じたコミュニケーションに関すること。

⑦	項目と項目を関連付ける際のポイント

・＜不安定になった状況を特定し、客観的に把握できるように＞（健）(4)と（心）(1)と（人）(3)を関連付けて設定した具体的な内容が⑧アである。
・＜自分にできる気分転換の方法を把握して、状況に合わせて行動できるように＞（心）(1)と（心）(2)と（人）(3)を関連付けて設定した具体的な内容が⑧イである。
・＜これまでと似たような状況に陥った時に気分転換をして、トラブルを未然に回避しようとすることができるように＞（心）(1)と（人）(3)と（コ）(5)を関連付けて設定した具体的な内容が⑧ウである。

選定した項目を関連付けて具体的な指導内容を設定 (計20時間)	⑧　具体的な指導内容を設定する段階		
	[ア] ア－1（5時間） 感情が不安定になった事実からどのように気持ちが変化したのかを振り返り、自分がどのような時に感情が不安定になるのかを知ることができるようになる。 ア－2（3時間） 感情の不安定度を1～5の数値で表すことができるようになる。	[イ] イ－1（2時間） 感情が不安定になった際の気分転換の方法を考え、感情が不安定になった際には、考えた方法を実践することができるようになる。 イ－2（3時間） 状況に合わせて気分転換の方法を選ぶことができるようになる。	[ウ] ウ－1（4時間） 感情が不安定になる前に考えた気分転換の方法を実践して、不安定な感情を落ち着かせることができるようになる。 ウ－2（3時間） 感情が不安定な状況に陥りそうになった時に、今までの経験と照らし合わせてトラブルを未然に回避しようとすることができるようになる。

指導内容について具体的に指導方法を設定	⑨　⑧を実施するために具体的な指導方法（段階、教材・教具の工夫、配慮など）を設定する段階		
	[ア] ア－1 ・プリントに自分の気持ちの変化を30分毎に1～5の数値で記入し、不安定になった理由等も記入する。 ・記入したプリントを使用して週に1回の面談を行い、感情が不安定になった事実から気持ちが変化した原因について考える。 ア－2 ・本人の表情等から感情が不安定になりそうな場合には、その都度話す場面を設け、感情を整理する。 ・落ち着いて振り返ることができる時間や場所を確保する。	[イ] イ－1 ・気持ちの不安定さや状況に応じた気分転換の方法を話し合って表に書いて整理し、毎日確認する時間を設ける。 ・「就労を希望する職場でもできる方法」というルールを作り、卒業後も活用できる方法を考える。 イ－2 ・今まで気持ちが不安定になった時に、気持ちを落ち着かせることができた方法があるかを振り返る。 ・今まで行っていた気分転換の方法を継続できるように時間や環境を整える。	[ウ] ウ－1 ・考えた気分転換の方法を日常生活で実践できるように教科担任に情報共有を行い、実践しやすい環境を整える。 ・気分転換の方法が自分に合っているか、他にもよい方法がないかを振り返る。 ウ－2 ・これまでの経験を生かして、同じような状況に陥らないようにトラブルを回避しようとすることができた時には必ず褒めるようにする。 ・自分自身に自信がもてるよう、担任と共通理解を図る。 ・表情や言動から自分自身でも対処が難しそうな時は、教員からもフォローを入れる。

⑩　各教科等との関連（指導場面、指導内容、指導方法）を設定する段階　<関連する教科等のみ記載>	
国語	話し合いの活動中に、他者の言動が気になって感情が不安定になった時は、教科担任の先生に断って気分転換を行うことができるようになる。
社会	
数学	
理科	
音楽	
美術	
保健体育	球技の学習で友人の言動に対して感情が不安定になった時には、教科担任の先生に断って気分転換を行うことができるようになる。
職業・家庭	
外国語	
情報	
道徳	話し合いの活動中に教科担任の先生に相談をして、気持ちを落ち着かせて他者の意見を聞くことができるようになる。
総合的な探究の時間	卒業制作の活動では、感情が不安定になる前に担任の先生に相談をして、自分ができる作業に取り組むことができるようになる。
特別活動	給食当番の活動中に、表情等から感情が不安定になりそうな場合には、その都度話す場面を設け、感情を整理できるようにする。
その他（　　　　　）	
日常生活の指導	
作業学習	清掃作業の活動中に、班員から手順を指摘されていらいらした時には、担当の先生に相談して気持ちを落ち着かせることができるようになる。

⑪　指導経過（⑧の指導内容、⑨の指導方法に対する指導経過）			
前期	[ア] ・プリントに自分の気持ちの変化を記入し忘れてしまうことがある。 ・どのような時に感情が不安定になるのかについて整理することができるようになってきた。	[イ] ・感情が不安定になると、人や物に対して攻撃的な行動をする等、自分で感情をコントロールできないことが多い。	[ウ] ・注意されたことや失敗したことがあると、気持ちの切り替えに時間がかかることがある。 ・苛立ちや落ち込みから不安定になり、寝坊するなど生活リズムが崩れることがある。
後期	[ア] ・自分の気持ちを整理する時間を設けるようにする。 ・自分がどのようなことで感情が不安定になるのかについて知ることができるようになった。	[イ] ・自分がどのような時に感情が不安定になるのかを客観視して、状況に応じたコントロール方法を整理することができた。	[ウ] ・感情が不安定になる前に考えたコントロール方法を実践し、感情を落ち着かせることができる回数が増えた。 ・生活リズムを崩す回数が減った。

⑫－１　自立活動の学習評価（⑤の指導目標に対する学習評価）　◎よくできた　○できた　▲できなかった			
	知識・技能	思考・判断・表現	主体的に学習に取り組む態度
年間の評価	○自分がどのようなことで感情が不安定になるのかについて知ることができ、自分の状況を数値で客観的に見られるようになってきた。 ▲気持ちの変化を記入し忘れる時があり、感情が不安定になる背景を把握しきれないことがあった。	◎卒業後も活用できる状況に応じたコントロール方法を考えることができた。	○考えた感情のコントロール方法を実践し、気持ちを落ち着かせて活動に参加できる回数が増えた。 ▲感情が不定になる状況が立て続けに起こると、感情をコントロールすることができず、活動に参加できないことがまだある。
その他			

⑫－２　各教科等の関連評価（⑩の各教科等を通して）　＜関連する教科等のみ記載＞　◎○▲で評価	
国語	○前時の授業のいらいらを引きずらないで、話し合い活動に参加できる回数が増えた。 ▲初めてのグループでの話し合い活動になると、興奮を抑えられずに大きな声を出すことがある。
社会	
数学	
理科	
音楽	
美術	
保健体育	○友人と協力して球技に取り組むことができた。 ○周りにいらいらして感情が不安定になった時には、いったん退出して落ち着いてから戻ることができた。 ▲感情が不安定なまま授業に参加し、大きな声を出したり物に当たったりすることがある。
職業・家庭	
外国語	
情報	
道徳	○他者の意見を聞くことができる回数が増えた。 ▲いらいらを抑えられずに机に伏せて、他者の意見を聞けないことがある。
総合的な探究の時間	○卒業制作では、自分にできる作業に集中して取り組むことができた。 ○できない自分にいらいらして感情が不安定になった時には、クールダウンをして落ち着いてから活動に取り組むことができた。 ▲前時の授業のいらいらを引きずり、活動に集中できないことがある。
特別活動	○感情が不安定になりそうな時には、自分から相談できる回数が増えた。 ○給食当番の仕事に取り組むことができた。
その他（　　　　　　）	
作業学習	○清掃作業では、班員と協力してトイレをきれいにすることができた。 ○作業の手順を指摘されていらいらした時には、担当の先生に相談できる回数が増えた。

⑬	指導計画の作成から実施までの全般的な評価 (よかった点、改善すべき点、意見など)
実態把握 指導目標	・プリントをツールとして、何に対して感情が不安定になるのかについて理解することができるようになったことは、コントロール指導の手立てを考える上で効果的であった。
指導内容 指導方法	・感情をコントロールする方法が、自分に合っているかどうかを検証する時間を確保した方がよいと感じた。 ・自分の気持ちを整理する際には、教員と一緒に落ち着いて振り返る時間を設定すればよかった。 ・担任と共通理解を図ってフォローの体制をつくり指導を行ったことで、育夫さんが成功体験を得ることができた。
教科等との関連	・感情を落ち着かせるには、ある程度の時間が必要である。全体的な指導時間数も考慮する必要があるという意見があった。
指導経過 学習評価	・就労で起こり得る感情が不安定になる状況から、どのように対応するべきかを考える機会を検討すべきだった。
本人の意見 本人用シート	・育夫さんからは、気分転換できるようになったことで物を壊す回数が減り、自分に自信がもてるようになってきたといった意見があった。
保護者の意見	・自分で気持ちを安定させて生活できるようになって安心している。就職後も自分なりに気分転換をしながら頑張って働いてほしい。
その他	

⑭	次年度への引継ぎ事項 (変更点、要望など)
担任・担当者へ	・表情等から感情が不安定になりそうな場合には、感情を整理できる時間や環境を設けることが必要である。 ・自分に自信をもたせるために、「できたら必ず褒める」「できなくてもしようとした事実を褒める」ことを前提とし、できた経験を少しずつ蓄積できるようにすることが必要である。
本人・保護者へ	
その他	

自立活動の学習

高等部　3年　3組　　名前 女川　育夫

自分の得意なことや苦手なこと、困っていること					
健康について （健康の保持）	自分の気持ち について （心理的な安定）	人付き合い について （人間関係の形成）	周りの感じ方 について （環境の把握）	体の動かし方 について （身体の動き）	友達や他人との 会話について （コミュニケーション）
・不安やストレスがあっても上手に発さんできない。	・いらいらすると、物に当たってしまう。	・いらいらすると、相手のことまで考えられない。	・新しいかんきょうや、なれない場所だと、気持ちが落ち着かない。	・細かい作業が苦手。	・気持ちが不安定になると、大きな声や笑い声が気になる。

特に、がんばりたいこと、よくしたいこと、直したいこと					
健康について （健康の保持）	自分の気持ち について （心理的な安定）	人付き合い について （人間関係の形成）	周りの感じ方 について （環境の把握）	体の動かし方 について （身体の動き）	友達や他人との 会話について （コミュニケーション）
・不安やストレスを上手に発さんできる方法を身に付けたい。	・物に当たってしまう回数を減らしたい。	・相手のことを考えて行動できるようになりたい。	・どんな場所でも、自分にできることをがんばりたい。	・細かい作業のときがあるときは、できることをがんばりたい。	・大きな声や笑い声がきになってしまうときは、別の場所に行くようにする。

1 年間の目標	
知識・技能	①自分の感情について知る。
思考・判断・表現	②自分にできる方法で気分てんかんを行えるようになる。
学びに向かう力	③気分てんかんをしてトラブルを起こさないようにする。

学習内容 学習方法	・プリントに自分の気持ちの変化を記入する。 ・いらいらしているときは、先生に話を聞いてもらう。 ・気分てんかんの方法を考える。 ・気分てんかんできる方法をためしてみて、自分に合っているかを考える。

	学期	◎とてもよくできた　　○できた　　▲できなかった		
ふり返り	1学期	① ○今、自分がどれくらい不安定かを知れた。 ▲プリントに記入することを忘れるときがあった。	② ▲まだ自分で気分てんかんできないことが多い。	③ ▲いらいらしてかべをなぐってしまったことがあった。
	2学期	① ○苦手な作業があるときに、不安な気持ちになることがわかった。 ○いらいらしていることを先生に相談できた。	② ○自分で気分てんかんができるようになってきた。 ○感情がばくはつする前に、先生に相談することができた。	③ ○いらいらしているときには、友達とキャッチボールをして気分てんかんできた。 ○自分に合う気分てんかんの方法を見つけることができた。
	その他			

自分の身体や動きに対する意識を高め、場に合わせた行動を身に付けるための指導

「自立活動の個別の指導計画」

名　前	きりがおか　たろう 桐丘太郎	性別	男	学部・学年	小学部３年２組
障害名 診断名	四肢体幹機能障害、知的発達症（東京都医療センター・関東花子 Dr、２歳時）				
検査結果 手帳取得	田中ビネーⅤ　IQ51（東京都南部医療センター、小学部１年時） S-M 社会生活能力検査　全検査 AS56（身辺自立５歳２か月、移動４歳３か月、作業４歳１か月、意思 　　　　　　　　　　交換５歳２か月、集団参加６歳１か月、自己統制５歳９か月）、（池田彩乃教諭、 　　　　　　　　　　小学部２年時） 身体障害者手帳３級取得（３歳時）				
指導期間	令和２年４月～令和３年３月（１年間）		指導時数	特設：年間70時間（週２時間）	
指導場所	教室他		指導者	担任（池田彩乃教諭）	
関係者等	作業療法士（東京都医療センター・東京一郎 OT）、理学療法士（東京都医療センター・大阪花子 PT）				
合理的配慮 （観点）	・本人が活動の見通しをもてるよう、絵カードや個別指示を行う。（①－１－１） ・学習においては、具体物等の操作や身体を使った活動を多く取り入れる。（①－１－２） ・車椅子への乗り降りや自走時には必ず大人の見守りを行う。（①－２－２） ・落ち着きがなくなった時には、別室に移動し対応する。（③－２）				

---

①　障害の状態、発達や経験の程度、興味・関心、学習や生活の中で見られる長所やよさ、課題等について情報収集
・同世代の友達への興味・関心が高く、積極的に関わろうとする様子が見られる。 ・自分の要求を無理に通そうとしたり、思い通りにならないことがあると大きな声を出して暴れたり、活動場所から逃げ出したりする。 ・自分が気になったものがあると、活動の途中でもそちらの方に行ってしまうことがある。 ・発語は「電車」等の単語や「やって」等の要求が中心であり、語彙も少ない。 ・つかまり立ちや座位の保持が短時間であればできるが、車椅子の乗り降りは介助が必要。 ・車椅子の自走はできるものの、危機認識は低いため、見守りが必要。 ・食事は、こぼすことは多いが、持ち手を太くした補助具を使用し、自立している。 ・便座に座って排泄することが可能だが、日常生活ではおむつを着用し、排泄前後に人に知らせることはない。

---

②－１　収集した情報（①）を自立活動の区分に即して整理する段階					
健康の保持	心理的な安定	人間関係の形成	環境の把握	身体の動き	コミュニケーション
・便座に座って排泄することが可能だが、日常生活ではおむつを着用し、排泄前後に人に知らせることはない。	・思い通りにならないことがあると大きな声を出して暴れたり、活動場所から逃げ出したりする。 ・自分が気になったものがあると、活動の途中でもそちらの方に行ってしまうことがある。	・同世代の友達への興味・関心が高く、積極的に関わろうとする様子が見られる。 ・自分の要求を無理に通そうすることがある。	・危機認識が低い。	・つかまり立ちや座位の保持が短時間であればできる。 ・車椅子の乗り降りは介助が必要。 ・食事は、持ち手を太くした補助具を使用し、自立している。	・発語は単語や一方的な要求が中心であり、語彙も少ない。

②－2	収集した情報（①）を学習上又は生活上の困難や、これまでの学習状況の視点から整理する段階

・周囲への興味・関心が高く、積極的に物や人に関わろうとする様子が見られるが、一方的であったり、場や状況に関わらずに要求を通そうとしたりする等、周囲に合わせて適切な行動をとることが難しい。（人、心）
・周囲の状況をよく見て、安全な行動をとることが難しい。（環）
・発語はあるが、語彙が少なく、一語文である。（人、コ）
・自分の要求が通らない場面では、落ち着かずに暴れる等の情緒が安定しない様子が見られる。（心）
・長時間安定した姿勢を保持することは難しく、細かい動作も苦手である。（身）
・排泄に関して意識が低く、自分から知らせることはない。（健）

②－3	収集した情報（①）を卒業後（4年後）の姿の観点から整理する段階

・周囲の状況を理解し、落ち着いて学習に取り組むことができるようになること。（環、心）
・気持ちが不安定になった時にも、言葉で伝える等、適切な方法で気持ちを落ち着かせることができること。（人、コ）
・自分の身体の状態や動きに意識を向け、人や場に合わせて行動を調整することができること。（環、身）

③	①をもとに②－1、②－2、②－3で整理した情報から課題を抽出する段階

・自分の身体の動かし方や姿勢等に対する自己理解の弱さや鈍さ。（身）
・周囲の状況や活動への理解が不十分であること。（環）
・周囲の状況に合わせて気持ちや行動を調整していくこと。（心）

④	③で整理した課題同士がどのように関連しているかを整理し、中心的な課題を導き出す段階

　友達の活動や学習をよく見て、活動の見通しをもったり、状況を理解したりすることが難しい。また、自分自身に対する意識も低いため、状況や人に合わせて自分の行動を調整していくことが難しい。大人や友達への関心が高く、自分から積極的に関わろうとする様子が見られるものの、言葉の理解や語彙の少なさもあり、やりとりが一方的になりがちである。意思や要求があっても適切な言葉や行動で周囲に伝えることができず、その結果、自分の要求を無理に通そうとしたり、気になったものがあると活動の途中でもそちらの方に行ってしまったり等、落ち着いて学習に取り組むことが難しくなっている。

　語彙や基礎概念等の学習の基礎となる力を確実に定着させ、周囲の状況を理解する力を身に付けると同時に、自分自身に関する意識や理解を高めることで、場や人に合わせた言動や行動ができるようになると考える。座位姿勢やつかまり立ちは、短時間ならば自立してできるものの、安定しているとは言い難い。

　そこで、自分の身体への意識を高めることや、軸のある身体の使い方を身に付けることを中心的な課題として指導する。

課題同士の関係を整理する中で今指導すべき指導目標として	⑤	④に基づき設定した指導目標を記す段階	
		知識・技能	・安定した座位や立位姿勢に関わる身体の動かし方を知り、身に付ける。
		思考・判断・表現	・自分の身体の状態や動かし方に意識を向け、教師や友達に自分から働きかけ、一緒に身体を動かしたり活動に参加したりすることができる。
		学びに向かう力、人間性等	・人や場に合わせながら、活動に意欲的に取り組もうとする。

指導目標を達成するために必要な項目の選定	⑥	⑤を達成するために必要な項目を選定する段階				
		健康の保持	心理的な安定	人間関係の形成	環境の把握	身体の動き	コミュニケーション
			(2) 状況の理解と変化への対応に関すること。	(1) 他者とのかかわりの基礎に関すること。 (3) 自己の理解と行動の調整に関すること。 (4) 集団への参加の基礎に関すること。	(2) 感覚や認知の特性についての理解と対応に関すること。 (4) 感覚を総合的に活用した周囲の状況についての把握と状況に応じた行動に関すること。 (5) 認知や行動の手掛かりとなる概念の形成に関すること。	(1) 姿勢と運動・動作の基本的技能に関すること。 (3) 日常生活に必要な基本動作に関すること。	

⑦ 項目と項目を関連付ける際のポイント
・＜姿勢の安定や動かし方の理解のために＞（人）(3) と（環）(2) と（環）(5) と（身）(1) と（身）(3) とを関連付けて設定した具体的な内容が⑧アである。 ・＜姿勢や動かし方に意識を向けることができるように＞（人）(3) と（身）(1) と（身）(3) とを関連付けて設定した具体的な内容が⑧イである。 ・＜人や場に合わせて活動に取り組むことができるように＞（心）(2) と（人）(1) と（人）(4) と（環）(4) とを関連付けて設定した具体的な内容が⑧ウである。

選定した項目を関連付けて具体的な指導内容を設定 (計 70 時間)	⑧ 具体的な指導内容を設定する段階		
	[ア] アー1（10 時間） 座位や立位等の抗重力姿勢をとる中で、体重のかけ方や踏みしめた感覚をつかむ。 アー2（7 時間） 座位や立位等の抗重力姿勢をとる中で、安定した体重のかけ方を理解する。	[イ] イー1（8 時間） 姿勢や自分の身体の動かし方の特徴を知り、安定した姿勢をとったり、姿勢が崩れた時に調整したりする。 イー2（10 時間） 姿勢が崩れた際に、手をついたり上半身を動かしたりして姿勢を整える。	[ウ] ウー1（15 時間） 友達や活動内容等を理解し、周囲の状況に合わせて行動する。 ウー2（20 時間） 順番を守ったり、活動のルールを考えたりして集団での活動に落ち着いて参加する。

指導内容について具体的に指導方法を設定	⑨ ⑧を実施するために具体的な指導方法（段階、教材・教具の工夫、配慮など）を設定する段階		
	[ア] アー1 ・あぐら座位や箱椅子座位、立位姿勢等でお尻や足裏に体重を乗せる。 ・座位や立位等の抗重力姿勢で左右や前後に体重を移動する。 アー2 ・体重移動をする中で、中心や姿勢が安定する位置に体重を乗せる。	[イ] イー1 ・座位姿勢や立位姿勢を自分でとったり、安定した姿勢を考えたりしながら、姿勢や身体の動かし方を調整する。 イー2 ・斜めの姿勢から安定した座位姿勢や立位姿勢に修正し、短時間静止する。	[ウ] ウー1 ・活動の流れを一定にしたり、活動内容と活動場所を一致させたりして、状況を理解できるようにする。 ウー2 ・役割交代がある活動や簡単なルールがある遊び等をする際に、順番やルールを守って、友達と一緒に活動する。

⑩ 各教科等との関連（指導場面、指導内容、指導方法）を設定する段階 ＜関連する教科等のみ記載＞	
国語	活動の流れを一定にする。授業の始めに課題を提示する。授業の始めに座位姿勢の確認を行う。 具体物を使ったり操作性が伴ったりする学習を多く取り入れる。
社会	
算数	活動の流れを一定にする。授業の始めに課題を提示する。授業の始めに座位姿勢の確認を行う。 具体物を使ったり操作性が伴ったりする学習を多く取り入れる。
理科	
生活	授業の始めに課題を提示する。具体物を使ったり操作性が伴ったりする学習を多く取り入れる。
音楽	活動の始まりに歌や音を入れる。
図画工作	具体物を使ったり操作性が伴ったりする学習を多く取り入れる。顔や身体等をモチーフにする学習の際には、自立活動で行った内容とつなげられるような言葉かけを行う。
家庭	
体育	整列時の位置の確かめ方や方向、距離感等を本人に考えさせるような活動を取り入れる。
外国語活動／外国語	
道徳	
総合的な学習の時間	友達と一緒に行うことで達成できる活動を意図的に設定する。
特別活動	友達と一緒に行うことで達成できる活動や行事を意図的に設定する。
その他（　　　　　　）	
日常生活の指導	学習時の姿勢と休憩時の姿勢の違いについて言葉かけを行う。
遊びの指導	集団で行う遊びを設定する。友達との距離が近くなるようにし、関わり合いをもちやすい環境を設定する。
生活単元学習	

⑪　指導経過（⑧の指導内容、⑨の指導方法に対する指導経過）			
1学期	[ア] ・座位では上半身が安定せず、時間が経つと後ろに倒れてしまう。	[イ] ・安定しない姿勢のまま活動を行っていた。	[ウ] ・苦手な活動から逃げ出したり、自分の好きな活動を止めることが難しかったりした。
2学期	[ア] ・あぐら座位や箱椅子座位で、体重を左右に動かしたり、上半身の位置に気を付けたりすることができた。	[イ] ・姿勢を直すように言葉かけを行うと座り直そうとする様子が見られた。	[ウ] ・集団活動の際に、その場から逃げ出すことが少なくなり、落ち着いて活動に参加できる日が増えた。
3学期	[ア] ・安定した座位姿勢がとれるようになった。 ・立位では、足裏全体を床につけることができるようになってきた。	[イ] ・授業の始めと終わりには、自分で姿勢を直す様子が見られるようになった。	[ウ] ・教員が声をかけると、取り組んでいた活動を止めて次の活動に切り替えることができた。

⑫－1　自立活動の学習評価（⑤の指導目標に対する学習評価）　◎よくできた　○できた　▲できなかった			
	知識・技能	思考・判断・表現	主体的に学習に取り組む態度
年間の評価	◎あぐら座位や箱椅子座位の時に、後ろに支えがなくても自分で姿勢を安定させることができるようになった。 ▲立位では、自分一人で姿勢を保つことは難しかった。	◎授業の始めと終わりには、自分で姿勢を直し、安定した座位姿勢で課題に向かっていた。 ○活動の途中でも姿勢の崩れに気付いて、自分なりに直そうとする様子が見られ始めた。	○自分の好きな活動でも、教員の言葉かけで止めて、次の活動に参加できる日が増えた。 ◎教員とのかかわりの中では、気持ちを切り替えて落ち着いて活動することができた。 ▲同世代の友達とのかかわりでは、自分の主張を通そうとする様子が見られた。
その他			

⑫－2　各教科等の関連評価（⑩の各教科等を通して）　<関連する教科等のみ記載>　◎○▲で評価	
国語	▲疲れてくると姿勢が崩れたり、活動に参加できなくなったりする時があった。 ○次の活動を予測して、活動名を発言することがあった。 ◎授業の始めと終わりに、教師の言葉かけを頼りに姿勢を直していた。
社会	
算数	▲活動に飽きると教材で自由に遊んでしまうことがあった。 ◎授業の始めと終わりに、友達の号令に合わせて自分で姿勢を直していた。
理科	
生活	○次の活動を予測して授業の準備を行うことがあった。
音楽	○次の活動を予測して授業の準備を行ったり、次の活動の名前を言ったりすることがあった。
図画工作	▲自分の身体の部位を表現する活動はモチーフを理解することが難しかった。
家庭	
体育	◎周囲を見て自分の位置を直したり、隣の友達にぶつからないように並んだりすることができた。
外国語活動／外国語	
道徳	
総合的な学習の時間	○友達の様子をよく見て、行動を真似することが増えた。
特別活動	○活動に参加する中で、友達に話しかける様子が見られた。
その他（　　　　　）	
日常生活の指導	▲活動に夢中になって、休憩が取れず、疲れてしまうことがあった。
遊びの指導	○友達が行っている遊びに興味を示し、同じ道具で遊ぶことが増えた。
生活単元学習	

⑬ 指導計画の作成から実施までの全般的な評価（よかった点、改善すべき点、意見など）	
実態把握 指導目標	・周囲の情報の受け止め方(見え方や聞き方)に関する実態把握をもう少し詳細に行えるとよかった。 ・指導目標や指導内容を本人と一緒に考える場面を設けて見通しをもたせてもよいのではといった意見があった。
指導内容 指導方法	・教師に身体を預けたり、教師に合わせて動いたりすることが難しく、活動に取り組めない日があったため、もう少し本人が好きな動きや遊びを取り入れたほうがよかった。
教科等との関連	・教科を行う中で姿勢について言葉かけをしたり、意図的に「この前の自立の時間でこうしたよね？」等と言ったりすると、本人が「あっ。」と言って気付くような反応を示すことがあった。 ・その日に行う活動を授業の始めにカード等の視覚情報として示しておくことが効果的であった。
指導経過 学習評価	・その日の体調や気分によっても活動に向かう意欲が変わるため、活動の始まりに体調や気分の確認を本人と一緒に行うことが効果的であった。
本人の意見 本人用シート	・目標や内容を考える際に、もう少し本人の言葉を用いることができればよかった。
保護者の意見	・家での食事中の姿勢が以前よりもよくなったといった意見があった。
その他	

⑭ 次年度への引継ぎ事項（変更点、要望など）	
担任・担当者へ	・本人が姿勢を意識できるような言葉かけや働きかけは継続してほしいです。 ・友達と一緒に体を動かしたり身体模倣を伴う遊びを取り入れたりすることを検討してほしいです。 ・身長が伸び、体重も増えてきているので、体のバランスが変わる時期です。立位や歩行は安全に十分考慮してください。
本人・保護者へ	・先生と一緒にできたことを、今度は友達と一緒にできるように、いろいろなことに挑戦していきましょう。
その他	

自立活動の学習

小がく部　3年　2組　名前　桐丘　太郎

自分の得意なことや苦手なこと、困っていること

健康について（健康の保持）
・トイレにはあまり行きたくない。

自分の気持ちについて（心理的な安定）
・すきなことをやりたい。
・何をすればよいかわからないとふあんになる。

人付き合いについて（人間関係の形成）
・友だちとたくさんあそびたい。

周りの感じ方について（環境の把握）
・友だちと同じことをするのがにがて。

体の動きについて（身体の動き）
・自分一人では立ったりすわったりすることができない。

友達や周りの人との会話について（コミュニケーション）
・しっている人やものの名前は言える。

1年間の目標

① 知識・技能
・イスにすわったり、まっすぐ立ったりできるようになりたい。

② 思考・判断・表現
・たくさんあそびたい。

③ 学びに向かう人間性
・友だちといっしょにいろいろなことにチャレンジしたい。

学習の内容や方法

・イスにすわったり立ったりして、たおれないようにれんしゅうする。
・いろいろなうんどうをする。
・友だちといっしょにいろいろなかつどうにさんかする。

ふり返り　　〇できた　▲むずかしかった

1学期
▲イスにすわることがたいへんだった。
▲わからないかつどうは、友だちといっしょにできなかった。

2学期
〇イスに一人ですわることができるようになってきた。
▲きらいなかつどうはいっしょにとりくめなかった。

3学期
〇少し立てるようになった。
〇友だちといっしょにかつどうできた。

感情の浮き沈みを軽減し、自尊感情を高め、自ら行動決定できるようになるための指導

「自立活動の個別の指導計画」

名　前	はなおか　ともみ 花　岡　灯　美	性別	女	学部・学年	中学部3年1組
障害名 診断名	気分変調症、分離不安症、場面緘黙傾向（越後市療育センター・長澤正 Dr、小学校5年時）					
検査結果 手帳取得	WISC-Ⅳ　全検査106（言語101、知覚109、ワーキングメモリー101、処理96）、（越後市療育センター・久濃山稲子臨床心理士、小学校5年時） 手帳なし（今後、申請予定）					
指導期間	令和2年4月〜令和3年3月（1年間）		指導時数	特設：年間70時間（週2時間）		
指導場所	教室他		指導者	担任（金子美也子教諭）		
関係者等	主治医（越後市療育センター・長澤正 Dr.）					
合理的配慮 （観点）	感情のコントロールができない時は、別室で静かに過ごす。（③－2）					

①　障害の状態、発達や経験の程度、興味・関心、学習や生活の中で見られる長所やよさ、課題等について情報収集

・保護者の話では、幼少期から他児と比べて幼さがあり、気難しい子供であったとのこと。
・小学校1年時と5年時に登校しぶりあり。
・中学校1年時に友達とのトラブル発生。腹痛や体のだるさ、意欲や気力の低下を訴えて不登校になる。
・上記の症状に加え、不眠が続いたため受診。気分変調症・分離不安症からくる場面緘黙傾向と診断され、通院・服薬開始。その後、就学相談を経て病弱特別支援学校へ転学。
・特別支援学校では、服薬の効果で不眠や腹痛は解消されつつあるものの、常に表情が硬く、緊張度も高い。ため息をついて、震えて泣くこともよくある。また、人とのかかわりを避け、自ら発信することはほとんどない。
・新しい環境や慣れない環境下で活動を促すと、緘動になることもある。
・学習は「やらなくてはならない」と思っており、大変まじめに取り組んでいる。定期テストでも好成績を収めている。
・指示・提案等には「できない。」「無理。」と小さい声で言うか、首を横に振るなどで応答する。
・ボール運動やバドミントンのような大きく体を動かす活動は好まない。
・読書やアニメを好む。家ではパソコンでアニメをよく見ている。
・帰宅すると、すぐに眠ってしまう。
・家では家族に対して、傍若無人に振る舞いがち。
・母は本人に過干渉なところがある。

②－1　収集した情報（①）を自立活動の区分に即して整理する段階

健康の保持	心理的な安定	人間関係の形成	環境の把握	身体の動き	コミュニケーション
・病識理解がされていない。 ・適切な休息をとることができない。	・感情の浮き沈みが激しい。 ・物事が思うようにいかなかったり、決断を求められたりすると震えたり号泣したりする。	・「人が怖い」と同年代生徒とのかかわりを避けている。 ・常に人の視線を気にしている。	・新しい環境や慣れない環境下では緘動を引き起こすことがある。	・ボール運動などの協応動作が苦手で、ストレスに感じやすい。	・家で会話はできるが、学校では人との会話を避ける。

②－2　収集した情報（①）を学習上又は生活上の困難や、これまでの学習状況の視点から整理する段階

・気分変調症・分離不安症に関する病識を理解しようとせず、考え方に偏りをもっている。（健、心）
・自己発信・自己選択・自己決定ができない。（心、コ）
・感情の浮き沈みが激しく、何をするにも悲観的・否定的に物事を捉えがち。（心）
・失敗への不安が大きく、自尊感情の低くなっているため、人とかかわりや様々な活動に取り組むことを避けている。（心、コ）
・落ち着いた環境での個別指導場面では、指示・提案等に対して何らかの応答をすることができる。（環、コ）

②－３　収集した情報（①）を卒業後（４年後、高等部または高等学校卒業後）の姿の観点から整理する段階
・自分の希望する高等学校へ進学し、落ち着いた生活をすることができる。（心） ・気分変調症・分離不安症に対する病識理解ができ、不安やストレスに対する対処方法を身に付けることができる。（健、心） ・困っていることを周囲に発信することができる。（心、コ） ・人とふれあう楽しさを感じ、自ら人に関わることができる。（心、コ）

③　①をもとに②－１、②－２、②－３で整理した情報から課題を抽出する段階
・高等学校選択のための情報を収集したり、自分に合っているかどうかを判断したりすることは難しい。（心） ・気分変調症・分離不安症に対する病識理解をし、自分の思考・感情・行動を客観的に認知することを避けている。（健） ・自分の思いを認知したり、言語化したりすることができない。（環） ・柔軟に物事を考えたり、課題解決方法の選択や決定をしたりすることができない。（コ） ・自尊感情の低さから、自ら活動することは少なく、人とのかかわりも避けている。（人）

④　③で整理した課題同士がどのように関連しているかを整理し、中心的な課題を導き出す段階
常に物事を悲観的・否定的に捉え、不安を強くもち、人とのかかわりを拒否しようとするため、本人にとって困っていることがあっても発信することはできない。病識理解もされていないので、自己理解に基づいた自己解決もできない。そのため、本人が安心できるような場所の提供や活動を共に行うことが大切である。本人の思いに寄り添って受容的に接しながら活動を共にすることで、人とのかかわりのよさを感じることができるようになると考える。そして、問題解決に向けたいくつかの方法を提案・交渉することを通して、本人が自己選択・自己解決することができるようになると考える。 さらに、自分で行動した結果、課題解決ができたという成功体験を蓄積していくことで、同年代の生徒とのかかわりへと発展していくことを期待する。

課題同士の関係を整理する中で今指導すべき指導目標として	⑤　④に基づき設定した指導目標を記す段階	
	知識・技能	・気分変調症・分離不安症の病識理解を深めることによって自己の状態像に気付く。 ・思考や感情を調整したり、行動を決定したりする方法を知って、身に付けることができる。
	思考・判断・表現	・自分の思考・感情・行動を理解し、不安やストレスに対して自分なりの対処方法を選択決定して行動に移すことができる。
	学びに向かう力、人間性等	・人と関わりながら、自信をもって活動しようとする。

指導目標を達成するために必要な項目の選定	⑥　⑤を達成するために必要な項目を選定する段階					
	健康の保持	心理的な安定	人間関係の形成	環境の把握	身体の動き	コミュニケーション
	(2) 病気の状態の理解と生活管理に関すること。 (4) 障害の特性の理解と生活環境の調整に関すること。 (5) 健康状態の維持・改善に関すること。	(1) 情緒の安定に関すること。 (2) 状況の理解と変化への対応に関すること。 (3) 障害による学習上又は生活上の困難を改善・克服する意欲に関すること。	(1) 他者とのかかわりの基礎に関すること。 (3) 自己の理解と行動の調整に関すること。	(2) 感覚や認知の特性についての理解と対応に関すること。	(5) 作業に必要な動作と円滑な遂行に関すること。	(5) 状況に応じたコミュニケーションに関すること。

⑦　項目と項目を関連付ける際のポイント
<気分変調症・分離不安症の病識理解を深め、自己の状態像に気付くことができるように>（健）(2)（4）(5) と（心）(1) と（人）(1) を関連付けて設定した具体的な内容が⑧アである。 <自分の思考や感情を調整したり、行動を決定したりする方法を身に付けることができるように>（健）(2)(4)(5)と（心）(1) (2) (3) と（人）(3)、（環）(2) を関連付けて設定した具体的な内容が⑧イである。 <自分の思考・感情・行動を理解し、不安やストレスに対して自分なりの対処方法を選択決定して、自信をもって人と関わりながら行動することができるように>（健）(2) (4) (5) と（心）(1) (2) (3) と（人）(3)、（身）(5)、（コ）(5) を関連付けて設定した具体的な内容が⑧ウである。

選定した項目を関連付けて具体的な指導内容を設定 (計70時間)	⑧　具体的な指導内容を設定する段階		
	[ア] ア－1（20時間） 医療と連携し、体や心の調子を確認することを通して、不安やストレスに対する思考・感情・行動に気付くことができる。 ア－2（8時間） 「～してみたい」という感覚をもつことができる。	[イ] イ－1（22時間） 医療と連携し、不安やストレスにつながりやすいものの考え方や受け取り方を振り返らせることを通して、どうすれば不安やストレスにならないか、適応的な思考や行動ができる。	[ウ] ウ－1（20時間） 医療と連携し、自ら行動を選択したり、人との交渉や折り合いをつけたりすることで成功体験を積み、いろいろな活動にチャレンジすることができる。

指導内容について具体的に指導方法を設定	⑨　⑧を実施するために具体的な指導方法（段階、教材・教具の工夫、配慮など）を設定する段階		
	[ア] ア－1 ・気分の落ち込みや不安、ストレスを意識化させる言葉かけや深呼吸などのリラックス方法を援助する。 ・要求や拒否を何らかの方法で発信させ、全て受け止める。 ・教室移動は、他の生徒がいない時間帯にする。 ・震えや号泣などの身体的症状が出た時は「涙が出るのは気分が落ち込んだからだね。不安だったからだね。」など、言い換えをして自己理解を促す。 ・休息の時間を意図的に取る。 ア－2 ・1時間の流れは一定にし、一人で解ける課題を提示するなど、1時間の中で成果や満足感が得られるものにする。 ・本人の思いに寄り添って受容的に接することができるよう、好きな活動（ものづくり）も積極的に取り入れ、一緒に活動する。	[イ] イ－1 ・ワークブックを用い、物事の受け止め方を変化させる指導を行う。 ①前向きなイメージをもたせる（安全な場所や活動のイメージング） ②感情を同定させる（いろいろな気持ちや気持ちと連動する体の反応・表情の確認） ③感情の度合いと感情の調整をさせる（心の温度計の活用、リラックス方法の試行） ④思考を止めさせる（悲観的な思考を止める方法の試行） ⑤認知的な処理をさせる（思考・感情・行動の区別、困った考え方や気持ちがよくなる考え方への促し） ⑥気持ちや思いの言語化 ・新しい方法で物事を見ることを援助する。 ・本人の思いや拒否の理由を聞き取り、共感した上で提案・交渉をする。 ・自己評価シート（睡眠・食事・日中活動・疲労感）を用いて、自分の状態を振り返らせる。 ・休息時間の促しをする。	[ウ] ウ－1 ・学習内容や量は必ず本人に提案し選択させる。その際、分かりにくい内容は細分化して提示したり、視覚的に分かりやすく提示したりする。 ・複数の提案から選択できた場合は、できるだけ尊重し認める。 ・本人が納得できるように、丁寧に説明したり、言い方を変えてみたりする。 ・選択しやすいように、選択した結果がどうなるかを提示する。 ・選択場面では、本人の細かな反応を注意深く受け止める。 ・同じ目標をもつ生徒とペアを組み、その生徒の成功体験や課題解決方法を聞いて、自分に取り入れさせる。 ・本人の好きなものづくりを指導支援してくれる外部講師を招き、本人のよいところを適切に評価してもらう。

⑩　各教科等との関連（指導場面、指導内容、指導方法）を設定する段階　<関連する教科等のみ記載>	
国語	気持ちや思いを作文にする。苦手な漢字や間違いやすい漢字を認識し、よりよい学習方法で学ぶ。
社会	
数学	得意としている学習活動（計算問題）から始める。
理科	
音楽	
美術	気持ちや思いを絵や造形物に表す。
技術・家庭	
保健体育	苦手な体育（特にボール運動などの協応運動）は学習方法について提案を受けたり、交渉したりすることを通して自己選択・自己決定する。
外国語	苦手な英単語学習は間違いやすい単語を認識し、よりよい学習方法で学ぶ。
道徳	
総合的な学習の時間	同じ目標をもつペアの生徒と活動をする。
特別活動	儀式的行事等は、参加方法について提案を受けたり、交渉したりすることを通して自己選択・自己決定する。

⑪	指導経過（⑧の指導内容、⑨の指導方法に対する指導経過）		
1学期	**ア** ・震えや号泣などの身体的症状が出た時に、言葉かけをしても全く受け入れず、耳を塞ぐ。 ・拒否は首を横に振ることもあるが、反応しないことがほとんど。要求の発信はない。 ・ものづくりの提案にも拒否を示した。	**イ** ・教科学習プリントの提示は受け入れて取り組むが、ワークブックの提示には拒否を示した。	**ウ** ・特定の教師とのかかわり以外は拒否を示した。 ・廊下で生徒の声が聞こえると、震えていた。
2学期	**ア** ・震えや号泣などの身体的症状は軽くなった。静かに泣いている時に「深呼吸だよ。」と言葉かけすると、応じるようになった。 ・拒否は首を横に振ることや「無理。」「できない。」と小声で言うようになった。 ・本人の好きな塗り絵を提示すると受け入れることができた。	**イ** ・自立活動のはじめに「今の体（心）の調子は○△×のどれですか？」と問いかけると言語で答えるようになった。また、「自己評価シート」に自ら書き込めることも増えた。 ・ワークブックの提示には変わらずに拒否を示した。	**ウ** ・言語での応答はないものの、複数の教師と活動に取り組むことができるようになった。ものづくりの外部講師との活動もできるようになった。 ・複数の活動を提案すると、指さしをして選択するようになった。
3学期	**ア** ・自ら深呼吸をしている場面が見られた。 ・塗り絵場面での簡単な問いかけには、簡単なもの（うん・いや・違うなど）ではあるが、言語で応答するようになった。 ・「次はどうする？」の問いかけに「○○（がしたい）。」と言うようになった。 ・震えや号泣などの身体的症状はほぼ消失した。「涙が出るのは落ち込んだからだね。」などの言い換えに、首を縦に振って応じるようになった。	**イ** ・高等学校選択が起因となり、安全な場所や活動のイメージング、感情の同定、心の温度計の活用、リラックス方法について、ワークブックでの学習に取り組むことができた。 ・本人の思いに共感することで、気持ち（嬉しかった・嫌だったなど）の言語化もでき、言語でのやりとりも可能になってきた。 ・休息の提案も受け入れるようになった。	**ウ** ・ものづくりの外部講師の提案に対しても、活動の選択と決定ができるようになった。 ・高等学校選択のための情報（高等学校の特色・自分の成績・生徒数・移動手段など）を担任と一緒に整理したり、治療の見通しを照らし合わせたりすることを通して、現実的な選択に折り合いをつけることができた。 ・高等学校選択についての三者面談で、自分の意思（通信制の高等学校への進学）を保護者に伝えることができた。 ・廊下に生徒がいても、気にせずに移動することができるようになった。

⑫−1　自立活動の学習評価（⑤の指導目標に対する学習評価）　◎よくできた　○できた　▲できなかった			
	知識・技能	思考・判断・表現	主体的に学習に取り組む態度
年間の評価	○担任の言葉かけに応じ、体や心の調子を確認することができた。 ○自ら深呼吸をして落ち着くことができるようになった。 ▲明確な思考・感情・行動の気付きには至らなかった。	○前向きなイメージをもつことや感情の同定、心の温度計の活用、リラックス方法を学ぶことによって、適応した行動をとることができるようになってきた。 ▲悲観的な思考を止める方法を考える、思考・感情・行動の区別をする、気もちがよくなる考え方をする取組は不十分であった。	◎高等学校選択場面では、折り合いをつけながら、自己選択することができた。 ○複数の大人といろいろな活動に取り組むことができた。 ▲同じ目標をもつ生徒とのペア活動はできなかった。 ▲行事などの活動は参加できなかった。
その他			

⑫−2　各教科等の関連評価（⑩の各教科等を通して）　　＜関連する教科等のみ記載＞　　　◎○▲で評価	
国語	○間違いやすい漢字を意識し、自分なりの学習方法を考えることができた。 ▲自分の気持ちや思いは、口頭での簡単な言語化のみだった。
社会	
数学	○計算問題は数多く取り組むことができた。
理科	
音楽	
美術	○塗り絵やものづくりなど楽しんで取り組む様子は見られた。 ▲気持ちや思いを創造して作る活動には取り組まなかった。
技術・家庭	
保健体育	○個別指導ではあるが、自ら選択した活動に取り組むことができた。
外国語	○間違いやすい単語を意識し、自分なりの学習方法を考えることができた。成績も徐々に良くなった。
道徳	
総合的な学習の時間	▲同じ目標をもつペアの生徒と活動をすることはできなかった。
特別活動	○複数の教師に見守られながら、校長室で卒業証書を受け取ることができた。 ▲儀式的行事をはじめ、行事に参加することはできなかった。

⑬　指導計画の作成から実施までの全般的な評価（よかった点、改善すべき点、意見など）	
実態把握 指導目標	・保護者からの聞き取りによる生育歴や医療連携による情報を収集・整理することで、多角的かつ客観的な実態把握が可能になり、指導目標や指導内容の設定に有効に働いた。
指導内容 指導方法	・ワークブックでの学習は、安全な場所や活動のイメージング・感情の同定・心の温度計の活用・リラックス方法について視覚的に整理してあったことが、本人の自己理解を促すことに効果的であった。しかし、悲観的な思考を止めることや認知的な処理をさせることは、まだ不十分である。今後も医療と連携した指導支援が必要である。 ・同じ目標をもつ生徒とのペア活動はできなかったが、同年代の友達と同じ空間で各が学習活動を行うなどの工夫を試みてもよかった。
教科等との関連	・漢字や英語の学習方法について、本人の認知特性に応じたいくつかの方法を支援したことが効果的に働き、自ら選択し実行に移すことができた。
指導経過 学習評価	・高等学校への進路選択が起因となり、本人の変容が大きく見られた。医療連携することを通して、学校のスケジュールと本人の状態（不調時→安定期→移行期）について見通しを立てることで、より、有効な指導計画が作成できたのではないかと思われる。
本人の意見 本人用シート	・教師とやりとりしながら、本人の思いを引き出して、それを本人用のシートに書き表すことができた。
保護者の意見	・希望する高等学校について、本人が自らの意思を伝えられたことはとてもよかった、という意見があった。
その他	

⑭　次年度への引継ぎ事項（変更点、要望など）	
担任・担当者へ	・自ら深呼吸をするなど、自分なりのリラックス方法を活用するようになりましたが、慣れていない環境や初めての活動場面では、震えたり表情を硬くしたりすることがまだあります。高等学校の養護教諭を窓口に医療との連携を引き続き密に行ってください。 ・安心できる人・場所・活動を通して、気持ちや思いを言語で的確に伝えることができるよう、支援の役割分担を検討することが必要です。 ・廊下に生徒がいても、気にせずに移動できるようになりましたが、直接的なかかわりにはまだ拒否感が残っています。小集団活動に参加するための手立てが必要だと思われます。
本人・保護者へ	・自分の思いや考えを、何らかの方法で病院や学校に伝えられるようになってほしいと思います。加えて、悲観的な思考を止める方法を考える、思考・感情・行動の区別をする、気持ちがよくなる考え方をするなどの取組を避けることなく、チャレンジし、自分自身を理解してよりよい行動を選択決定していくことを願っています。 ・本人の主体的な取組を励ますサポートを今後とも継続ください。
その他	（養護教諭へ）本人の思いの聞き取りや病院との連携など、校内での役割分担を検討してください。

自立活動の学習

中学部　3年　1組　　名前　花岡　灯美

自分の得意なことや苦手なこと、困っていること					
健康について （健康の保持）	自分の気持ち について （心理的な安定）	人付き合い について （人間関係の形成）	周りの感じ方 について （環境の把握）	体の動かし方 について （身体の動き）	友達や他人との 会話について （コミュニケーション）
・なぜ、すぐにいろいろなことが悲しくなってしまうのかよく理解できない。	・落ち込むと悲しくなって止められず、眠れなくなる。何も手がつかなくなる。	・他人が自分を見ているようで、とても緊張して不安になる。 ・今はできるだけ、人とかかわりたくない。	・初めての活動はとても苦手。	・運動は苦手。	・人と話をすることがとても怖い。 ・話しても、相手に理解してもらえないと思う。

特に、がんばりたいこと、よくしたいこと、直したいこと					
健康について （健康の保持）	自分の気持ち について （心理的な安定）	人付き合い について （人間関係の形成）	周りの感じ方 について （環境の把握）	体の動かし方 について （身体の動き）	友達や他人との 会話について （コミュニケーション）
・主治医や担任の先生の力を借りて、気分変調症や分離不安症について理解したい。	・主治医や担任の先生の力を借りて、落ち込んだ時の対処方法を知りたい。 ・一人でうまく対処できるようになりたい。	・高校に進学するまでには、担任の先生以外の人とも安心してかかわれるようになりたい。	・少しずついろいろな活動になれていきたい。	・一人でできる運動方法を考えて、トライしたい。	・担任の先生以外の先生ともコミュニケーションがとれるようになりたい。

1年間の目標	
知識・技能	①落ち込みや不安の原因がわかり、それにどう対処したらよいかがわかる。
思考・判断・表現	②主治医や担任の先生のアドバイスを聞きながら、落ち込みや不安に対して自分なりの対処方法を実行する。
学びに向かう力	③苦手な活動にもチャレンジする。

学習内容 学習方法	・主治医や担任の先生と気分変調症や分離不安症について考える。 ・自分でできる対処方法について考えたり、実際にやったりしてみる。 ・担任以外の先生とも学習する。

	学期	◎とてもよくできた　　〇できた　　▲できなかった		
ふり返り	1学期	① ▲わけがわからなくなって、泣いてしまうことが何度もあった。	② ▲先生のアドバイスを聞くことができなかった。	③ ▲いろいろな活動にチャレンジすることはできなかった。
	2学期	① 〇泣いていても担任の先生の声かけで、深呼吸したり目をつぶったりして落ち着いた。 ▲落ち込むことや不安への考え方を変えられなかった。	② 〇体や心の調子を先生と確認することができた。自分でも体や心の調子を意識するようになった。	③ 〇担任以外の先生や外部の先生と運動したり、ものづくりをしたりすることができた。
	3学期	① 〇落ち込んだ時に、「大丈夫」と思いながら、深呼吸をしたら落ち着いた。 〇泣いた後、先生と話をすることで何が理由だったのかを振り返ることができた。	② ◎高校生活に向け、自分の得意不得意を整理することができた。 〇先生のアドバイスを聞いて高校を選ぶことができた。 〇リラックス方法も考えることができた。	③ ◎公共交通機関を使って、希望する高校へ行き、見学や体験をすることができた。 ◎希望する高校について、親に自分の意思を伝えることができた。
	その他			

姿勢保持や基本的動作、協応動作の困難を改善・克服するための指導

「自立活動の個別の指導計画」

名　前	むつ　はちこ 陸　奥　八子	性別	女	学部・学年	小学部2年1組
障害名 診断名	皮質盲による視覚障害＜左眼：手動弁、右眼：指数弁＞（八戸医療センター・吉幾子 Dr、1歳6か月時）				
検査結果 手帳取得	視力検査（測定不能） 身体障害者手帳1種1級取得（3歳時）				
指導期間	令和2年4月〜令和3年3月（1年間）		指導時数	特設：年間70時間（週2時間）	
指導場所	教室他		指導者	担任（三浦亜紀教諭）	
関係者等	作業療法士（八戸医療センター・森青子 OT）、八戸眼科（定期受診）				
合理的配慮 （観点）	保有視覚のほか、聴覚や触覚等の保有する感覚を十分に活用できるようにする。（①−2−3） 学習内容やチェック項目等の資料は、点字で作成したり、内容を読み上げたりして伝える。（①−2−1）				

① 障害の状態、発達や経験の程度、興味・関心、学習や生活の中で見られる長所やよさ、課題等について情報収集

・両眼とも中心視野の欠損がある。対象物を観察する時には、右眼に3cm程近付けて確認する。右利き。
・知的に遅れはなく、準ずる教育課程で学習している（点字学習）。算数がやや苦手である。
・指示理解は良好である。
・家庭では、大人だけに囲まれているせいか、時々大人びた発言や自分本位の発言をすることがある。また、人に頼ることが多い。
・歩いたり走ったりする時には、手を胸のあたりで横に振っていることが多い。本児なりにバランスをとっていると思われる。…手と足の協応動作は難しい。
・身体の各部位の名称は大まかには覚えているが不確かなことが多い。その部位だけを曲げたり回したりという動作と摸倣は難しい。イメージをもつことが難しい。
・立位や座位が崩れやすい。姿勢を保つための体幹の弱さが見られる。
・仲間と一緒に運動したり遊んだりと身体を動かすことは好きだが、全て全力で取り組むため、運動した後はぐったりしていることが多い。…状況判断が難しいため、力を調整することが難しい。
・ADL面では、ほぼ一人でできるが、ファスナーの掛け口を合わせることや、箸の使い方等細かな課題がある。
・好き嫌いや食わず嫌いが多く、好きな物ばかり食べるため肥満傾向で、全般的に動きは緩慢である。
・初めての活動には不安感が強く消極的であるが、一度経験すると自信をもち前向きに取り組むことができる。

②−1　収集した情報（①）を自立活動の区分に即して整理する段階

健康の保持	心理的な安定	人間関係の形成	環境の把握	身体の動き	コミュニケーション
・好きな物ばかり食べるため肥満傾向である。 ・仲間と一緒に身体を動かすことは好きであるが、全て全力で取り組むため、運動した後はぐったりしている。	・初めての活動には不安感が強く消極的であるが、一度経験すると自信をもち前向きに取り組むことができる。	・大人びた発言や自分本位の発言をすることがある。 ・人に頼るこが多い。	・対象物を観察する時に、右目に3cm程近付けて確認する。	・ボディイメージと模倣は難しい。 ・手を胸のあたりで横に振りながら歩くことが多い。 ・姿勢を保つことが難しい。 ・ADL面での細かな課題がある。	・指示理解は良好である。

②−2　収集した情報（①）を学習上又は生活上の困難や、これまでの学習状況の視点から整理する段階
・視覚的に人の動作や運動を捉え模倣することが難しいので、基本的な運動をイメージ化することが難しい。（環、身） ・自己の身体を基準とした身体座標軸や空間座標軸が形成されていない。（環、身） ・体幹が弱いため、姿勢保持や運動を続けることが難しい。（健、身） ・手指機能や協応動作に困難さがある。（環、身）

②−3　収集した情報（①）を卒業後（5年後）の姿の観点から整理する段階
・自己のボディイメージが確立され、基本的な動作や運動が身に付いていること。（環、身） ・体幹が鍛えられ、長時間姿勢を保つことができること。（健、身） ・身体座標軸や空間座標軸が形成され、白杖を使いながら、学校周辺を安全に歩行できるようになること。（環、身） ・「つまむ」等の動作や箸を上手に使ったり洋服をきれいにたたんだりと、ADL面での質が向上していること。（環、身）

③　①をもとに②−1、②−2、②−3で整理した情報から課題を抽出する段階
・ボディイメージが確立されていない。（環、身） ・基本的な動作と運動が身に付いていない。（環、身） ・体幹が弱い。（健、身） ・手指を使った微細運動や協応動作に困難さがある。（環、身）

④　③で整理した課題同士がどのように関連しているかを整理し、中心的な課題を導き出す段階
小さい頃から『見る』ことに困難さがあるため、「真似する」ことや自主的に視覚情報の他に聴覚や触覚等の保有感覚を併せて活用し「確かめる」経験が少なかったことが考えられる。また、見通しがもちにくく不安感も強いことから活動への興味・関心や遊びの幅も狭い。そのため微細運動のみならず、身体を使った粗大運動の経験も少ないことから、筋力の弱さが見られる。 　身体の各部位の名称や「回す」等のことばは学習し知っているものの、実際にことばと動作が結び付いていないことが多い。また、自分の身体が、今、どういう姿勢なのか、どんなふうに動いているのかイメージすることが難しいため、時に仲間とは全く違う動きになり目立つことがある。自己の身体像を知ることは、あらゆる活動を行う上で重要な役割をもっている。本児が、今後、白杖を持ち、一人で安全に移動できるようになるためには、自己の身体を基準とした上下・左右・前後の方向や保有感覚を活用しながらの環境把握、空間認知等の情報を正確に捉えていくための力を育てていくことも必要である。そのための出発点として、ボディイメージの確立や身体座標軸の形成が必要だと考える。また、体幹や筋力を付け、身体の部位や力をバランスよく効果的に使うことによって、自然な動きができるようになったり、できる運動が増えたり、記録を更新したりして達成感や成就感を味わうことができるものと考える。さらに、自己の身体像を知ることで、手指機能など細かな部分にも注目し"一人でできること"が増え自己肯定感も高まることが推測される。

課題同士の関係を整理する中で今指導すべき指導目標として	⑤　④に基づき設定した指導目標を記す段階	
	知識・技能	・自己のボディイメージが分かり、基本的な動作や運動を習得する。
	思考・判断・表現	・ことばと動作が結び付かなかったり、動きをイメージしたりすることが難しかった時には、どうすればよいか考えて行動することができる。
	学びに向かう力、人間性等	・毎時間、見通しをもって粘り強く学習に取り組もうとする。

指導目標を達成するために必要な項目の選定	⑥　⑤を達成するために必要な項目を選定する段階					
	健康の保持	心理的な安定	人間関係の形成	環境の把握	身体の動き	コミュニケーション
	(3) 身体各部の状態の理解と養護に関すること。 (4) 障害の特性の理解と生活環境の調整に関すること。 (5) 健康状態の維持・改善に関すること。	(3) 障害による学習上又は生活上の困難を改善・克服する意欲に関すること。	(3) 自己の理解と行動の調整に関すること。 (4) 集団への参加の基礎に関すること。	(1) 保有する感覚の活用に関すること。 (4) 感覚を総合的に活用した周囲の状況についての把握と状況に応じた行動に関すること。 (5) 認知や行動の手掛かりとなる概念の形成に関すること。	(1) 姿勢と運動・動作の基本的技能に関すること。 (2) 姿勢保持と運動・動作の補助的手段の活用に関すること。 (3) 日常生活に必要な基本動作に関すること (4) 身体の移動能力に関すること。	

⑦　項目と項目を関連付ける際のポイント
・＜ボディイメージを確立し、基本的な動作や運動を習得できるように＞（健）(3)（4）(5) と（心）(3) と（人）(4) と（環）(1)（4）(5) と（身）(1)（3）(4) を関連付けて設定した具体的な内容が⑧アである。 ・＜体幹を鍛えるために＞（健）(4) と（心）(3) と（人）(4) と（環）(4) と（身）(1)（2）(3) を関連付けて設定した具体的な内容が⑧イである。 ・＜手指機能や協応動作を高めるために＞（心）(3) と（環）(5) と（身）(3) を関連付けて設定した具体的な内容が⑧ウである。

選定した項目を関連付けて具体的な指導内容を設定 （計 70 時間）	⑧　具体的な指導内容を設定する段階		
	[ア] ア－1（14 時間） 身体各部の位置と名称を知る。 ア－2（10 時間） 身体像に関する基本概念を覚える（上下、左右、前後、横）。 ア－3（30 時間） 膝を曲げる、伸ばす、つま先を開く等、身体運動の基本動作を覚える。 ア－4（16 時間） 覚えた動作を一連の運動の中で行う。	[イ] ※年間を通して行う イ－1 体幹の筋肉の張り（筋緊張）をコントロールする感覚を整える。筋緊張に関係する固有覚（力のコントロールを育てる感覚）や前庭覚（バランスを育てる感覚）を含んだ運動を設定する。 イ－2 筋力を付ける運動を行う（腹筋力、背筋力、腕力、脚力）。	[ウ] ※年間を通して行う ウ－1 保有視覚とともに聴覚や触覚等他の保有感覚を活用しながらできる微細運動（ペグ差し、ビーズ通し等）に取り組む。 ウ－2 手足を協調したり順序よく動かしたりする粗大運動（縄跳び、ボール遊び等）に取り組む。

指導内容について具体的に指導方法を設定	⑨　⑧を実施するために具体的な指導方法（段階、教材・教具の工夫、配慮など）を設定する段階		
	[ア] ア－1、ア－2 ・自分の身体の各部分や機能を捉えることができるようになった後に、自分と他人や周囲の環境との関係を正確に捉えることができるように指導する。 ア－3、ア－4 ・動作を教える時には、指導者は、児童の後ろにまわり手を添えて納得がいくまで指導する。 （配慮） ・「こっち」「もっと前」等、視覚情報を必要とする言葉や抽象的な言葉は用いずに、具体的に分かりやすく伝える。	[イ] イ－1、イ－2 ・基本的な流れは、筋力を付ける運動→持続的にふんばる遊び→バランス遊びとし、状況や達成度に応じて難易度を上げたり、遊びのメニューを替えたりする。メニューは基本的に3つ程度とし、その中から選択する。 （配慮） ・運動に取り組む際には、身体の正中線を意識させるようにする。 ・時には、複数の仲間と実施できるように設定し、楽しみながら意欲的に学習できるようにする。	[ウ] ウ－1 ・いろいろな物を触ったり、音を聞いたりしながら、その特徴や違いを捉え弁別できるようにする。 ・両手によって対象物の手触りや形、機能等を観察できるようにする。（パズル等） ・身近な用具等を用いて手指の効率的な使い方を覚えることができるようにする。 ウ－2 ・縄跳びやボールは、カラフルで音が鳴る物を使用し、タイミングを計りやすくする。

⑩　各教科等との関連（指導場面、指導内容、指導方法）を設定する段階　＜関連する教科等のみ記載＞	
国語	
社会	
算数	形の学習では、両手を使って対象物の頂点や辺や面等の数や特徴を確認するようにする。
理科	
生活	野菜を育てる学習では、触覚や嗅覚等保有する感覚を十分に活用して観察するようにする。
音楽	電子キーボード演奏では、人差し指以外の指も使って弾くことができるようにする。
図画工作	はさみを使う時には、左手で紙をしっかりと支えながら、切り取る部分をよく見て（捉えて）切ることができるようにする。
家庭	
体育	新体力テストでは、身体の部分や動き、力の入れ方等を具体的に知り、根気強く練習できるようにする。
外国語活動／外国語	
道徳	
総合的な学習の時間	
特別活動	

⑪　指導経過（⑧の指導内容、⑨の指導方法に対する指導経過）			
1学期	[ア] ・身体各部の位置と名称を確実に覚えた。 ・自己を軸とした上下、左右、前後、横の概念が分かった。 ・膝を曲げる、伸ばす等の基本的な動きができるようになった。	[イ] ・上体起こし運動は、30 秒に５回できるようになった。 ・トランポリンでは、上半身を真っ直ぐにしたまま 30 回連続して跳ぶことができた。	[ウ] ・「つまむ」動作ができるようになった。ペグ差しでは、指先で方向と差し口を確かめて行うことができた。 ・電子キーボードは、人差し指で一音一音確かめながら弾いていた。
2学期	[ア] ・自己を軸とした上下、左右、前後の概念と、物や他者の向きや場所よっては捉え方や言葉のニュアンスが変わることが分かった。 ・動きをスムーズにするためには、二つ以上の動きが同時に必要だと分かり、意識して動かすことができるようになってきた。 （例：アキレス腱伸ばし運動のそれぞれの足の使い方）	[イ] ・上体起こし運動は、30 秒に 10 回できるようになった。 ・バランスボールに足を乗せ、腕立ての姿勢を保持することができるようになった。 ・トランポリンでは、60 回連続して跳ぶことができるようになった。	[ウ] ・ビーズ通しでは、見本の色や形を確認し同じ物を作ることができた。色が分からない時には教師に教えてほしいと依頼することができた。 ・電子キーボードは、時々、人差し指以外に中指と薬指を使って弾くことができるようになった。 ・縄跳びの前回りが 30 秒間で３回できるようになった。
3学期	[ア] ・身体の各部位の機能やどのように動かすと動きやすいか考えることができるようになってきた。 ・体操では、身体の細かな部分まで意識して丁寧に運動できるようになった。ラジオ体操の一つ一つの動きがスムーズになってきた。	[イ] ・上体起こし運動は 30 秒に 15 回できるようになった。 ・バランスボールに座りながら左右にあるボールを拾うことができた。 ・トランポリンでは、100 回連続して跳ぶことができるようになった。	[ウ] ・電子キーボードで、親指以外の４本の指を使い、「チューリップ」の曲を弾くことができるようになった。 ・縄跳びの前回りが 30 秒間で６回できるようになった。

⑫－１　自立活動の学習評価（⑤の指導目標に対する学習評価）　◎よくできた　○できた　▲できなかった			
	知識・技能	思考・判断・表現	主体的に学習に取り組む態度
年間の評価	◎身体の各部位の位置や名称を覚えることができた。 ○ことばと対応した基本的な動きや動作が身に付いてきた。 ▲教師を頼り確認することが多かった。	◎立位や座位の正しい姿勢がすぐにとれるようになった。 ▲本児自身が修正の必要性に気付いたり修正を図ったりする手立てが少なかった。	◎学習の始めに立てた目標を達成しようと根気強く取り組むことができた。 ○見通しをもちながら取り組むことができた。
その他			

⑫－2　各教科等の関連評価（⑩の各教科等を通して）　＜関連する教科等のみ記載＞　◎○▲で評価
国語	
社会	
算数	◎形の学習では、両手で全体を触った後、片手を基準（原点）として、もう一方の手で詳しく観察することができた。 △長さの学習では、目盛りのミリメートルまでを読み取ることが難しかった。
理科	
生活	○保有する視覚と手足や耳から捉えた情報を併せて気付いたことを発表する場面が多くなった。 ○事前に準備や流れを確認することで、初めての活動にも安心して取り組むことができた。
音楽	○電子キーボード演奏では、人差し指以外の指を使って演奏することができた。
図画工作	◎はさみの使い方が上手になった。切り取り線もじっくりと確認することができた。 ○作りたい物や作り方を決めるまでに時間がかかることもあるが、一人で考えて活動することができた。
家庭	
体育	◎自己の身体や効率的な動きを知ることによって新体力テストの全種目の記録を更新した。
外国語活動／外国語	
道徳	
総合的な学習の時間	
特別活動	

⑬　指導計画の作成から実施までの全般的な評価（よかった点、改善すべき点、意見など）
実態把握 指導目標	・実態把握は、担任以外の教員等複数の目で捉えたこと。また、作業療法士にも実態把握から具体的な内容まで一緒に検討してもらったのは効果的であった。
指導内容 指導方法	・学習内容が緊張を高める運動が多かったので、"緩める"運動をもっと取り入れればよかった。 ・指導体制は、個別だけではなく、時々、小集団で実施したり、他の教員にも指導してもらったりしたことはよかった。（例：電子キーボード演奏…音楽担当教員）
教科等との関連	・「じっくり触って確かめて」「匂いは？」等の言葉かけや促しは、時々必要であった。 ・教科学習の進度状況と自立活動の課題との関連をもっと深めた方がよかった。
指導経過 学習評価	・自分の動きをイメージしたりフィードバックしたりすることが少なく、教師に頼ることが多かった。 ・学期ごとに作業療法士から評価・助言をしてもらったのは効果的であった。
本人の意見 本人用シート	・保護者や担任と一緒に本人用シートに記入することによって、本人自身が、自分の身体に興味・関心をもち、活動に見通しをもって取り組むことができた。
保護者の意見	
その他	

⑭　次年度への引継ぎ事項（変更点、要望など）
担任・担当者へ	・基本的な動きを「走る、投げる、跳ぶ」の運動技能の向上につなげていくことができるように体育教員との密な連携が必要です。特に「投げる」動作が難しいと思われるので、自立活動では、フォームを補正しながら継続的に練習していくことが必要です。 ・ストレッチ遊びを取り入れ、自分の関節がどこまで動かせるか実感させたり、ゆっくり各部位を伸ばしたりとリラックスできる内容（時間）を設定した方がよいと思われます。 ・習得したボディイメージや空間概念を歩行指導につなげてほしい。 ・自分でイメージしたりフィードバックしたりできるようにタブレットの活用や評価（振り返り）シートの様式を本人と一緒に検討してほしい。 ・来年度も作業療法士の活用や複数の教員の目で確認したり評価したりする機会を継続してほしい。
本人・保護者へ	・学校以外でも運動してほしい。毎日、家で腹筋運動したり、縄跳びを跳んだり等できる運動を保護者と一緒に考えて取り組んでほしい。
その他	

自立活動の学習

小学部　2年　1組　　名前　むつ　八子

自分の得意なことや苦手なこと、困っていること					
健康について （健康の保持）	自分の気持ち について （心理的な安定）	人付き合い について （人間関係の形成）	周りの感じ方 について （環境の把握）	体の動かし方 について （身体の動き）	友達や他人との 会話について （コミュニケーション）
・すきなものばかり食べるので少し太っています。 ・体を動かすことはすきですが、ちょっとにがてです。	・はじめてのことはとてもドキドキします。でも、1回やると、つぎからは安心してできます。	・ときどき、おとなみたいな言い方やわがままなことを言ってしまうことがあります。	・ものをたしかめる時には、右目にちかづけて見ます。 ・ろうかを歩くときには、まん中を歩きます。	・自分の体のことはよくわかりません。 ・まねすることはむずかしいです。 ・長い時間、立ったままやすわっているのはにがてです。	・先生や友だちとのおしゃべりは楽しいです。

特に、がんばりたいこと、よくしたいこと、直したいこと					
健康について （健康の保持）	自分の気持ち について （心理的な安定）	人付き合い について （人間関係の形成）	周りの感じ方 について （環境の把握）	体の動かし方 について （身体の動き）	友達や他人との 会話について （コミュニケーション）
・にがてなものも少しずつたべられるようになりたい。 ・きんにくをつけたい。	・はじめてのことやにがてなことにもどんどんチャレンジしていきたい。	・わがままを言わないで、友だちとなかよくあそびたい。	・目だけでなく耳やはなや手などをたくさんつかってたしかめたい。	・自分の体のいろいろなところの名まえとどんなふうに動くのか知りたい。 ・しせいをよくしたい。	

1年間の目標	
知識・技能	①自分の体のことや動かし方を知って、体そうがじょうずにできるようになりたい。
思考・判断・表現	②方ほうがわからなくなった時には、自分から聞いたりしらべたりしてかいけつする。
学びに向かう力	③目ひょうにむかって、さい後までがんばる。

学習内容 学習方法	・体のぶ分の名まえや場しょを知る。 ・うん動にひつような動きときん力をつける。 ・目や手、耳をつかって一人でできることをふやす。		
	学期	◎とてもよくできた　　〇できた　　▲できなかった	
ふり返り	1学期	① ◎自分の体の名まえと場しょをぜんぶおぼえることができた。	② 〇自分でたしかめられるように、体のもけいに点字で名まえを書いてはった。
	2学期	① ◎自分と向き合った人の左右のちがいがわかった。 〇ビーズ通しでは、見本の色や形をよくたしかめて同じものを作ることができた。	② ◎教室にあるもののむきや場しょのクイズを先生や友だちに出してもらい答えることができた。 〇上体おこしで、先生からいきのじょうずなつかい方を聞いた。
	3学期	① 〇ラジオ体そうが音楽に合わせてじょうずにできるようになった。	② ▲ななめがわからなかった。 ◎トランポリンをとぶ前には、いつもせぼねがまっすぐかどうかたしかめることができた。
	その他		

（補足：③の列）
- 1学期 ③〇きろく表を作り、毎回、目ひょうと記ろくを書いた。
- 2学期 ③◎クイズぜんもん正かいでうれしかった。〇作ったものをお母さんにプレゼントしたらよろこんでくれてうれしかった。
- 3学期 ③〇「気をつけ」がりっぱだとほめられてうれしかった。◎上体おこしが目ひょう回数をたっせいした。

発音や聞き取り、手話などの
コミュニケーション手段を改善するための指導

「自立活動の個別の指導計画」

名　前	たなか　ゆうすけ 田 中　雄 介	性別	男	学部・学年	小学部5年2組
障害名 診断名	両耳とも高度感音性難聴（北海大学附属病院耳鼻咽喉科・松山千晴 Dr.、2歳6か月時）				
検査結果 手帳取得	平均聴力レベル　右：81.3dBHL、左：93.7dBHL（両耳ともリオン製　HB-G9H 装用） 身体障害者手帳2級取得（5歳時）				
指導期間	令和2年4月～令和3年3月（1年間）		指導時数	特設：年間35時間（週1時間）	
指導場所	教室		指導者	担任（宮町悦信教諭）	
関係者等	主治医（北海大学附属病院耳鼻咽喉科・松山千晴 Dr.)、補聴器販売店（イヤモールド作成）				
合理的配慮 （観点）	視覚的教材のほか、手話や指文字を適宜使用する。（①-1-2） 補聴器を活用し、聴覚活用を十分に図る。（①-1-1）				

①　障害の状態、発達や経験の程度、興味・関心、学習や生活の中で見られる長所やよさ、課題等について情報収集

- 発音明瞭度　63％、絵画語彙発達検査　7歳、質問 - 応答関係検査　9歳（いずれの検査も2歳以上の遅れが目立つ）
- 発音は不明瞭なものが多い（特にサ行音とカ行音）。
- 音への反応は良好で、幼少期より日常的な補聴器装用は問題なくできている。音声の聞き取りで発話内容の大半は理解できるが、最近では分からない語句を耳にしても、聞き返さずに分かったふりをしてしまうことが多い。
- 補聴器の電池が切れたら、音に気付き、自分で電池交換することができる。
- 一対一の環境下では、音声とともに身振りや手話表現などを用いることで相手とのやりとりが成立するが、自分の考えを十分に言葉にできないことが多い。型通りのことしか口にできず、雑談することを苦手としている。また、相手に合わせて話し方（敬語）を使い分ける意識が低い。
- 日常的に用いる言葉（定型文）であれば定着しており、自発語として表出することができる。口声模倣を促すと、模倣することができる。拡充模倣や縮小模倣の習慣も身に付いているが、般化させることに課題がある。
- 学習場面において、少しでも分からない問題があると粘り強く挑戦することができず、すぐに諦めてしまうことが多い。
- 体育や図工、音楽は得意で集中して取り組むことができる。身体を動かすのが好きだということと、先生の指示やその授業の達成目標が目で見て分かることが多いために、やることが明確で本人にとっては取り組みやすいようだ。
- 話し合う経験が少ないせいか、友達の気持ちを推し量ることは難しく、それぞれがやりたい遊びが異なったり、十分に伝わっていなかったりすると、折り合いをつけられないことが多い。

②-1　収集した情報（①）を自立活動の区分に即して整理する段階

健康の保持	心理的な安定	人間関係の形成	環境の把握	身体の動き	コミュニケーション
・補聴器の電池のON／OFF に気付き、自分で新しい電池に交換することができる。	・ねらいが明確だったり、指示をしっかりと理解できたりすると、集中して取り組むことができる。	・友達の気持ちを推し量ることが難しく、トラブルに発展することが多い。	・聞き取りによる理解は十分だが、分からない言葉を耳にしても聞き返さずに、分かったふりをしてしまう。	・身体を動かすのが好きで、運動神経もよい。 ・目と手の協応、手指の巧緻性が高い。	・自分の気持ちや考えを音声、身振りや手話を用いて、相手に伝わるように十分に表現することに課題がある。

②－2　収集した情報（①）を学習上又は生活上の困難や、これまでの学習状況の視点から整理する段階
（できていること） ・身体を動かしたり、指示が分かりやすかったりすると、集中して取り組む。（心） （困難さに関すること） ・自分の気持ちや考えを音声や手話を用いて、相手に伝わるように十分に表現することが難しい。（コ、心） ・自分の気持ちが最優先になってしまい、友達の希望を受け入れたり、相手の気持ちを推し量ったりすることも難しい。（心、人、コ） ・分からない言葉を耳にしても憶測で判断したり、分かったふりをしたりしてしまうことがある。また、発音に明瞭性が見られ課題となっている。（環、人、コ）

②－3　収集した情報（①）を卒業後（2年後）の姿の観点から整理する段階
・憶測で判断したり、分かったふりをしたりせず、聞き返しや確認ができるようになる。（人、環、コ） ・自分の考えを（その場や相手に合わせて）適切な言葉で伝えられるようになる。（心、人、コ） ・特に自分自身の中で興味・関心がある（得意としている）ものについては、名称と文字とを一致させながらしっかりと記憶し、周りの人に伝えられるようになる。（人、コ）

③　①をもとに②－1、②－2、②－3で整理した情報から課題を抽出する段階
・自分の気持ちや考えを身振りや手話を用いて、相手に伝わるように十分に表現することに課題がある。（コ、心） ・自分の気持ちが最優先になってしまい、友達の希望を受け入れたり、友達の気持ちを推し量ったりすることに課題がある。（心、人、コ） ・音、言葉の聴き分けが十分にはできておらず、憶測で判断したり、分かったふりをしたりしてしまうこともある。また、発音の明瞭性も十分ではなく、課題である。（環、人、コ）

④　③で整理した課題同士がどのように関連しているかを整理し、中心的な課題を導き出す段階
周囲の人とコミュニケーションをとることが好きで、自ら話しかける様子を多く見かける。しかし、場面によっては、相手の言っていることや意図していることの理解が十分ではなく、誤った理解をしたり、時には分かったふりをしたりして済ませてしまうことも少なくない。検査結果からも、発音の明瞭度はそこまで高くないため、コミュニケーションの中で自分の気持ちや考えを口にした時に、相手に十分に伝わっていないことを自覚している様子が見てとれる。この状況が続くことで、もともとは好きだったコミュニケーションにも消極的になり、結果的に自己肯定感が下がることにもつながりかねない。 　そこで、自分の言いたいことを伝える手段を確実なものにするために、発音指導を継続するほか、手話も活用するなど、相手や場面によって、選択して、使い分けられるように指導していく必要がある。その際、コミュニケーションが成立することの楽しさの実感が伴う、本人にとって必要感と必然性がある場を設定し、本人の意欲が持続し、主体的に取り組めるように工夫することに留意したい。また、発音の明瞭度や手話表現の豊かさなどの表面的なことだけに目を向けることなく、相手の意図やその場の状況を理解し、それに対して適切な言葉を選択することができるように、内容の面を豊かにしていくことにも注力する必要があると考える。 　相手や場面に合わせて適切な表現を用いて、分からない時に「分からない。」と言えること、さらには「もう一度言ってください。」と伝えられることなどが、周囲の人とのコミュニケーションをしっかりと成立させていくために必須であり、中心的な課題と位置付けて指導していく必要があると考える。

課題同士の関係を整理する中で今指導すべき指導目標として	⑤　④に基づき設定した指導目標を記す段階	
	知識・技能	・発音の明瞭度を高めるとともに、手話をより適切に用いることができる。
	思考・判断・表現	・相手に伝わらなかった、あるいは相手が言っていることが分からなかった時に、どうすればよいかを考えて、いくつかの方法を用いて行動することができる。
	学びに向かう力、人間性等	・様々な人と意欲的にコミュニケーションをとろうとすることができる。

指導目標を達成するために必要な項目の選定	⑥　⑤を達成するために必要な項目を選定する段階					
	健康の保持	心理的な安定	人間関係の形成	環境の把握	身体の動き	コミュニケーション
	(4) 障害の特性の理解と生活環境の調整に関すること。	(2) 状況の理解と変化への対応に関すること。 (3) 障害による学習上又は生活上の困難を改善・克服する意欲に関すること。	(1) 他者とのかかわりの基礎に関すること。 (2) 他者の意図や感情の理解に関すること。	(1) 保有する感覚の活用に関すること。 (3) 感覚の補助及び代行手段の活用に関すること。 (4) 感覚を総合的に活用した周囲の状況についての把握と状況に応じた行動に関すること。	(1) 姿勢と運動・動作の基本的技能に関すること。	(2) 言語の受容と表出に関すること。 (4) コミュニケーション手段の選択と活用に関すること。 (5) 状況に応じたコミュニケーションに関すること。

⑦　項目と項目を関連付ける際のポイント

- ＜発音や手話表現をより確実なものにするために＞（心）(3)、（環）(1)、（身）(1)、コ (2) を関連付けて設定した具体的な指導内容が⑧アである。
- ＜コミュニケーション手段を有効に活用するために＞（環）(3)、（人）(3)、コ (2) (4) (5) を関連付けて設定した具体的な指導内容が⑧イである。
- ＜いろいろな人と意欲的にコミュニケーションがとれるように＞（人）(1) (2)、（コ）(2) を関連付けて設定した具体的な指導内容が⑧ウである。

選定した項目を関連付けて具体的な指導内容を設定（計35時間）	⑧　具体的な指導内容を設定する段階		
	[ア] ア－1（10時間） 日本語の感性および発音の明瞭性を高めるために、発音・発語指導に取り組む。 ア－2（8時間） 正しい手話表現を身に付けるために、手話模倣をするとともに、聴覚障害教員をはじめとした多くの人と関わる。	[イ] イ－1（8時間） 相手に自分の意図したことが伝わらなかった時に、他の方法を試すことができるようになる（音声、手話、指文字、書記日本語など）。 イ－2（3時間） 自分の気持ちや考えを伝える時に、一つの言い方ではなく、別の言い方、別の手話表現を考えることができる。	[ウ] ウ－1（3時間） 担任や決まった友達のみならず、いろいろな人と自分からコミュニケーションがとれるようになる。 ウ－2（3時間） 話しかけられるのをただ待つのではなく、自分から話しかけることができるようになる。

指導内容について具体的に指導方法を設定	⑨　⑧を実施するために具体的な指導方法（段階、教材・教具の工夫、配慮など）を設定する段階		
	[ア] ア－1 ・構音として、特に明瞭度が低い音（サ行音やカ行音）も重点的に、指導をしていく。 ・目標をスモールステップで設定するほか、発音要領図やＳインジケーター（Ｓ音視覚表示機器）を用いることで、本人も発音明瞭度の向上を実感しながら、主体的に取り組めるように指導する。 ア－2 ・手話表現で曖昧な表現、あるいは誤用がある場合には、口声模倣ならぬ手話模倣を誘導し、正しい表現に触れさせる。	[イ] イ－1 ・本人がこれまでに困った場面をもとに、想定されるシチュエーションでのコミュニケーションをシミュレートする。 イ－2 ・困った場面に直面した時にどう対応すればよいか、いくつかの定型文や方法を記憶しておけるよう、使用頻度が多く、汎用性が高い方法を身に付けられるよう指導する。 ・相手に十分に伝わらなかった時に、言い方を変えてみたり、手話表現を工夫してみたりする等、バリエーションを増やせるよう、多様な表現に触れさせる。	[ウ] ウ－1 ・担任のみならず、他のクラスや学部内の教員に協力してもらい、日頃接しない教員とも必要感のあるコミュニケーションの場を設ける。 ・指導計画の中に、目標を達成するためには、周囲の者とコミュニケーションをとなければならない必然的な場面をつくる。 ウ－2 ・第一声で何を言うか、要は何を伝えたいのかなど、ある程度言う内容を事前に考えてから、整理してから話しかけるよう指導する。

⑩　　各教科等との関連（指導場面、指導内容、指導方法）を設定する段階　＜関連する教科等のみ記載＞	
国語	音読に対して教師から丁寧にフィードバックし、本人が自ら発音を意識できるようにする。
社会	他の友達に伝える表現力を高めるとともに、発表者の方を見るなど、傾聴態度も育てる。
算数	計算の手順などを友達に伝える際に、話す内容を整理し、順序立てて話せるようにする。
理科	実験の結果をまとめる際に、同じ構文を繰り返し使用することで、言い回しを習得させる。
音楽	歌を歌う時には、発音を意識させるほか、フィードバックのためのビデオ撮影なども取り入れる。
図画工作	
家庭	
体育	他学年の児童と合同での学習に際し、自ら声をかけられるようにする（体育は他学年と合同）。
外国語活動／外国語	聞き取れなかったところや、発音が正しく伝わらない時に、書くなど他の方法で対応する。
道徳	聞こえない・聞こえにくい者の立場で、どうすればできるようになるのかを考えられるようにする。
総合的な学習の時間	自分のクラスの中だけではなく、他学年や他学部とも、合同で活動できる場をつくる。
特別活動	調べ学習の中で、いろいろな人に自ら話しかけたり、質問したりできるようにする。

⑪　指導経過（⑧の指導内容、⑨の指導方法に対する指導経過）			
1学期	ア ・発音明瞭度を把握し、発音指導に取り組むと、その場では、あるいは単音では出すことができるようになってくる。 ・苦手な音については、やはり明瞭度を一気に上げることは難しい。	イ ・何度か繰り返しても伝わらないことがあると、途中で諦めてしまうことが多い。 ・相手の言っていることが分からない時に、分かったふりをしていることがある。	ウ ・クラスの友達や担任以外に話しかけられても、何を話せばよいのか分からず、黙ってしまうことが多い。
2学期	ア ・発音要領図や歯列模型を用いて、意識して舌を動かす活動を取り入れる。高学年らしく、頭で理解しながら取り組めた。 ・手話に誤りがあった場合、教員の手話表現を模倣させながら、やりとりをする。	イ ・分からない時に「分からなかった。」と言えることができたが、「何をしてほしいのか」までは、伝えられなかった。	ウ ・事前に質問を考えたうえで、教員に質問に行くと、用意していたものについては、スムーズにやりとりすることができた。 ・しかし、追加質問を考えたり、急な問いにはすぐ対応できなかったりする様子が見られた。
3学期	ア ・苦手な発音に取り組む場合には、発音の精度を視覚的に把握することで、フィードバックしながら取り組んだ。手掛かりがあると、明瞭に発音できるようになってきたが、語になると、特に語中音が崩れてしまうことが多い。	イ ・分からない時に、促されなくとも「もう一度言ってください。」と言うことができた。 ・伝わらなかった場合に、他の言い方を考えたり、他の手段を考えたりすることの重要性を実感してきているようだ。	ウ ・事前に用意をすることで、自信をもってコミュニケーションをとれる機会が増えてきた。 ・同じ質問でも、質問する相手によって答えが違うため、いろいろな人とコミュニケーションをとることに楽しさを覚えてきた。

⑫－1　　自立活動の学習評価（⑤の指導目標に対する学習評価）　◎よくできた　〇できた　▲できなかった			
	知識・技能	思考・判断・表現	主体的に学習に取り組む態度
年間の評価	◎手話表現も自ら模倣し、必要に応じて使用する場面が増えてきた。 〇発音が不明瞭であっても、口形を意識して言い分けられるようになってきた。 ▲模倣する場合に、語尾になるにつれ、曖昧になることが多い。	◎「もう一度言ってください。」など、適切な言い方で、相手に伝えることができた。 ▲常に同じ言い方が多く、その時の場面や相手に合わせて、伝える方法や内容を、使い分けることまではできていない。	〇事前に質問を準備することで、意欲的に活動に取り組めるようになってきた。 ▲教員と話すことが増えても、他のクラスの児童とは、なかなかコミュニケーションをとれずにいる。
その他	▲話しながら発話内容をセルフモニタリングし、教員から指導された内容を思い出すことで修正するなどの様子が見られなかった。		

⑫−2　各教科等の関連評価（⑩の各教科等を通して）　　＜関連する教科等のみ記載＞　　◎○▲で評価	
国語	○語の区切りや発音を意識することで、読みのたどたどしさが和らいできている。
社会	○発表者の方に姿勢を向けて、話を聞くことができる。 ▲教員には言うことはできても、友達に対して、「もう一度」などと言うことは難しい。
算数	▲聞いている人が分かりやすいように、論理的に、順序立てて話すことは難しい。
理科	○発表者の方に姿勢を向けて、話を聞くことができる。
生活	
音楽	▲自分の歌唱場面の記録映像を確認するが、それをもとに適切に修正することは難しい。
図画工作	
家庭	
体育	○低学年の児童が話しかけてきた時には、答えることができている。
外国語活動／外国語	○英語の発音が相手に正しく伝わらなかった時に、それに気付き、書いて伝えることができた。
道徳	○自分の得意・不得意について、少しずつ自覚してきている。そこで、どうすればよいかを考える場面が増えてきている。
総合的な学習の時間	○教師に対しては、事前に質問を用意して声をかけることができた。 ▲用意していない追加質問を求められた時には困り、結果的に黙ってしまうことが多い。
特別活動	▲低学年の児童であっても、自分から声をかける場面は少ない。

⑬　指導計画の作成から実施までの全般的な評価（よかった点、改善すべき点、意見など）	
実態把握 指導目標	・指導目標の設定から指導、そして評価に至るまで、一方的に決定し指導するのではなく、常に当該児童に自覚させ、納得させながら指導にあたれた点はよかった。高学年ということもあり、本人が自らの課題を自覚することで、主体的に取り組むことができた。
指導内容 指導方法	・年度当初に、学部内で当該児童の課題や指導目標について共通理解を図っていた。そのため担任のみならず、教科担当者にも指導内容を伝えることができ、結果として全体で指導にあたれたことは効果的であった。
教科等との関連	・関連する教科等においても、必要に応じて適宜、指導することができた点はよかった。ただ一方で、必要以上に言語指導の時間ばかりに充ててしまうことがあったため、気を付ける必要があった。
指導経過 学習評価	・口声模倣、あるいは手話模倣の指導をする際にも、音声が尻すぼみになってしまうことや、手話表現の語尾が曖昧になることもあるため、最後までしっかりと模倣させる必要があった。 ・自分から話しかけるには、ある程度の自信が必要であることから、スモールステップでその都度評価し、自信をつけながら指導することが重要である。また、自校肯定感の高める指導や支援に、さらに注力していくべきである。
本人の意見 本人用シート	・「もう一度言ってください。」と言って、きちんと伝えることができた。 ・先生以外には、なかなか話しかけることができなかった。
保護者の意見	・以前より「それって、どういうこと？」と分からない時に聞いてきたり、「つまり、こういうこと？」と内容を確認してきたりすることが増えてきたような気がするといった意見があった。
その他	・自分の発言内容が、相手に対してどのような印象を与えたか、相手の反応をうかがうとともに、自分自身の言動を振り返ることができるような、モニター機能を働かせられるように促した方がよいと感じた。 ・○○な時に、果たして何と言えばよいのか。多様な相手とのコミュニケーションの経験が十分ではないため、多角的・多面的な視点でもって教師が意図的に声をかけ、計画的に当該児童を揺さぶることで、自分自身の課題と向き合い、改善に向かうことができるよう指導する必要があると感じた。

⑭　次年度への引継ぎ事項（変更点、要望など）	
担任・担当者へ	・決まりきった言い方や一つの手話表現にとらわれることなく、多様な表現に触れる中で、その時の最適解を自分の中で導き出せるような指導を継続してほしい。 ・セルフモニタリングを働かせられるように、一つ一つの発話に対してフィードバックする際、ビデオ録画するなどして、自分自身で気付けるようにできたことは効果的であった。 ・児童自身に考えさせたうえで、可能な限り「○○したらよい」と具体的な改善策を提示した方がよいと思われます。
本人・保護者へ	・○○な時にどうしたらよいかを考える時に、すぐに答えを教えるのではなく、まずは「どうしたらよいか」を自分で考えさせ、一緒に考える態度を見せながら支援してあげてほしい。
その他	・その時々で、その場そして相手に対して相応しい表現は変わるため、いわゆる即事即情を徹底し、その時その場での指導を大切にすることが必要です。 ・ナラティブの構成要素をもとに、発話の内容を整理し、模範を示し、模倣させながらの指導が必要である。

自立活動の学習

小学部　5年　2組　名前　田中　雄介

自分の得意なことや苦手なこと、困っていること

健康について（健康の保持）
・ちょっと朝が苦手だけど、元気に毎日学校に通っています。

自分の気持ちについて（心理的な安定）
・見て分かるように説明してくれたら、安心して、集中して取り組めます。

人付き合いについて（人間関係の形成）
・分かったふりをすることや、伝わらなくて、ケンカになることがあります。

周りの感じ方について（環境の把握）
・聞こえてはいるけど、言われたことをかんちがいすることもあります。

体の動きについて（身体の動き）
・体を動かすことが好きで、スポーツはなんでも得意です。

友達や周りの人との会話について（コミュニケーション）
・「自由に話しなさい」と言われると、何を話せばいいのかわかりません。

1年間の目標

① 知識・技能
・相手にしっかり伝わるように、発音や手話が上手になりたい。

② 思考・判断・表現
・言ってることが相手に伝わらなかったり、相手の言っていることが分からなかったりしたときに、ちゃんとかいけつできるようになりたい。

③ 学びに向かう人間性
・いろいろな人ともっともっとコミュニケーションをとりたい。

学習の内容や方法

・発音練習の絵やカガミを見て、舌のいちや、くちびるの形を意しきしながら発音練習をする。
・先生の手話をまねして、みんなに伝わるように、上手におしゃべりする。
・質問する内容をじゅんびして、自分からせっきょく的に先生にしつもんしに行く。

ふり返り

〇できた　▲むずかしかった

1学期
〇発音や手話を意しきして、伝えることができた。
▲分からないのに、分かったふりをしてしまうときがあった。

2学期
〇分からないときに「分からない。」と言うことができた。
▲じゅんびした、しつもんいがいには、その場の思いつきで考えたりすることができなかった。

3学期
〇「もう一度言ってください。」と言って、きちんと伝えることができた。
▲先生以外には、なかなか話しかけることができなかった。

　特別支援学校（重度重複障害）、小学部 4 年

自分や周囲の状況への気付きや、相手への働きかけの手段を改善するための指導

「自立活動の個別の指導計画」

名　前	やまうち かずま 山 内 一 馬	性別	男	学部・学年	小学部 4 年 2 組
障害名 診断名	染色体異常（山形市立総合療育センター・山居次郎 Dr、出生時）、 精神運動発達遅滞、両側難聴（山形市立総合療育センター、3 歳 2 か月時）				
検査結果 手帳取得	遠城寺式　DQ34（運動 1 歳 1 か月、探索・操作 1 歳 5 か月、社会 1 歳 9 か月、食事・排泄・生活習慣 1 歳 3 か月、理解・言語 1 歳 6 か月）、（加納達教諭、小学部 3 年） 療育手帳A取得（4 歳時取得、小学部 3 年時更新）				
指導期間	令和 2 年 4 月〜令和 3 年 3 月（1 年間）		指導時数	特設：年間 140 時間（週 4 時間）	
指導場所	教室、廊下、校庭等		指導者	担任（石澤康至教諭）	
関係者等	主治医（山形市立総合療育センター・山居次郎 Dr.）				
合理的配慮 （観点）	・歩行を補うために、必要に応じバギー及び歩行器を使用する。（①−1−1） ・気管カニューレを挿入し人工鼻を使用している。（①−2−1） ・難聴のため補聴器を使用する。（①−2−1） ・1 時間に 1 回程度医ケアによる吸引を行う。（①−2−3） ・ゼリー状の水分を持参し、こまめに水分を摂取する。（①−2−3） ・感染症の病気になった場合に重症化が懸念されるため、毎朝バイタル確認（検温、SpO₂ 測定）を行う とともに、罹患のおそれのある人や罹患者がいる場合は別室での学習を行う。（①−2−3）				

---

① 障害の状態、発達や経験の程度、興味・関心、学習や生活の中で見られる長所やよさ、課題等について情報収集

・むせるような呼吸になったり人工鼻を外そうとしたりすることで、痰の詰まりを知らせる。
・疲れたり足が痛かったりすると、歩行器を使っての歩行やつかまり立ちを嫌がったり泣き出したりすることがある。
・神経質でストレスがある。詳しい原因は分からないが、円形脱毛が数か所ある。
・周りの大人を見つけると、手を伸ばしタッチでのかかわりを求める。
・友達の活動の様子を見ていて、声を出して笑ったり手差しと発声をしたりすることがある。
・後方での物音に対しては顔を向けたり、体を動かしたりして反応する。
・尻ばいでの移動ができる。手すりにつかまり立ちすることで短い距離（10m 程度）を歩くことができる。歩行器を使用することである程度の長い距離（400m 程度）を歩くことができる。
・教室の外での活動が好きで、歩行器やバギーに手を伸ばして散歩に行きたいことを伝えたり、尻ばいで教室から廊下に出ようとしたりする。
・日常で繰り返し聞く音声言語による簡単な指示については、指示の内容を大体理解して行動できる。
・欲しい物をつかんで引き寄せたり、嫌な時は手で払いのけたりする。

---

②−1　収集した情報（①）を自立活動の区分に即して整理する段階

健康の保持	心理的な安定	人間関係の形成	環境の把握	身体の動き	コミュニケーション
・自身の体調不良や疲れを十分に自覚できていない。 ・自力排痰を行うことが困難である。	・意にそぐわないがあると、泣く、手で払うなどして訴える。 ・ストレスが溜まりやすい。 ・楽しい時に声を出して笑う。	・周りの大人や友達に自分から関わろうとする。 ・手を伸ばしタッチでのかかわりを求める。	・一対一での正面からの音声言語での指示を聞き取ることができる。 ・後方からの物音に気付く。	・尻ばいや歩行器を使用して移動ができる。 ・短い距離なら手すりにつかまり立ちをして歩くことができる。	・周りの大人とタッチをして挨拶することができる。 ・欲しい物や行きたいところを、手を伸ばして伝える。

②－2　収集した情報（①）を学習上又は生活上の困難や、これまでの学習状況の視点から整理する段階

・人工鼻の痰の詰まりや疲れ、痛みなどを直接的行動で示すことができるが、事前に体調の変化に気付いて知らせたり休憩を求めたりすることは難しい。（健、心）
・移動は尻ばいでの移動や歩行器を使っての移動が中心となり、行きたいところへ自由に行くことができない。（環、身）
・周りの大人や友達と関わることが好きだが、受け身のかかわりになりやすい。（人、コ）
・タッチやクレーン動作等の行動で自分の意思を伝えることはあるが、絵カードや文字、身振り等を用いて意思を詳細に伝えることは難しい。（コ）

②－3　収集した情報（①）を卒業後（3年後）の姿の観点から整理する段階

・事前に様々な体調の変化に気付き自分で知らせたり、自分の体調に応じた活動を選択したりすることが難しい。（健、心）
・自分の行きたいところに行ったり危険に気付いて回避したりなどの移動がスムーズに行えない。（環、身）
・周りの人に積極的に関わり、必要に応じて支援を依頼することが難しい。（人、コ）
・絵カードや文字、身振り等を用いて自分の意思の詳細を伝えることが難しい。（コ）

③　①をもとに②－1、②－2、②－3で整理した情報から課題を抽出する段階

・自分の体調の変化についての理解に課題がある。（健、心）
・スムーズな移動を行うために、長距離の歩行が行える体力を付けたり、つかまって立ち上がる動作を身に付けたりする必要がある。（環、身）
・絵カードや文字、身振り等を用いたコミュニケーション手段を獲得する必要がある。（人、コ）

④　③で整理した課題同士がどのように関連しているかを整理し、中心的な課題を導き出す段階

　人工鼻の痰の詰まりや疲れ、痛みなどに対しては自分から反応を示すことができているが、自分の体調の変化との関連についての理解はできていないことが想定される。周りの大人の支援を受けながら、体調の変化との関連を知るとともに、体調の変化を知らせるための絵カードや文字、身振り等を用いたコミュニケーション手段の獲得が必要である。つかまり立ちでのスムーズな移動ができるために体力を付けたり、動作を身に付けたりする必要がある。
　また、尻ばいでの歩行やつかまり立ち、歩行器での移動等の移動手段を行きたい場所に応じて選択できる力も身に付ける必要がある。自分からスムーズに移動できるようになることで、行きたい場所に行けるだけでなく、関わりたい相手に自分から近付いてコミュニケーションをとることも可能となると考える。
　体調の変化を伝えたり周りの大人や友達と関わったりする際に、絵カードや文字、身振り等を用いたコミュニケーション手段を用いることで、自分の意思をより詳細に相手に伝えることが可能となる。また、自分の意思の詳細が相手に伝わることでストレスの緩和も期待できると考える。

課題同士の関係を整理する中で今指導すべき指導目標として	⑤　④に基づき設定した指導目標を記す段階	
	知識・技能	・自分や周囲の状況（体調、天気、天候）を理解し、状況に応じた活動に取り組むことができるようにする。
	思考・判断・表現	・自分と周囲の状況から選択できる活動を考え、手を伸ばしたり発声したりすることで、自分の意思を周囲の大人に伝えることができるようにする。
	学びに向かう力、人間性等	・状況に応じて活動を選択することの大切さに気付き、自分や周囲の状況に応じた活動を楽しもうとする態度を養う。

指導目標を達成するために必要な項目の選定	⑥　⑤を達成するために必要な項目を選定する段階					
	健康の保持	心理的な安定	人間関係の形成	環境の把握	身体の動き	コミュニケーション
	(2) 病気の状態の理解と生活管理に関すること。	(3) 障害による学習上または生活上の困難を改善・克服する意欲に関すること。	(2) 他者の意図や感情の理解に関すること。 (3) 自己の理解と行動の調整に関すること。	(5) 認知や行動の手掛かりとなる概念の形成に関すること。	(3) 日常生活に必要な基本動作に関すること。 (4) 身体の移動能力に関すること。	(2) 言語の受容と表出に関すること。

⑦　項目と項目を関連付ける際のポイント
・<自分や周囲の状況をから状況に応じた活動を理解できるように>（健）(2) と（人）(2) と（環）(5) と（身）(3) を関連付けて設定した具体的な内容が⑧アである。 ・<複数の活動の中からやりたい活動を選択し楽しむことができるように>（心）(3) と（人）(3) と（環）(5) と（身）(3) と（身）(4) と（コ）(2) を関連付けて設定した具体的な内容が⑧イである。 ・<状況に応じて目的地や移動手段を選択し移動することができるように>（心）(3) と（人）(3) と（環）(5) と（身）(3) と（身）(4) と（コ）(2) を関連付けて設定した具体的な内容が⑧ウである。

	⑧　具体的な指導内容を設定する段階		
選定した項目を関連付けて具体的な指導内容を設定 (計140時間)	[ア] ア－1（20時間） 写真を見て、周囲（天気）の状況に合うものを選べるようになる。 ア－2（20時間） イラストを見て、自分や周囲の状況（天気）に合うものを選び、自分や周囲の状況に応じた活動を知ることができるようになる。 ア－3（10時間） イラストを見て、自分や周囲（天候）の状況に合うものを選び、自分や周囲の状況に応じた活動を選ぶことができるようになる。	[イ] イ－1（20時間） 具体物を見て、自分や周囲の状況に応じた活動の中から自分のやりたい活動を選ぶことができるようになる。 イ－2（20時間） 写真カードを見て、自分や周囲の状況に応じた活動の中から自分のやりたい活動を選び、もう一度やりたいことを表現することができるようになる。 イ－3（10時間） 絵カードを見て、自分や周囲の状況に応じた活動の中から自分のやりたい活動を選び、もう一度やりたいことを周囲の大人に伝えることができるようになる。	[ウ] ウ－1（20時間） 写真カードを見て、自分や周囲の状況に応じた目的地の中から自分の行きたい場所を選ぶことができるようになる。 ウ－2（20時間） 絵カードを見て、自分や周囲の状況に応じた目的地の中から自分の行きたい場所と、目的地に応じた移動手段（尻ばい、歩行器、つかまり立ち、バギー）を選んで移動することができるようになる。

	⑨　⑧を実施するために具体的な指導方法（段階、教材・教具の工夫、配慮など）を設定する段階		
指導内容について具体的に指導方法を設定	[ア] ア－1 ・周囲（天気）の状況を、写真から選ぶことができるように、タブレット型端末を活用する。 ア－2 ・自分の状況を、選ぶことができるように、体温計を活用する。 ・自分や周囲の状況に応じた活動をイラストで伝えるためにタブレット型端末を活用する。 ア－3 ・自分や周囲（天候）の状況を、選ぶことができるように、パルスオキシメーターや温度計を活用する。 ・複数の活動の中から選ぶことができるように、タブレット型端末に複数の活動イラストを準備する。	[イ] イ－1 ・自分のやりたい活動を選ぶことができるように、日常の余暇でよく手にする音振動のある玩具や感触の楽しめる玩具等の具体物を提示する。 イ－2 ・活動を選ぶ時に、写真カードを活用する。 ・「もう一度やりたい」ことを表す、要求動作を本人の動作の中から選び、意味付ける。 イ－3 ・活動を選ぶ時に、視覚的に捉えやすいイラストの絵カードを活用する。 ・周囲の大人に要求動作が表れた場合に、カードで気持ちを伝えることができるように、「もう一度やりたい」ことを表すカードを準備する。	[ウ] ウ－1 ・期待感をもって、行きたい場所を選べるように、「畑で水掛けをする」や「図書館で本を借りる」など、目的地ごとに興味・関心がもてる活動を設定し、目的地の写真カードを準備する。 ・目的地の写真カードと一緒に移動手段で使う物を提示する。 ウ－2 ・目的地ごとに興味・関心がもてる活動を設定し、それらが分かりやすいイラストの絵カードを準備する。 ・移動手段（尻ばい、歩行器、つかまり立ち、バギー）で使う物を提示し、目的地までの移動手段を選べるようにする。

⑩　各教科等との関連（指導場面、指導内容、指導方法）を設定する段階　＜関連する教科等のみ記載＞	
日常生活の指導	余暇時間において、自分や周囲の状況に応じた活動を選択する。
遊びの指導	自分の体調に気付き、遊びへの参加の有無や休憩の必要などを選択できるよう指導する。 自分や周囲の状況に応じた遊びの中からやりたい遊びを選択する。 遊びに応じた移動手段を選択する。
生活単元学習	自分の体調に気付き、活動への参加の有無や休憩の必要などを選択できるよう指導する。 活動に応じた移動手段を選択する。
特別活動	自分の体調に気付き、行事等への参加の有無や休憩の必要などを選択できるよう指導する。

⑪　指導経過（⑧の指導内容、⑨の指導方法に対する指導経過）		
1学期	**ア** ・自分や周囲の状況を二択で提示すると、どちらかに手を伸ばせるようになった。 ・タブレット型端末の画面に直接触れて選択した。	**イ** ・やりたい活動を写真カードの二択で提示すると、自分の好きな活動に手を伸ばした。 ・選んだ玩具を渡すとしばらく遊んで手放した。	**ウ** ・自分や周囲の状況に応じた目的地を写真カードの二択で提示すると、自分の行きたい場所の方に手を伸ばした。
2学期	**ア** ・天気は窓の外を見て提示した二択のイラストから合う方を選んだ。天気を教師と一緒に確認すると、提示した二択のイラストから合う方を選んだ。 ・自分の体調は決まって「元気」のイラストを選んだ。	**イ** ・活動後に、もう一度遊びたい時には手を伸ばして伝える行動を要求行動とした。何度か要求行動をして繰り返し遊ぶことができた。	**ウ** ・自分や周囲の状況に応じた目的地を絵カードの二択で提示すると、自分の行きたい場所の絵カードを取った。 ・尻ばいで移動したい時には手で払うような仕草をした。
3学期	**ア** ・体温計やパルスオキシメーターを教師と一緒に確認し教師が本人の体調を伝えると、提示した二択のイラストから合う方を選んだ。 ・温度計で天候を教師と一緒に確認すると、提示した二択のイラストから合う方を選んだ。	**イ** ・やりたい活動を絵カードの三択で提示すると、自分の好きな活動の絵カードを取って教師に渡した。 ・選んだ絵カードの玩具を渡すとしばらく遊ぶと教師に返した。	**ウ** ・自分や周囲の状況に応じた目的地を絵カードの三択で提示すると、自分の行きたい場所の絵カードを取って教師に渡した。

⑫－1　自立活動の学習評価（⑤の指導目標に対する学習評価）　◎よくできた　○できた　▲できなかった			
	知識・技能	思考・判断・表現	主体的に学習に取り組む態度
年間の評価	◎二択の提示から天気を自分で判断することができた。 ○体調や天候は教師と一緒に確認し、二択の提示から教師に伝えられた方を選んだ。 ▲問いかけに応える活動が主で自分から自分や周囲の状況を伝えることがほとんどなかった。	◎三択の絵カードから自分のやりたい活動や行きたい目的地の絵カードを選んで教師に渡すことができた。 ◎絵カードを渡す時に発声を伴い「やりたい。」「行きたい。」という意思を示すことが多かった。 ○タブレット型端末に触れて選択した。 ▲「やりたくない。」や「行きたくない。」の選択肢がなかった。	◎体調、天気、天候によって選択できる活動が変わっても、納得して取り組むことができた。 ○絵カードを使うと自分の意思が伝わることを経験し、周りの大人に対して身振りや発声でアピールしようとすることが増えた。 ▲自分から体調に気付こうとする態度を養っていく必要がある。
その他	○使い終わったカードや道具は教師に手渡しで返すことができた。		

⑫－2　各教科等の関連評価（⑩の各教科等を通して）　　　＜関連する教科等のみ記載＞　　　◎○▲で評価	
日常生活の指導	◎朝の会後の余暇の場面では、「音楽を聴く」「校内を散策する」などの自分や周囲の状況に応じた余暇の過ごし方を提示すると、自分のやりたい活動の絵カードを選ぶことができた。
遊びの指導	◎プレイルームでの遊びの場面では、タブレット型端末で教師と一緒に自分や周囲の状況を確認し、自分や周囲の状況に応じた「教師と一緒にトランポリンに乗る」「ボウリングをする」などの遊びを提示すると、自分のやりたい遊びの絵カードを選ぶことができた。 ▲グラウンドへ遊びに出掛ける場面では、歩行器、バギー等の移動手段を提示しても、手で払うような仕草で尻ばいでの移動手段を選ぶことが多かった。
生活単元学習	○学習の途中で体調が心配される場面では、パルスオキシメーターを教師と一緒に確認しタブレット型端末を提示すると「元気じゃない」のイラストを選んで休憩をとることができた。 ◎校外への散歩に出掛ける場面では、歩行器、バギー、手すり等の移動手段を提示すると歩行器を選ぶことができた。
特別活動	○始業式や終業式等の行事のある日の登校後の場面では、タブレット型端末で教師と一緒に体調を確認し行事への参加の有無を選んだ。

⑬　指導計画の作成から実施までの全般的な評価（よかった点、改善すべき点、意見など）	
実態把握 指導目標	・「自分の体調に自分で気付く」ことは実態から難しかったと考える。本人が「体調が悪いというのは（体のどの部分）が（どのような様子）になっている」ということが考えることができるよう、指導目標及び指導内容を改善すればよかった。
指導内容 指導方法	・周りの大人や友達に自分の意思を伝達する際に、自分からの働きかけるための手段が身に付くようにすればよかった。 ・好きなものを選ぶことができるが、状況に応じた適切なものを選ぶのは難しい場面が多かった。どちらの選択場面なのかが本人に伝わりやすいように検討すべきであった。
教科等との関連	・写真カードや絵カードの提示の仕方が指導者によって異なる場面があった。指導者間で統一しておく必要があった。
指導経過 学習評価	・選択場面では、よりたくさんの選択肢の中から適切なもの選ぶことができるように改善すればよかった。
本人の意見 本人用シート	・「三観点の目標」や「学習の内容や方法」では、本人や保護者の意見を十分に引き出すことが難しかった。本人や保護者の意見を十分に引き出すことができるようにすればよかった。
保護者の意見	・本人用のシートは保護者も一緒になって作成できてよかったといった意見があった。特に「学習の内容や方法」は教師と相談できたことで具体的なイメージがもててよかったとの意見があった。
その他	

⑭　次年度への引継ぎ事項（変更点、要望など）	
担任・担当者へ	・自分の体調を意識できるように「○○が痛い」「疲れた」等の具体的な選択肢の用意が必要です。 ・教師の問いかけや絵カードの提示の仕方を変えることで、好きなものを選択する場面と状況に応じたものを選択する場面を明確に分けるようにすると理解しやすいと思われます。 ・選択場面では、タブレット型端末や絵カードで提示する選択肢を徐々に増やしていくようにするとよいと思われます。 ・周りの大人に働きかける際に相手の体の一部を叩いたり発声をしたりするなど、相手の意識を自分に向けることができるような指導を加えてほしい。 ・本人シートの作成にあたって、本人や保護者の意見を十分に引き出すことができるよう時間を保障してほしい。 ・絵カードの提示は、本人がゆっくりと考えることができる時間、よく見える距離や位置など、担当全員で共通理解し、統一して実施するようにしてほしい。
本人・保護者へ	・「目標」や「学習の内容や方法」について、実際にどうなりたいかを具体的にイメージして自由に意見を聞かせてほしい。
その他	

自立活動の学習

しょうがく部　4年　2組　名前 やまうち　かずま

＜本人・保護者と一緒に作成＞

自分の得意なことや苦手なこと、困っていること

健康について（健康の保持）

・げんきなときは たのしくかつどう できる。
・くるしくなったら おしえたい。

自分の気持ちについて（心理的な安定）

・やりたいことや いきたいばしょを つたえたい。

人付き合いについて（人間関係の形成）

・せんせいや ともだちが すき。
・じぶんから かかわりたい。

周りの感じ方について（環境の把握）

・みのまわりの ものを しりたい。
・まわりのひとの いっていることを しりたい。

体の動きについて（身体の動き）

・ほしいものを とりたい。
・さまざまなところに いきたい。

友達や周りの人との会話について（コミュニケーション）

・じぶんの おもってることを つたえたい。

1年間の目標

① 知識・技能　　・じぶんの できることを しり かつどうする。

② 思考・判断・表現　　・じぶんの やりたいことを つたえる。

③ 学びに向かう人間性　　・じぶんで えらんだかつどうを たのしむ。

学習の内容や方法

・タブレットを つかって たいちょうや てんきなどを えらぶ。
・やりたいことを えらんで せんせいに つたえる。
・しりばい、ほこうき、つかまりだち、バギーなど さまざまな しゅだんで いどうする。

ふり返り

〇できた　▲むずかしかった

1学期 ➡ 〇2まいの しゃしんカードから じぶんの すきなものを えらぶことが できた。
〇タブレットを さわることが できた。

2学期 ➡ 〇えらんだ えカードを せんせいに わたせた。

3学期 ➡ 〇3まいの えカードから じぶんの すきなものを えらぶことが できた。
▲しりばい、ほこうき、つかまりたち、バギーを えらぶのが むずかしい。

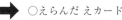

127

認知する力や手指の巧緻性を高め、自信をもって学習に取り組めるようになるための指導

「自立活動の個別の指導計画」

名　前	おだ　のぶお 織　田　信　夫	性別	男	学校・学年	関原小学校２年さくら学級 特別支援学級（知的障害）
障害名 診断名					
検査結果 手帳取得					

障害名 診断名	知的発達症（岐阜県立関原療育センター・石田一成 Dr、６歳時） てんかん（ミカワ総合クリニック・豊川稲子 Dr、小学校１年時）、服薬（デパケン錠 200mg、朝１回）
検査結果 手帳取得	田中ビネーⅤ　IQ65（岐阜県立関原療育センター・明智光子公認心理師、６歳時） 療育手帳Ｂ取得（小学校１年時）

指導期間	令和２年４月～令和３年３月（１年間）	指導時数	特設：年間 70 時間（週２時間）
指導場所	教室他	指導者	担任（山口純枝教諭）

関係者等	主治医（ミカワ総合クリニック・豊川稲子 Dr）、大学研究室の個別指導（西海大学・今川義基教授）
合理的配慮 （観点）	学習能力に応じて、☆本や通常の教科書の内容を取捨選択して学習に取り組ませる。（①－１－２） 服薬により、午前中に集中力に欠けたり眠くなったりするので学習を調整する。（①－１－２） 指導中や活動中に、てんかん誘発になる「興奮」を避け、「光る物」を提示しない。（①－２－３） てんかん発作が起こった時は、養護教諭と連携して対応するが、発作が５分以上続く場合は救急搬送する。（③－２）

---

①　障害の状態、発達や経験の程度、興味・関心、学習や生活の中で見られる長所やよさ、課題等について情報収集

・身辺自立はほぼできているが、何かに夢中になるとトイレに行くことを忘れてしまうため排泄の失敗が時々ある。
・手先が不器用なため、衣服の小さなボタンはめには、時間がかかる。
・人懐っこく、誰にでも話しかけるが、発音がやや不明瞭で早口なため、言いたいことが伝わらないことがある。
・学習の中で苦手なことはやろうとしないが、得意なことは進んでやろうとする。
・ひらがな・カタカナは、ほぼ読めたり書けたりでき、漢字は１年生の新出漢字の 50％程度理解している。
・筆圧が弱く、読み取れない文字がある。
・繰り上がり、繰り下がりのある二桁の計算ができる。
・交流及び共同学習で同学年の子どもと活動する時は下を向いていることが多く、自信がない様子が見られる。
・校外学習では道順や方角が分からなくなってしまい、集団から離れてしまうことがある。
・指先が不器用で、糊付けやはさみで切ることがうまくできず、作品の出来栄えが悪いと落ち込んでしまう。
・教師の手伝いをしたり、下学年の子のお世話をするのが好きである。
・ゲームのルールがなかなか覚えられずに、友達とトラブルになることがある。
・自分の思い通りにならないと、すねて座り込む。
・てんかん発作の服薬をしているが、半年に１度程度、学校で発作が起こる。家庭では小さな発作が時々ある。

---

②－１　収集した情報（①）を自立活動の区分に即して整理する段階

健康の保持	心理的な安定	人間関係の形成	環境の把握	身体の動き	コミュニケーション
・てんかん発作の影響により、体調が悪い時がある。	・思い通りにならないと、学習に取り組めなくなる。 ・うまくいかない活動には自信がもてず、落ち込んだり、下を向いたりする。	・人とのかかわりが好きだが、自ら関係をつくろうとしない。 ・他者のために何かをしたいという思いはある。	・自分のいる場所や進む道順が分からなくなる。 ・見本通りに書くことができない。	・手先の不器用さがあり、ボタンはめがうまくできない。 ・なわとびやはさみ等の道具がうまく使えない。	・発音がやや不明瞭で、早口なため、相手に言いたいことが伝わらないことがある。

②－2　収集した情報（①）を学習上又は生活上の困難や、これまでの学習状況の視点から整理する段階

・気持ちの浮き沈みは、本人の自信のなさや意欲の問題もあるが、体調の影響を受けているということも考えていく必要がある。（健、心）
・結果が伴わない経験が多く、自信のなさにつながっている。（心）
・学習への意欲は感じられるが、手先の不器用さがあることで、作業的なことや道具を使うことがうまくできず、運動ができない、きれいな作品ができない等、学習の成果が上がらない。（身）
・位置、方向、遠近の概念が十分に形成されていない。（環）
・発音の不明瞭さと早口により円滑なコミュニケーションができない。（コ）

②－3　収集した情報（①）を卒業後（5年後）の姿の観点から整理する段階

・学習活動に参加するには体調管理も重要であるため、自分の体調に気を付けることの大切さを意識し、体調が悪い時は周りの人に伝えることができるようにしたい。（健、心、コ）
・手指の巧緻性を高め、できるという達成感を味わい、自信をもって学習に取り組むことができるようにする。（心、環、身）
・位置、方向、遠近の概念を身に付け、適切な行動が取れるようにする。（環）
・相手に伝わるような話し方を身に付け、円滑なコミュニケーションができるようにする。（人、コ）

③　①をもとに②－1、②－2、②－3で整理した情報から課題を抽出する段階

・体調が悪くても伝えることができない。（健、コ）
・できないことがあると自己肯定感が低くなり、イライラし、活動に取り組めない。（心）
・手指の巧緻性が乏しく、目と手を協応させた動きが苦手である。（環、身）
・道具を使うことや作業が苦手で、作品の出来栄えが悪い。（身）
・運動全般が苦手である。（身）
・相手に伝わるような話し方が身に付いていない。（コ）

④　③で整理した課題同士がどのように関連しているかを整理し、中心的な課題を導き出す段階

　学習への意欲は感じられるが、進んで取り組もうとする学習と、全く取り組もうとしない学習とがある。特に不器用さが顕著に表れる図画工作、体育の授業においては、意欲が低下してしまう。これは、手指が不器用であるため、作品等の出来栄えが悪く、達成感が十分に感じられないからだと考えられる。また、手指の巧緻性は、文字を書く、作業をする、運動をする等、学習活動全般において影響しており、どんな活動においても失敗してしまうといった体験を積み重ねてきたことが予測できる。そのため、苦手だと思う学習には、最初から取り組もうとせず、自分のできることだけをやろうとする。
　手指の巧緻性高め達成感を味わうことで、学習への意欲を持続し自信をもって活動できるようにする。また、作業をする際に形を認知したり物を注視したりする力も弱いため、自分の思い通りの結果が得られないことが多い。成功体験を積むことで、気持ちも前向きになると考える。
　人と関わることは好きであるが、できないという指摘を極端に嫌い、自分の思いがうまく伝えられないこともあって、トラブルに発展したり、イライラしたりしてしまう。学習での自信を高めることで、人とのかかわりも積極的になると思われ、コミュニケーションも円滑になっていくと考える。

	⑤　④に基づき設定した指導目標を記す段階	
課題同士の関係を整理する中で今指導すべき指導目標として	知識・技能	・物を認知する力や手先の巧緻性を高めるためのはさみ等の道具の使い方が分かり、その道具をうまく使えるようになる。
	思考・判断・表現	・必要な道具を選んだり、自分でできる方法を考えたりしながら課題に取り組むことができる。
	学びに向かう力、人間性等	・苦手なことに対しても、やってみようという気持ちをもって取り組もうとする。

	⑥　⑤を達成するために必要な項目を選定する段階					
	健康の保持	心理的な安定	人間関係の形成	環境の把握	身体の動き	コミュニケーション
指導目標を達成するために必要な項目の選定	(5) 健康状態の維持・改善に関すること。	(3) 障害による学習上又は生活上の困難を改善・克服する意欲に関すること。	(3) 自己の理解と行動の調整に関すること。	(4) 感覚を総合的に活用した周囲の状況についての把握と状況に応じた行動に関すること。 (5) 認知や行動の手掛かりとなる概念の形成に関すること。	(3) 日常生活に必要な基本的動作に関すること。 (5) 作業に必要な動作と円滑な遂行に関すること。	(1) コミュニケーションの基礎的能力に関すること。 (2) 言語の受容と表出に関すること。

⑦　項目と項目を関連付ける際のポイント
・＜物を認知する力を高めることができるように＞（人）(3) と（環）(5)、（環）(4) と（コ）(2) を関連付けて設定した具体的な内容が⑧アである。 ・＜手先の巧緻性を高めることができるように＞（環）(4) と（身）(3) (5) を関連付けて設定した具体的な内容が⑧イである。 ・＜自信をもって、課題に取り組めるように＞（健）(5) と（心）(3)、（人）(3) と（コ）(2) を関連付けて設定した具体的な内容が⑧ウである。

	⑧　具体的な指導内容を設定する段階		
選定した項目を関連付けて具体的な指導内容を設定 （計70時間）	[ア] ア－1（12時間） 物を注視したり、見本を見て書き写したりする活動を行う。 ア－2（8時間） 動物や動作の模倣を取り入れた活動をする。	[イ] イ－1（15時間） 手指の巧緻性が高まるように、指先を使う課題を行う。 イ－2（15時間） 学習で必要な道具を使えるようにするために、道具の使い方を身に付ける。	[ウ] ウ－1（10時間） 作業のある学習では、その手順を細分化したシートを提示し、手順にそってできるようにする。 ウ－2（10時間） 活動をふり返り、できたことや頑張ったことを確認する。

	⑨　⑧を実施するために具体的な指導方法（段階、教材・教具の工夫、配慮など）を設定する段階		
指導内容について具体的に指導方法を設定	[ア] ア－1 点結びや模倣遊びといった活動をしながら、「何かを見てその通りに行う」活動をする。 ア－2 模倣遊びやジェスチャーゲームを通して、教師や友達の動きを見ることや、見たことを伝えたり模倣したりできるようにする。	[イ] イ－1 小さいものをつまむ、ペグを指す、紙を折る、といった活動を、早く正確にできるようにしていく。 イ－2 はさみの握り方や力の入れ方を繰り返し行いながら、短い直線→長い直線→曲線といった順番で線を切る。	[ウ] ウ－1 手順シートを使って、学習の見通しや、作業の内容を知らせ、シートを見ながら作業を進める経験をさせる。 ウ－2 ふり返りシートで、できた項目にシールを貼り、何ができたのかを確認できるようにする。特に作品の出来栄えの変化が分かるように伝え確認させる。

⑩　各教科等との関連（指導場面、指導内容、指導方法）を設定する段階　＜関連する教科等のみ記載＞	
国語	文字を正しく書けるように、見本と見比べさせる。 板書をしっかり見て書くことを繰り返す。 学習したプリントを自分で綴じ、学習の成果が分かるようにする。
社会	
算数	計算や図形の学習において、指先を使って自分で具体物を操作できるようにする。 図形の学習においては、形を正しく捉えられるようにする。 板書を見て問題や計算式等を決められた場所に書くことができるようにする。
理科	
生活	野菜の観察等では、見たものを模倣して描く機会を増やす。 学習ノートにプリントや資料を貼るといった活動では、指先を使って糊付けをさせる。
音楽	曲に合わせて決められた振付で身体表現ができるようにする。
図画工作	紙を切ったり貼ったりする活動では、指先を使うことを意識しながら作業を行わせる。 はさみを使う場面では、習得している力が発揮できるよう、切れそうな素材や線の長さを調整して、道具を使うことへの抵抗をなくす。 出来上がった作品のよい点に気付くようにする。
家庭	
体育	なわとびや跳び箱を使う運動では、スモールステップで運動に親しませる。 模倣運動で、人の動きに注目するようにする。
外国語活動／外国語	
道徳	友情を扱った題材では、場面を想像して適切な言葉を選ぶことができるようになる。
総合的な学習の時間	
特別活動	プリントの枚数を数えて配布するといった係活動や物を運ぶといった係活動を設定する。

⑪	指導経過（⑧の指導内容、⑨の指導方法に対する指導経過）		
1学期	**ア** ・点結びのプリントに集中して取り組むことができた。 ・動物模倣では、動物の写真を見ながら取り組んだが、進んでやろうとしなかった。	**イ** ・指先を使って1cm四方の紙をつまみ取ることができるようになった。 ・はさみで、5cmごとに印のついた、1cm幅の紙テープを30cm以上切ることができた。	**ウ** ・教師が作成した手順シートを見ながら作業を進めるということが理解できるようになった。 ・1日の振り返りで、5つの項目について達成度を確認したところ、80％以上の達成率だった。
2学期	**ア** ・複雑な点結びは、間違えることもあったが、おおよその形が捉えることができるようになってきた。 ・左右の動きが逆になることがあったが、「右」「左」と声をかけると、正しい動きができるようになった。	**イ** ・ペグ指しで決められた絵柄の通りに指すことができた。 ・はさみを使って、10cmの直線を、線に沿って切ることができた。	**ウ** ・教師の言葉かけがなくても、自分で手順シートを見ながら作業を進めることができる回数が増えた。 ・1日の振り返りで、8つの項目について達成度を確認したところ、85％の達成率だった。
3学期	**ア** ・△、○、□といった形の模倣では、見本に近い形が書けるようになった。 ・音楽に合わせて体の部位を意識しながら身体を動かし、簡単な動きを模倣できるようになった。	**イ** ・紙を折る作業では、紙のふちとふちを合わせることを意識しながら、三角や四角に折ることができるようになった。 ・長い直線でも、線から大きくはみ出すことなく切れるようになった。曲線はまだ、線に沿って切ることが難しいことが多かった。	**ウ** ・簡単な作業や運動に、自分から進んで取り組むことができるようになった。 ・1日の振り返りで、8つの項目について達成度を確認したところ、95％の達成率だった。

⑫-1　自立活動の学習評価（⑤の指導目標に対する学習評価）　◎よくできた　○できた　▲できなかった			
	知識・技能	**思考・判断・表現**	**主体的に学習に取り組む態度**
年間の評価	◎点結びに集中して取り組み、見本通りに形を捉えることができるようになった。 ○時間内で、決められた課題を終えることができるようになってきた。 ▲台形や五角形等少し複雑な形は見本通りに書くことが難しかった。 ○動物の模倣遊びでは、友達に確認しながら動きを模倣することができた。 ▲動きが速くなったり、複雑になったりすると模倣ができなかった。	◎ペグ差しや紙を折る作業では、見本通りになるように自分で試行錯誤しながら取り組み、目標の時間内で完成させることができた。 ▲指先で物をつまむということがなかなかできずに、イライラして活動を中止することがあった。 ○細かい作業はまだ苦手ではあるが、段階的に進めたことで、はさみをどのように動かせばよいのかを考えることができるようになった。 ▲はさみを握る力が弱いことが分かり、短い直線は切れるようになったが、曲線を切ることは難しかった。	○苦手な活動でも手順シートを見ながら、自分なりに取り組もうとする様子が見られた。 ○手順シートを使って活動を進めていく中で、自分にもできるという発言が聞かれるようになった。 ◎自分の活動を振り返り、正しく自己評価をすることができた。 ▲結果がよくないと落ち込む様子が見られ、しばらく活動に参加できないことがあった。 ▲気持ちを切り替えるのに、時間を要することがあった。
その他	○見本を見て、その通りに書こうとする様子が見られるようになった。 ○苦手な運動や図画工作の時間でも、活動に参加しようとする姿が見られるようになった。 ▲体調によって集中できないことが理解できず、イライラしてしまうことがあり、そのような時に、自分の気持ちや様子を伝えることができなかった。 ▲友達と関わりながら活動する場合も、自分から進んで関わることは難しかった。		

⑫－2 各教科等の関連評価（⑩の各教科等を通して）　　＜関連する教科等のみ記載＞　　◎○▲で評価	
国語	◎ひらがなやカタカナの文字の形が整ってきた。 ○見本通りに書こうとする様子が見られた。 ▲手元に見本があれば意識するが、板書を書き写すことは難しかった。
社会	
算数	◎形と形の名称が一致するようになってきた。 ▲ドリルの計算式をノートに書くことに時間がかかり、決められた時間内で問題が解けなかった。
理科	
生活	○観察ノートに、見たことや感じたことを言葉や絵で表現することができた。 ▲プリントを綴じるための一連の作業がスムーズにできなかった。
音楽	○音楽に合わせて動きを模倣しようとした。 ▲身体表現をする時、教師と1対1の模倣はできるが、友達と一緒に活動することはできなかた。
図画工作	○自らはさみを使って紙を切っていた。 ▲自分の思いと違う作品ができると、泣いてしまうことがあった。
家庭	
体育	◎苦手な運動でも挑戦するようになった。 ▲なわとびでは縄に合わせてタイミングよくジャンプすることができなかった。
外国語活動／外国語	
道徳	▲友情を扱った題材で、友達に優しい言葉を掛ける場面では、適切な言葉を選ぶことができなかった。
総合的な学習の時間	
特別活動	◎係の仕事を理解し、進んで取り組む様子が見られた。

⑬ 指導計画の作成から実施までの全般的な評価（よかった点、改善すべき点、意見など）	
実態把握 指導目標	・不器用さは様々な活動に影響することから、手指の巧緻性を高める指導目標を設定した。課題をスモールステップで行い、達成感を味わえるようにした指導は、学習に自信をもつ上で効果的であった。しかし、自信のなさは、友達との関係づくりに表れており、積極的にコミュニケーションをとろうとする様子があまり見られなかったため、今後考えていく必要がある。
指導内容 指導方法	・作業的な個別の課題では、どのように取り組むかを示せば、自分で進めることができた。動きの模倣は教師が実演するだけでなくビデオ等を活用すれば、一人でも取り組むことができたと思う。
教科等との関連	・物の認知、手指の巧緻性、動きの模倣の課題は、教科学習の中でも取り入れやすいが、教科の目標を達成することと重ならないよう、自立活動の内容を明確にしておく必要がある。
指導経過 学習評価	・一定の成果は得られたと思うが、継続した指導は必要である。また、その時々の体調や気分によって課題に集中できる時とできない時の差が大きいため、興味がもてるような工夫が必要である。
本人の意見 本人用シート	・はさみが使えるようになってうれしかった。
保護者の意見	・少しずつ学習に取り組もうという意欲が感じられるようになり、よかった。 ・苦手なこともあるが、できることが増えるとうれしい。
その他	

⑭ 次年度への引継ぎ事項（変更点、要望など）	
担任・担当者へ	・手指の巧緻性を高める指導は継続し、学習への自信をつけることが必要である。 ・友達とのかかわりを広げられるような課題にも取り組んでほしい。 ・称賛できる場面を見つけ、達成感を味わえるようにしてほしい。 ・てんかんの発作により体調がよくない時は、課題の量を調整する必要がある。
本人・保護者へ	・苦手なことにも取り組みながら、できることを増やしてほしい。 ・家庭生活においてもお手伝いをするなど、自分で動き、称賛される場面を増やすとよいでしょう。
その他	

自立活動の学習

せきはら小学校　2年さくら学級　名前　お田　のぶお

自分の得意なことや苦手なこと、困っていること

健康について（健康の保持）

ときどき、あたまがいたくなります。くすりをのむのは、きらいです。

自分の気持ちについて（心理的な安定）

できないことをいわれると、いやなきもちになります。

人付き合いについて（人間関係の形成）

いちねんせいのおせわがすきです。ともだちのつくりかたがわかりません。

周りの感じ方について（環境の把握）

もじやかたちをうまくかくことができません。

体の動きについて（身体の動き）

えやこうさくがじょうずにできない。はさみやなわとびができない。

友達や周りの人との会話について（コミュニケーション）

じぶんからはなすのは、にがてです。

1年間の目標

① 知識・技能 ・もじやかたちが、ちゃんとかけるようにする。

② 思考・判断・表現 ・こうさくでははさみをうまくつかって、きれいにつくる。

③ 学びに向かう人間性 ・にがてなことでも、がんばってやりたい。

学習の内容や方法

・みほんをよくみて、おなじようかいたり、つくったりする。
・はさみがうまくつかえるように、れんしゅうする。
・「がんばったシール」をたくさんもらえるように、ひとりでべんきょうをがんばる。

ふり返り

〇できた　▲むずかしかった

1学期　➡　〇てんむすびができた。
▲はさみで、せんのとおりにきれなかった。

2学期　➡　〇がんばったシールがふえた。
〇はさみで、みじかいせんをきることができた。

3学期　➡　〇まねっこができるようになった。
▲かたちをみてかくことや、はさみでまがったせんをきるのはできなかった。

空間認知の困難さを軽減し、記憶を保持する力を高めるための指導

「自立活動の個別の指導計画」

名　前	たてざわ　いちろう 舘 沢　一 郎	性別	男	学校・学年	麦沢小学校 6 年なかよし学級 特別支援学級（知的障害）
障害名 診断名	知的発達症（麦沢市立病院・猪口弘子 Dr、小学校 1 年時） 小学校 2 年より知的障害特別支援学級に在籍変更				
検査結果 手帳取得	NRT　ISS29（国語 30、算数 27）、（小学校 5 年時） KABC-Ⅱ　認知 65（継次 72、同時 65、計画 68、学習 64）、習得 63（語彙 75、読み 71、書き 65、算数 63）、（麦沢市教育センター・佐竹理絵検査員、小学校 5 年時） WISC-Ⅳ　全検査 IQ65（VCI78、PRI66、WMI68、PSI73）、（麦沢市教育センター・佐竹理絵検査員、小学校 1 年時） 療育手帳 B 取得（小学校 2 年時）				
指導期間	令和 2 年 4 月～令和 3 年 3 月（1 年間）		指導時数		特設：年間 70 時間（週 2 時間）
指導場所	教室		指導者		担任（渡邉敬子教諭）
関係者等	大学研究室・動作訓練指導（麦沢市立大学・三浦光一教授）				
合理的配慮 （観点）	教科書の内容を読み取りやすくするために、文節ごとに／を入れる。（①－1－1） 交流学級の座席の配置は、周囲の刺激を受けにくい端の席にする。（①－1－1） マス目入りのノートを使用する。（①－2－1）				

①　障害の状態、発達や経験の程度、興味・関心、学習や生活の中で見られる長所やよさ、課題等について情報収集

・作業は速いが雑である。できることはどんどん取り組む。
・絵は描くがかき込んでいくと塗りつぶしになる。はさみで、線の通り正確に切れない。
・板書の書き写しなど、抜け落ちていても自分で気付けない。
・折り紙は端をきちんとそろえるのが難しく、折り方の手本に合わせて折ることが難しい。
・直すことが嫌いで、初めから 100 点を取りたがる。
・文字、数字を整えて書くことが難しい。判読に困ることがある。
・漢字の読みにおいて、いろいろな読み方をする漢字が覚えられない。画数の多い漢字を覚えるのが大変である。
・都道府県名は形を意味付けして場所と件名を覚えることができた。
・声に出して読まないと文章を読み取ることができない。文節の区切りが分からないことがある。
・できない状況になると気持ちが落ち込み、取り組もうとしなくなる。
・友達に思ったまま感じたままに悪口を言うことがある。
・遊びのルールなど、友達に説明して遊ぶことができる。
・移動の時に廊下で、大声を出したり、走ったりする。
・じっとして話を聞く時に体の動きが止められない。
・目標を決めてマラソンカードに取り組むことができる。
・ハンカチ・ちり紙の携帯が身に付かず、手をきれいに洗って拭く習慣が少ない。
・好き嫌いなく何でも食べ、食べるのが速い。

②－1　収集した情報（①）を自立活動の区分に即して整理する段階

健康の保持	心理的な安定	人間関係の形成	環境の把握	身体の動き	コミュニケーション
・好き嫌いなく量もしっかり食べることができる。 ・時折歩きながらもグラウンドを走り、マラソンカードにその周数分を意欲的に塗ることができる。	・できることには意欲的だが、できないことには意欲をなくして取り組むことができない。	・自分の言った言葉が友達を傷つけるということまで考えることができない。悪気はなく言っている。	・形の認知が弱い。絵は思った通りに描くことができない。 ・漢字は部分色分けや書き方を言葉にして覚えることができる。 ・漢字は、部首等の色分けをしたり、書き方を言葉にしたりすると覚えることができる。	・手先が不器用で丁寧に文字を書いたり、作ったりすることが苦手である。 ・はさみの使い方もぎこちない。 ・折り紙などは苦手。見ても真似できない。 ・声を出し、体の動きが止められない。	・友達とルールのある遊びをすることができる。 ・友達を傷つける言葉を言ってしまうことがある。

②－２　収集した情報（①）を学習上又は生活上の困難や、これまでの学習状況の視点から整理する段階

・じっくり見て取り組む姿勢に乏しく、粗相結構である。（心）
・簡単な形を真似る、見て描くことがうまくできない。（環）
・書いた字が判読できて、自分で読み返し時に困る。（環、身）
・覚えやすい方法を見つければ覚えることができるが、覚えることに自信がもてないことが多い。（心）
・手先がうまく使えず、はさみ、定規の使い方、コンパスの使い方に習熟が必要である。（身、環）

②－３　収集した情報（①）を卒業後（１年後）の姿の観点から整理する段階

・書いた文字は判読できるように書くことができる。（環、身）
・板書を写して取ったノート（文字や図など）を自分で見て活用できる。（身、コ）
・覚えた知識を活かして問題を解くことができる。（環）
・定規、コンパスを使って作図ができる。（身）
・手紙など、相手に読んでもらう文章をパソコンで作成できる。（コ）

③　①をもとに②－１、②－２、②－３で整理した情報から課題を抽出する段階

・しっかり見て書く、描くことができるようにしていく。（環、身）
・覚える方法をいろいろ試し、覚えやすい方法を獲得する。（コ）

④　③で整理した課題同士がどのように関連しているかを整理し、中心的な課題を導き出す段階

　判読できる文字にするために、どの位置にどんな形のものがあり、それぞれのパーツがどれくらい近い位置に合わさっているのか、形を模写する力をつけていく必要がある。文字の習得と合わせて、熟語や実際のものの映像など語彙を増やすことなど意味付けすることで記憶にも残りやすくなる。また、視覚認知の弱さを聴覚で補い、言語化することやメモをして記憶に留め見返す習慣などで記憶に留めやすくすることが期待できる。
　はさみを使って制作物を作ることや見本を見て足りない部分を補うなどを行って、目と手指の協応動作の巧緻性を高めることも空間認知の力を高めることにつながっていくと考えられる。
　文字を判読できるように代替え措置としてパソコンで文章を作成できるようにする。

課題同士の関係を整理する中で今指導すべき指導目標として	⑤　④に基づき設定した指導目標を記す段階	
	知識・技能	・視覚的な情報を整理し、動かす身体の部位を意識し、適切に動かすことができる。
	思考・判断・表現	・文字や図形を真似てかく時、見えない部分を考え、細部に気を付けようとしたり、覚えることを判断して記憶したりできる。
	学びに向かう力、人間性等	・図や絵を真似て意欲的に描こうとし、覚えることに諦めずに取り組もうとしている。

指導目標を達成するために必要な項目の選定	⑥　⑤を達成するために必要な項目を選定する段階					
	健康の保持	心理的な安定	人間関係の形成	環境の把握	身体の動き	コミュニケーション
		(3) 障害による学習上又は生活上の困難を改善・克服する意欲に関すること。		(4) 感覚を総合的に活用した周囲の状況についての把握と状況に応じた行動に関すること。	(3) 日常生活に必要な基本動作に関すること。(5) 作業に必要な動作と円滑な遂行に関すること。	(4) コミュニケーション手段の選択と活用に関すること。

⑦　項目と項目を関連付ける際のポイント

・＜視覚的な情報を整理＞＜見えない部分を考えて形をかく＞＜真似て意欲的に描こうとし＞（心）(3)、（環）(4)、（身）(5) (3) を関連付けた具体的な指導内容が⑧アである。
・＜細部に気を付けて＞＜身体の部位を意識し、適切に動かす＞（環）(4)、（心）(3)、（身）(5) (3) を関連付けて設定した具体的な指導内容が⑧イである。
・＜覚えることを判断して記憶＞＜覚えることを諦めずに＞（コ）(4)、（心）(3) を関連付けて設定した具体的な指導内容が⑧ウである。

	⑧　具体的な指導内容を設定する段階		
選定した項目を関連付けて具体的な指導内容を設定 （計70時間）	ア ア－1　（9時間） 　運筆の方向を習得する。左から右、上から下、右上から左下、左上から右下の動きを取り入れて①四角、②斜め線、③クロス、④三角の図形で描く。 ア－2　（6時間） 　文字の一部を除き穴から見て見えない部分の文字を書く。	イ イ－1　（6時間） 　力の抜き具合が分かるように筆記具や書く大きさを変えて書く。はね、はらいを中心に行う。 イ－2　（7時間） 　太線（切る線の太さを徐々に細いものにしていく）の通りに紙を切り制作物を作る。 イ－3　（7時間） 　定規を使って点つなぎをして絵を完成させる。 イ－4　（7時間） 　折り紙を折る。	ウ ウ－1　（9時間） 　聞いたことをメモする練習をして、書いたメモを見て（活用して）行動する。 ウ－2　（9時間） 　覚えることをカードに書いてカードの半分を追って見ないで思い出す練習をする。 ウ－3　（10時間） 　ローマ字を覚えて、パソコンで文章を打つ練習をする。

	⑨　⑧を実施するために具体的な指導方法（段階、教材・教具の工夫、配慮など）を設定する段階		
指導内容について具体的に指導方法を設定	ア ア－1 ・太めの三角鉛筆を使用し、始点終点が示された線のなぞり書きを行う。 ・①～④をなぞり書き→誘導線＋ドット→ドット→一部模写→完全模写をそれぞれ12マス分練習する。 ア－2 ・のぞき窓を回して文字の部分だけを見て、文字の何の文字か考える。 ・一部分だけ見て残りの部分を考えて文字を書く。	イ イ－1 ・筆ペンを用いて4cm四方枠（リーダー線付き）はらいのある文字を書く ・フェルトペン、毛筆で大きく書く。 イ－2 ・太さが違う線をはさみで、切るものを準備する。昆虫などを作りコレクションする。 イ－3 ・数字の順番に定規で点つなぎをして絵を完成させる。 イ－4 ・折り紙で折る工程の部分見本ややり方を見て制作物を作る。	ウ ウ－1 ・聞いたことをメモする練習をする。聞いた単語を書く、何度か言われた文を聞き取って書く、聞いたことのポイントを書く。 ・聞いたことをメモして、メモを見ながら、物を持ってくる練習をする。 ・聞いたことをメモして報告する練習をする。 ウ－2 ・テストの時に覚えたいことをカードに書き出してみる。 ・表に漢字裏に読み方、表に年号裏に出来事などを書いたものを作り、表を見て裏のことが思い出せるのか練習する。 ウ－3 ・ローマ字表（平仮名とローマ字が対になっている表）を見ながら、パソコンで単語や文章を打っていく。

⑩　各教科等との関連（指導場面、指導内容、指導方法）を設定する段階　＜関連する教科等のみ記載＞	
国語	新出漢字の学習の時に、ブロック毎に色を変えて書き方を言語化して学習する。熟語の漢字練習、熟語のことばの意味などを、ことば絵辞典や国語辞典を利用して調べる。毛筆で4文字を、バランスをとって書く。
社会	歴史の出来事や起こった事柄の順番を覚える。
算数	拡大・縮小の図形を、定規を使って作図する。方眼を利用して線対称の図形がかける。
理科	人体の臓器の位置や働きが分かる。
生活	
音楽	リコーダーの穴を指で上手にふさいで、演奏する。
図画工作	「1枚の板から」棚や本棚などを作る。
家庭	ミシン掛けで、どこを縫うか分かる。
体育	ボール投げで、投げようとする方向に投げることができる。
外国語活動／外国語	英語で、スピーチできることばを覚えて表現できる。
道徳	希望と勇気、努力と強い意志に関わって自分なりにやる気をもつことができる。
総合的な学習の時間	地域の人と関わり、話を聞いたことを覚えていることができる。
特別活動	リコーダーを演奏しながら周りとの間隔を保って行進する。
生活単元学習	畑の草むしりで、指でつまんで引き抜くことができる。 調理活動で、ピーラーやナイフで皮むきをする。

⑪　指導経過（⑧の指導内容、⑨の指導方法に対する指導経過）			
１学期	[ア] ・始点から終点に向かい線を書こうとするが、波打ったり途切れた線になったりすることが多かった。 ・指でなぞってから線描きに取り組んだ。 ・のぞき窓を動かして、字が分からない時は選択肢の中から選ばせたら、選ぶことができた。	[イ] ・筆記用具やマスに合わせて文字の大きさを変えて書くことができた。 ・リンゴの皮むきと称し、リンゴの形のものを細く渦巻に切る練習をした。幅を狭くしてなるべく長く切ろうとしていた。 ・どの点を結ぶか、次に結ぶ点に丸を付けて、一つ一つ結んでいった。 ・端を意識して折ることができるようになってきた。	[ウ] ・聞いたことを二度聞いてメモすることができた。 ・メモを見ながら持っていくものを探して持ってくることができた。 ・自分で覚えたい漢字の熟語を選んでカードの表に書き、裏に読み方を書いたカードを作成し、片方を見て、裏の答えを言ったり書いたりすることが繰り返すうちにできるようになった。 ・清音中心の単語をパソコンで打つ練習をしてできるようになってきた。
２学期	[ア] ・なぞりの線が途切れずに、スムーズに書くことができるようになってきた。 ・指でなぞってから次に結ぶ点が分かり、手本を見ながら点を結ぶことができるようになった。 ・のぞき窓の４分の１を見て文字を思い出し書くことができた。	[イ] ・筆ペンで止め払いの違いが分かり、書くことができるようになった。 ・幅の太い枠線で、昆虫を切り抜き、大体の形を切ることはできたが、足の細いところが途中切れるなど、細かい部分がうまくいかなかった。 ・数字を見て素早く線が結べるようになってきた。 ・折り方見本と向きを同じにして折ろうとする様子が見られるようになった。	[ウ] ・職員室に野菜の注文を取りに行き、品名、個数を聞いてメモをして、そのメモをもとに届けることができた。 ・歴史上の登場人物の名前の読みと漢字と何をした人かのカードを作り、繰り返し見て、覚えることができた。 ・濁音、撥音のローマ字や促音の打ち方が分かって打つことができた。
３学期	[ア] ・マスの中に形よく四角や三角の図形を描くことができるようになった。 ・のぞき窓８分の１でも全体の形を思い出して文字を書くことができた。	[イ] ・新年に先立ち、今年の１文字を自分で選び、筆ペンで書いた。 ・鉛筆線の枠で円を切ったところ、滑らかな円の形に切ることができるようになってきた。 ・折る工程が10くらいあるものでも見本を見ながら折ることができるようになってきた。	[ウ] ・通常学級の担任の連絡を、メモを取って聞いてくることができるようになった。 ・やるべき課題を書き出し、メモで確認しながら取り組むことができるようになってきた。 ・拗音が分かり、文章をローマ字で打つことができるようになってきた。タイピング練習にも取り組んだ。

⑫－１　自立活動の学習評価（⑤の指導目標に対する学習評価）　◎よくできた　○できた　▲できなかった			
	知識・技能	思考・判断・表現	主体的に学習に取り組む態度
年間の評価	○線の方向の運筆が滑らかになり大きさや形を整えることができた。 ○定規の使い方で、二つの点を意識して線を結ぶことができるようになってきた。 ▲覚えてしまった下から上に書いてしまう字の訂正までできなかった。 ▲ゆっくり書くことを意識させないと字の形がもとに戻ってしまうことがある。 ○折り紙の折り方に自信をもつようになってきた。 ▲はさみの動きは速いのだが、線をよく見ずに切る傾向がある。	◎筆ペンや毛筆で自分の書いたものを掲示することで、自分の字の形を意識することができた。 ○一部分を見て見えていないところを考えて文字を思い出すことができた。	○メモを見て確認するということが身に付いてきた。 ◎書いたものを見比べて、上手にできたものを判断し、より上手に書こうとする様子が見られた。 ○ローマ字入力に慣れ、文字を打つことが少しずつできるようになってきた。 ○書いたことを繰り返し見て唱えることは、覚えるには有効な手立てだった。 ▲覚えたいことをどのように絞って書いたらいいのか支援が必要だった。
その他	・指導者の意図する課題を理解し、意欲的に活動する様子が見られた。		

⑫－2	各教科等の関連評価（⑩の各教科等を通して） ＜関連する教科等のみ記載＞	◎○▲で評価
国語	○新出漢字の形は、比較的整って覚えることができた。 ▲熟語自体が初めて聞くことばが多いため、漢字の熟語、言葉の意味を合わせて覚えていくことが難しかった。	
社会	○歴史の出来事や年号に興味をもち、カードに書き出して覚えることは有効であった。	
算数	◎方眼にコンパスを使って円をかき、円の面積の学習ができ、線対称や、点対称の学習、拡大縮小の学習で、点と点を結ぶ学習の成果があって、定規の扱いがうまくなった。	
理科	人体の臓器のだいたいの形を模写して描くことができた。	
生活		
音楽	○リコーダーの穴を指でふさいで、「ファ」から「高いレ」までの音は、きれいに出して簡単な曲が演奏できるようになり、テンポの速い曲でも部分的に指を動かすことができるようになった。	
図画工作	▲作りたい形になるように長さを考えて板に線を引くことは、どことどこが接するのか考える支援が必要だった。	
家庭	○チャコペンシルで印を付け、縫う場所に線を引く時も物差しが上手に使うことができた。	
体育	▲飛ばす方向を見ないで投げたり、後ろに引く動作で、上半身にひねりを入れられなかったりしたため、ボールを遠くになかなか飛ばせなかった。	
外国語活動／外国語	○短いセンテンスで、繰り返し言ったものは、ことばを覚えて言うことができた。	
道徳	○『市民に愛される動物園を目指して』を学習し、お客さんに来てもらうために工夫して努力したことに感銘を受けていた。	
総合的な学習の時間	○まがき文庫の創設者の記念館を訪れ、偉業に接することができた。	
特別活動	○鼓笛パレードに参加できた。	
生活単元学習	◎干し柿づくりでナイフを使って柿の皮むきができた。包丁を使って大根、かぶを危なげなく切ることができた。ピーラーでの皮むきも上手にできた。	

⑬	指導計画の作成から実施までの全般的な評価（よかった点、改善すべき点、意見など）	
実態把握 指導目標	・読みにくい字であっても書くスピードは速く、書いたことに満足している本人の姿があり、整った字を書く必要性を本人が理解するために、自分の書いたものを読むことなどを取り入れる必要があった。	
指導内容 指導方法	・検査結果からも本人が困っていることからも、形の認識が難しいことがはっきりしていたので、自立活動の内容を考えるのは容易だった。 ・メモの活用は、本人の記憶にとどめたり、すべきことを明確にしたりするのに有効であった。 ・本人と1対1の時間を捻出するのが難しく、課題内容を変えて同一時間に2名の児童で実施した。 ・パソコンを取り扱うことで『ローマ字』に親しみ、入力が可能になってきたが、速くできて、使いこなせるようになるまでどのように習熟を図っていくかが課題である。音声入力も検討していきたい。	
教科等との関連	・算数や図工、家庭科などで、点と点を定規で真っすぐ結ぶことがうまくでき、作業がスムーズにできた。	
指導経過 学習評価	・連絡票などは前期・後期であるが、指導を振り返ったり学習を評価したりするのは、3学期評価でよかった。	
本人の意見 本人用シート	・書く項目が多く、面倒くさがっていた。	
保護者の意見	・少しは読むことができる字になるように、気を付けて書くようになってきたと思います。	
その他		

⑭	次年度への引継ぎ事項（変更点、要望など）	
担任・担当者へ	・字を整えて見やすく書くためにマス目だけでなく、行など書く空間をきちんと示す必要があります。 ・きちんと聞き、適切に話すことを学ぶことが必要です。 ・覚えること、大事なことは何かを本人に意識させることが大切です。	
本人・保護者へ	・自分で読み返して分かる字を書くことを継続してほしいです。 ・引き続き、意欲的に学習しているところを認める声かけをしてください。	
その他		

自立活動の学習

麦沢小学校　6年　なかよし学級　　名前　舘沢　一郎

自分の得意なことや苦手なこと、困っていること					
健康について （健康の保持）	自分の気持ち について （心理的な安定）	人付き合い について （人間関係の形成）	周りの感じ方 について （環境の把握）	体の動かし方 について （身体の動き）	友達や他人との 会話について （コミュニケーション）
・にがてなうん どうはいや。	・できないとやる 気がなくなる。	・友だちにあやま ることがある。	・見たとおりに 絵がかけない。	・じっとできな い。うごく。	・むずかしいこと ば が わ か ら な い。

特に、がんばりたいこと、よくしたいこと、直したいこと					
健康について （健康の保持）	自分の気持ち について （心理的な安定）	人付き合い について （人間関係の形成）	周りの感じ方 について （環境の把握）	体の動かし方 について （身体の動き）	友達や他人との 会話について （コミュニケーション）
・できることな らうんどうは やれる。	・できないことは やりたくない。	・いやなことはい わ な い で ほ し い。	・字がきたないと いわれたくな い。 ・思ったとおりの 絵をかきたい。	・ちゅういされ たくない。	・友だちとなかよ くあそびたい。

1年間の目標	
知識・技能	①しっかり見て、道具をじょうずにつかえるように手を動かすことができる。
思考・判断・表現	②ヒントから考えたり、何をおぼえるのかがわかって暗記ができたりする。
学びに向かう力	③あきらめずにかいたり、おぼえたりする。

学習内容 学習方法	・「形をかくプリント」やじょうぎをつかっての点つなぎ、線をはさみで切ったり、おり紙をした りする。 ・一部分を見て何が書いてあるかあてたり、だいじなことをカードに書いておぼえたりする。 ・メモをとったり、ローマ字をおぼえてパソコンで文字を打ったりする。		

ふり返り	学期	◎とてもよくできた　　〇できた　　▲できなかった		
	1学期	① ▲せんのなぞりが少しはみ出 した。 ▲点と点にじょうぎを当てる のがたいへんだった。	② 〇あなあきまどを回して全部見 ると、何が書いてあるかわ かった。	③ 〇2回聞いてメモできた。 〇ローマ字の表を見て打つのが たいへんだった。
	2学期	① 〇点をつないで、四角や三角 がかけた。 ◎じょうぎで、むすんで線が ひけた。 ▲太い線だと切れるが、細い 線のとおりに切れない。 〇ふねをおることができた。	② 〇だいじだと思うことをカード に書くことができた。 〇あなあきマドを一つ見て何の 字か考えることができた。	③ 〇聞いてきたことをメモにとっ て、話ができた。 〇カードでおぼえるのは、社会 のテストでやくにたった。
	3学期	① ◎ふでペンで、とめやはらい にちゅういして書けた。 ◎えんぴつで書いた丸をはさ みで切れた。 ▲つるをおるのにちょうせん したが、とんがったところ がうまくできなかった。	② 〇カードをつかっておぼえるこ とができた。 〇小さいマドのヒントだけを見 てかん字が書けた。	③ ▲「あいうえお」「かきくけこ」 などはわかるが、「きょ」など を打つときがむずかしい。 〇メモにやることを書いておく とべんりだと思った。
	その他	日記の字が自分でもきれいになったと思う。		

目と体の協応動作を高め、運動に対する抵抗感を軽減するための指導

「自立活動の個別の指導計画」

名　前	とくがわ　やすし 徳　川　康	性別	男	学校・学年	尾張中学校 2 年 C 組 特別支援学級（知的障害）
障害名 診断名	知的発達症、自閉スペクトラム症（尾張市総合医療センター、3 歳 8 か月時）					
検査結果 手帳取得	田中ビネー V　IQ66（尾張市総合医療センター、中 1 年時） 療育手帳 B 取得（小学校 1 年時取得、小学校 6 年生時更新）					
指導期間	令和 2 年 4 月～令和 3 年 3 月（1 年間）		指導時数		特設：年間 70 時間（週 2 時間）
指導場所	教室・体育館他		指導者		担任（岡部直樹教諭）
関係者等	主治医（尾張市総合医療センター・東海道子 Dr.）					
合理的配慮 （観点）	一度に取り組む学習の量や時間について、柔軟な変更を行う。（①－1－2） うまくできずに情緒不安定になってきた時に、落ち着くために別室で過ごせるようにする。（③－2）					

①　障害の状態、発達や経験の程度、興味・関心、学習や生活の中で見られる長所やよさ、課題等について情報収集

・個別検査の結果から、ワーキングメモリーと知覚推理の指標が低くなっている。
・自分の思い通りにならないと、情緒不安定になる。
・動くボールをうまく取ることが苦手。
・教師の指示は、簡単なものであれば理解できる。集団の場での指示は、理解に戸惑うことが多い。
・歩いていると、人にぶつかることが多々ある。
・はさみやカッターナイフを使って、直線を切ることが苦手。
・運動に関して、自分に自信がもてていない。
・集団行動の場面では、周りの動きを見てから動くので、全体から行動が遅れることが多い。
・左右の区別がしっかりとできていない。
・下校後や休みの日は、ほとんど家で過ごし、運動の機会は体育のみとなっている。

②－1　収集した情報（①）を自立活動の区分に即して整理する段階

健康の保持	心理的な安定	人間関係の形成	環境の把握	身体の動き	コミュニケーション
・下校後や休みの日は、ほとんど家で過ごし、運動の機会は体育のみとなっている。	・自分の思い通りにならないと情緒不安定になる。	・運動に関して自信がもてない。	・歩いていると、人にぶつかることが多々ある。 ・周りの動きを見てから動くので、全体から行動が遅れることが多い。 ・左右の区別がしっかりとできていない。	・動くボールをうまく取ることが苦手。 ・はさみやカッターナイフを使って、直線を切ることが苦手である。	・簡単な指示は理解できる。集団の場での指示理解は苦手である。

②－2　収集した情報（①）を学習上又は生活上の困難や、これまでの学習状況の視点から整理する段階

・体育の授業への参加を嫌がることがあり、見学することが多い。（人）
・廊下で他の生徒とぶつかることがあり、トラブルになることがある。（環）
・運動の機会がほとんどなく、肥満傾向になってきている。（健）
・美術の作品づくりにおいて、はさみやカッターナイフをうまく使えず、作品づくりに時間がかかったり、思い通りに作れなかったりして、情緒不安定になることがある。（心）、（身）
・集団行動では、指示が理解できずに、周りに頼って行動するので、全体から遅れることが多い。（コ）

②－3　収集した情報（①）を卒業後（2年後）の姿の観点から整理する段階

・運動に積極的に参加し、肥満解消に向けて前向きになることができる。（人、健）
・指先の動作がうまくなり、高等部での作業学習等、様々な学習に積極的に取り組めるようになる。（身）
・高等部での公共交通機関を利用しての登下校時など、周りを意識して、社会の中で円滑に、安全に行動できるようになる。（環）

③　①をもとに②－1、②－2、②－3で整理した情報から課題を抽出する段階

・運動不足による肥満傾向。（健）
・体を円滑に動かし、周りの人を意識して、安全に生活する。（環、身）
・目と身体の各部位の協応動作が苦手。（身）
・体をうまく動かせないことから生じる運動に対する苦手意識がある。（心）

④　③で整理した課題同士がどのように関連しているかを整理し、中心的な課題を導き出す段階

　自分の体をうまく動かすことができずに、運動全般に対して苦手意識をもっている。そのため、運動することから避けるようになっており、運動経験が乏しく、肥満傾向にある。行動面の特徴として、素早く動いたり、模倣したり、体を巧みに動かしたりすることが苦手である。指先の動きについても、視覚的な情報に合わせて行動する（はさみやカッターナイフで切る）ことが苦手である。
　全体的に、目と身体の各部位の協応動作が苦手で、この点を改善すると、運動や指先で行う作業に対しての苦手意識も低くなると考える。また、視覚情報を整理して、それに合わせて体を動かすことができるようになれば、日常生活においても、安全に生活できることにつながり、高等部へ進学し、一人で公共交通機関を使って安全に登下校できることにも役立つと考える。
　運動経験が乏しく、体を動かすことを苦手としている面もある。体を動かす基礎的な動きの経験が乏しいので、それを補う運動の経験を積み重ねることも必要だと考える。体を動かすことに慣れ、動かす経験を日常的に積み重ねることができれば、運動への苦手意識も低くなったり、肥満解消にもつながったりすると考える。

課題同士の関係を整理する中で今指導すべき指導目標として	⑤　④に基づき設定した指導目標を記す段階	
	知識・技能	・身体の各部位の名称や動かし方等を覚え、意識して動かすことができる。
	思考・判断・表現	・視覚的な情報を整理し、動かす身体の部位に気付き、適切に動かすことができる。
	学びに向かう力、人間性等	・できない、分からないなどと、投げやりにならずに、積極的に活動へ参加しようとする。

指導目標を達成するために必要な項目の選定	⑥　⑤を達成するために必要な項目を選定する段階					
	健康の保持	心理的な安定	人間関係の形成	環境の把握	身体の動き	コミュニケーション
		(3) 障害による学習上又は生活上の困難を改善・克服する意欲に関すること。		(4) 感覚を総合的に活用した周囲の状況把握と状況に応じた行動に関すること。 (5) 認知や行動の手掛かりとなる概念の形成に関すること。	(1) 姿勢と運動・動作の基本的技能に関すること。 (5) 作業に必要な動作と円滑な遂行に関すること。	

⑦　項目と項目を関連付ける際のポイント
・<身体の各部位を意識して動かすことができるように>（環）(4) と（身）(1) を関連付けて設定した具体的な内容が⑧アである。 ・<身体の各部位を適切に動かすことができるように>（環）(4) と（環）(5) と（身）(5) を関連付けて設定した具体的な内容が⑧イである。 ・<積極的な態度で参加できるように>（心）(3) と（身）(1) を関連付けて設定した具体的な内容が⑧ウである。

	⑧　具体的な指導内容を設定する段階		
選定した項目を関連付けて具体的な指導内容を設定 （計70時間）	[ア] ア－1（10時間） 身体の各部位の名称と位置を一致させたり、身体のいろいろな部位を動かしたりする経験を積む。 ア－2（6時間） 自分の身体を基点とした、左右、前後等の方向感覚を養う。	[イ] イ－1（10時間） 映像に映るダンスを見ながら、模倣して踊る。 イ－2（8時間） 実際に動いている自分の姿を見ることで動きを確認する。鏡に写る自分の姿やビデオで撮った自分の姿を見て動きを確認する。	[ウ] ウ－1（20時間） ダンスに、ステップアップしていきながら取り組む。 ウ－2（16時間） 周りの人の動きを参考にしたり、助け合ったりして取り組む。

	⑨　⑧を実施するために具体的な指導方法（段階、教材・教具の工夫、配慮など）を設定する段階		
指導内容について具体的に指導方法を設定	[ア] ア－1 ・教師の支援を受けながら、ストレッチに取り組むようにする。 ・教師の模範を見ながら、一人でストレッチに取り組むようにする。 ・教師の指示を聞いて、ストレッチに取り組むようにする。 ア－2 ・足下等に、左右、前後などの方向が視覚的に分かるように、標示物で示すようにする。 ・標示物無しで、教師が言葉かけをしながら、左右、前後などを確認して取り組むようにする。	[イ] イ－1 ・難易度の低いダンスに取り組む。 ・教師が、動きを補足（動かす部位や左右など）する言葉かけをしながら取り組むようにする。 ・徐々に、教師の言葉を少なくしていき、映像を見ながら一人で取り組むようにする。 イ－2 ・実際の動きをビデオで撮って、自分の動きを振り返るようにする。 ・鏡に映る自分の姿を見て、自分の姿を確認しながら取り組むようにする。	[ウ] ウ－1 ・様々な難易度のダンスに取り組むようにする。 ・できるようになったことが実感できるように、ポイントカード等を活用する。 ウ－2 ・ペアで交互に行う運動に取り組む。 ・ペアで動きを合わせて取り組む運動をする。

⑩　各教科等との関連（指導場面、指導内容、指導方法）を設定する段階　<関連する教科等のみ記載>	
国語	
社会	
数学	定規を使って線を書く時に、手順を近くで言葉かけする。
理科	
音楽	リコーダー演奏の場面では、鏡を用意して指の動きを確認しながら取り組ませるようにする。
美術	視覚的な情報を整理して、何をするか確認しながら取り組ませるようにする。必要に応じて、失敗させないように動きを制御するような補助具を活用する。
技術・家庭	ものづくりの単元においては、美術や作業学習と同様の指導を行う。
保健体育	準備運動等の人の動きを模倣する場面では、模範演技者が見やすい位置で取り組むようにする。
外国語	
道徳	
総合的な学習の時間	
特別活動	全校集会等の、集団で移動する時に、周りに気を付けるように言葉かけをする。
その他（　　　　　　）	
生活単元学習	
作業学習	工具等を扱う時に、持つ位置や動かす向きなどを、視覚的に確認できるように、印を付けて示す。

⑪　指導経過（⑧の指導内容、⑨の指導方法に対する指導経過）			
1学期	[ア] ・身体の各部位について、名称を知らない部位が多かったり、左右の区別がしっかりとできていなかったりした。	[イ] ・ダンスの模倣は、かなり難しい様子であった。	[ウ] ・ダンスにおいて、うまくできない動きが多く、「活動に参加したくない。」と言うことがあった。
2学期	[ア] ・どこが伸びているかの問いかけに、正しく答えながら取り組むことができた。	[イ] ・動きを細分化して、動かす部位を確認しながら取り組むと、少しずつできる動きが増えてきた。	[ウ] ・ダンスにおいて、できるようになった動きが増えるたびに、嬉しそうな表情を浮かべていた。
3学期	[ア] ・見本なしで、指示だけで正しくストレッチに取り組むことができるようになってきた。	[イ] ・「右足を上げて、左手を下げて。」など、動きを喋りながら取り組んでいた。	[ウ] ・簡単な動きのダンスをクリアすると、難しいダンスにも挑戦しようと頑張っていた。

⑫－1　自立活動の学習評価（⑤の指導目標に対する学習評価）　◎よくできた　○できた　▲できなかった			
	知識・技能	思考・判断・表現	主体的に学習に取り組む態度
年間の評価	◎ストレッチで動かした部位について、名称と位置を一致させることができた。 ▲指示で行う時に、左右を間違えることがあった。	○簡単なダンスについて、ある程度、動きを理解して、身体の各部位を正しく動かして踊ることができるようになった。 ▲早い動きには、まだついていけない時があった。	○教師と一緒に取り組んだり、できることが増えたりしていくと、積極的な姿勢で取り組む姿が多く見られた。 ▲自分からダンスの動きを模倣しようとせず、教師の言葉かけがないと取り組まない時もあった。
その他	体を動かす経験を積むことによって、自分の意思で体の各部位を正しく動かすことができるようになり、運動に取り組む抵抗感がなくなってきた。		

⑫－2　各教科等の関連評価（⑩の各教科等を通して）　<関連する教科等のみ記載>　◎○▲で評価	
国語	
社会	
数学	◎言葉かけをすることによって、一つ一つの手順を確認して、正確に線を引くことができるようになった。
理科	
音楽	○リコーダー演奏において、指をほぼ正確に動かして、正確な音を鳴らすことができた。 ▲親指も同時に使う音については、苦手さがある。
美術	▲指先の動きは、まだ苦手さがある。
技術・家庭	○木を切るなど、体を大きく使って行う動きについては力強さが出てきた。 ▲裁縫において、かなり苦手さが目立った。
保健体育	◎準備運動や整理運動に、正しい動きで取り組むことができるようになった。
外国語	
道徳	
総合的な学習の時間	
特別活動	○人とぶつかることがほとんどなく、教室からの移動ができるようになってきた。
その他（　　　　　　）	
生活単元学習	
作業学習	○木を切るなど、体を大きく使って行う動きについては力強さが出てきた。

⑬	指導計画の作成から実施までの全般的な評価（よかった点、改善すべき点、意見など）
実態把握 指導目標	・前後左右の空間認識をもたせることは、体の各部位の左右を区別することに効果的であった。 ・簡単な段階から取り組ませるようにしたことによって、本人も意欲をもって取り組むことができていた。
指導内容 指導方法	・鏡を見ながら取り組むことによって、自分で間違った動きに気付いて、直しながら取り組むことができた。 ・ダンスの難易度は、全体的にもう少し簡単に取り組むことができるような内容がよかった。
教科等との関連	・保健体育との関連において、授業の中で行う準備運動や整理運動をしっかりと行うことについて、効果的であった。 ・指先の動きに関わることについても、指導内容等を検討すべきであった。
指導経過 学習評価	・ペアで行う運動については、教師だけでなく、生徒同士で取り組むこともできそうな様子であった。
本人の意見 本人用シート	・運動に対しての抵抗感を軽減することができた。
保護者の意見	
その他	

⑭	次年度への引継ぎ事項（変更点、要望など）
担任・担当者へ	・ペアで取り組む活動にも意欲的に取り組んでいたので、積極的に取り入れることを検討してほしい。 ・微細運動（指先の動き）については、苦手さが目立つので、目と指先の動きの協応力を高める指導内容も検討してほしい。 ・特に保健体育においては、個別に課題の設定レベルを変え、本人ができる範囲で取り組ませると、運動に対する抵抗感なく取り組むことができると思われる。 ・指先を使う作業的なことには、安全面への配慮をしながら取り組ませるようにしたほうがよいと思われる。
本人・保護者へ	・運動に対する抵抗感が軽減されてきているので、家庭でも定期的に取り組むことができる運動の機会が確保できると、肥満解消にもつながり、健康の増進によいと思われる。
その他	・なるべく、失敗経験をしないような内容で取り組むことができるように検討してほしい。

自立活動の学習

尾張中学校　2年　C組　名前 徳川　康

自分の得意なことや苦手なこと、困っていること					
健康について （健康の保持）	自分の気持ち について （心理的な安定）	人付き合い について （人間関係の形成）	周りの感じ方 について （環境の把握）	体の動かし方 について （身体の動き）	友達や他人との 会話について （コミュニケーション）
・あまり運動は していません。	・特に体育の時に、できないことがあるとイライラします。	・みんなで行う体育の授業は好きではありません。	・人によくぶつかってしまいます。		・一度にたくさん言われると、頭の中がゴチャッゴチャになってしまいます。

特に、がんばりたいこと、よくしたいこと、直したいこと					
健康について （健康の保持）	自分の気持ち について （心理的な安定）	人付き合い について （人間関係の形成）	周りの感じ方 について （環境の把握）	体の動かし方 について （身体の動き）	友達や他人との 会話について （コミュニケーション）
・体重をへらしたい。	・みんなと楽しく体育をしたいです。		・人にぶつからないようにしたい。	・体をうまく動かして、運動がとくいになりたい。	

１年間の目標	
知識・技能	①体をうまく動かせるようにしたい。
思考・判断・表現	②まわりを気にして動いたり、できる動きを増やしたりしたい。
学びに向かう力	③できなくても、とちゅうで投げ出さないで、最後までがんばれるようになりたい。

学習内容 学習方法	・体をうまく動かせるようにストレッチに取り組む。 ・ダンスの見本を見て、まねができるようにする。 ・できる動きをたくさんふやして、次から次へとチャレンジする。

	学期	◎とてもよくできた　　○できた　　▲できなかった		
ふり返り	1学期	① ◎いろいろな体の部分の名前と位置を知ることができた。	② ▲レベル１のダンスでも、かなりむずかしくて、うまくできない動きが多かった。	③ ▲ダンスがむずかしくて、あまり気がのらなかった。
	2学期	① ○伸ばしている部分をいしきしながらストレッチに取り組むことができた。	② ○レベル１のダンスでは、できる動きが多くなってきた。	③ ○ストレッチやダンスで、苦手な動きでも、あきらめずにがんばることができた。
	3学期	① ◎先生の見本なしでも、しっかりとストレッチに取り組むことができた。	② ○レベル１のダンスについては、だいたいできるようになった。	③ ◎レベル２のダンスにもチャレンジすることができた。
	その他			

多動を減らして着席時間を延ばし、落ち着いて学習に取り組めるようになるための指導

「自立活動の個別の指導計画」

名　前	やまぐち　すみお 山 口　純 男	性別	男	学校・学年	名古小学校 1 年つくし学級 特別支援学級（自閉症・情緒障害）
障害名 診断名	自閉スペクトラム症（愛知市療育センター・中谷誠一 Dr、4 歳 1 か月時）					
検査結果 手帳取得	田中ビネー V　IQ101（愛知市医療センター、阿部達子臨床心理士、就学時年長） S-M 社会生活能力検査　全検査 AS91（身辺自立 7 歳 1 か月、移動 7 歳 4 か月、作業 6 歳 5 か月、意思交換 6 歳 8 か月、集団参加 6 歳 5 か月、自己統制 6 歳 5 か月）、（小学校 1 年時、担任） 手帳取得不可（6 歳時）					
指導期間	令和 2 年 4 月〜令和 3 年 3 月（1 年間）		指導時数	特設：年間 68 時間（週 2 時間）		
指導場所	教室、体育館、運動場、保健室等		指導者	担任（岡部啓教諭）		
関係者等	主治医（愛知市療育センター・中谷誠一 Dr.）					
合理的配慮 （観点）	学習に見通しがもてるよう、写真・挿絵などを使って視覚的な支援をしながら予定等を伝える。 （①−1−1） 不安や緊張が高まった際は、本人が安心できる場所に移動し、落ち着かせる。（③−1）					

①　障害の状態、発達や経験の程度、興味・関心、学習や生活の中で見られる長所やよさ、課題等について情報収集

・微細運動（はさみやはしを使うこと、マウス操作等）が苦手である。
・鉛筆やペンを持って文字を書くことを好む。ひらがなで書かれた言葉を読むことができる。
・偏食が多く、食事に時間がかかる。
・学校では自分が決めたトイレ以外では排泄をしない。
・検診や身体測定を極度に嫌がる。
・予定が変更されると、大声を出したり、泣いたりする。
・慣れない場所や見通しのもちにくい場面では、緊張が高まり、多動になる。
・授業中は 10 分以上、席に座っていることが難しい。
・体育館や運動場など広い場所に行くと、走り出してしまうため、整列をすることが難しい。
・自分の思いを言葉でうまく伝えることが難しい。
・言葉による指示が通りづらい。相手の意図や気持ちを理解することが難しい。

②−1　収集した情報（①）を自立活動の区分に即して整理する段階

健康の保持	心理的な安定	人間関係の形成	環境の把握	身体の動き	コミュニケーション
・偏食が多い。 ・食事に時間がかかる。 ・検診や身体測定を極度に嫌がる。	・予定が変更されると、大声を出したり、泣いたりする。 ・授業中は 10 分以上、席に座っていることが難しい。	・相手の意図や気持ちを理解することが難しい。	・体育館や運動場など広い場所に行くと、走り出してしまう。 ・慣れない場所では、緊張が高まる。	・微細運動（はさみやはしを使うこと、マウス操作等）が難しい。	・自分の思いを言葉でうまく伝えることが難しい。 ・言葉による指示が通りづらい。

②−2　収集した情報（①）を学習上又は生活上の困難や、これまでの学習状況の視点から整理する段階

・一日の予定や校外学習など、いつ、どこで何をするのかを理解していないと、極度の緊張や不安が起こり、多動になる。また、期待していた学習ができなくなるなど、予定の変更があると、大声を出したり、泣いたりする。（心、人、環）
・こだわりから、自分が決めたトイレ以外では排泄をしない。（健、心、環）
・校内における検診や身体測定を嫌がる。（健、心、環、身）
・校内では、保健室など、自分が怖いと思った場所には近付こうとしない。（心、環）
・多動傾向により、同じ場所に 10 分以上座っていることが難しい。また、運動場や体育館で授業をする際は、特に指示が通りづらく、走り出すことが多く、決められた場所に座っていたり、整列したりすることが難しい。（心、人、環）
・言葉による説明や指示を理解することが困難な場合が多い。（人、コ）

②－3　収集した情報（①）を卒業後（6年後）の姿の観点から整理する段階

・授業中の45分間、立ち歩いたり、走り出したりすることなく、落ち着いて学習ができるようにさせる。（心、人、環）
・学校や公的な施設には怖い場所がないことを理解し、どこでもスムーズに出入りができるようにさせる。（心、人、環）
・体育館や運動場で行う授業や集会活動では、その場から離れることなく、みんなと一緒に活動をすることができるようにさせる。（心、人、環）

③　①をもとに②－1、②－2、②－3で整理した情報から課題を抽出する段階

・本人の関心を高めたり、指示を確実に理解させたりするために視覚的な手立てを講じることや、学習の見通しをもたせることが必要である。（心、環）
・保健室が怖い場所という先入観をなくすことが課題である。（心、人、環、コ）
・教室以外の場所（体育館や運動場など）において、自分がどの位置にいればよいのかを理解させることが課題である。（心、人、環）
・時間の見通しをもてないことが課題である。（心、環）

④　③で整理した課題同士がどのように関連しているかを整理し、中心的な課題を導き出す段階

　1年生ということもあり、まずは、落ち着いて学校生活を送られるようにすることが必要だと考える。今後は、生活経験によって落ち着いてくることも予想されるが、幼稚園からの引継ぎによると、普段とは異なる慣れない場所や見通しのもちにくい活動では、緊張が高まり、多動になるという傾向はあまり減少していないとのことだった。また、日常生活の様子を見ると、言語による指示も通りづらい。そこで、本人が学校生活や授業における見通しをもたせるためには、「いつ」「どこで」「何をするのか」「あとどれくらいの時間で終わるのか」などを視覚的に理解することができるよう、写真や挿絵、タイムタイマーなどを取り入れて、丁寧に説明をしていくことが効果的だと考えた。さらに、初めは教師が着席していてほしい目標時間を設定し、取り組ませる。また、集中時間が切れそうなところで、離席してよい状況を設定する。
　入学当初に、保健室が怖い場所という先入観を抱いてしまったことで、保健室に近付いたり、入ったりすることを極度に嫌がっている。まずは、本人の先入観を払拭させるようにする必要があると考える。また、教室以外の場所（体育館や運動場）で走り回ってしまうことについては、自分がいるべき位置を理解できていないことや、何をしてよいのかを十分理解していないことが考えられる。まずは、体育館や運動場で自分がどこにいればよいのかを理解したり、ルールに従わせたりしながら、楽しくゲームをする活動を行うことが効果的であると考える。

課題同士の関係を整理する中で今指導すべき指導目標として	⑤　④に基づき設定した指導目標を記す段階	
	知識・技能	・この時間はどこで、何をするのかを理解して行動することができる。
	思考・判断・表現	・離席したくなった時には、その場の状況を考え、離席してもよいかを教師に伝えて行動することができる。
	学びに向かう力、人間性等	・できるだけその場から離れず、少しでも長く教師や友達と一緒に活動しようとする。

指導目標を達成するために必要な項目の選定	⑥　⑤を達成するために必要な項目を選定する段階					
	健康の保持	心理的な安定	人間関係の形成	環境の把握	身体の動き	コミュニケーション
		(1) 情緒の安定に関すること。 (2) 状況の理解と変化に関すること。	(1) 他者とのかかわりの基礎に関すること。 (2) 集団への参加の基礎に関すること。	(5) 認知や行動の手掛かりとなる概念の形成に関すること。	(5) 作業に必要な動作と円滑な遂行に関すること。	(2) 言語の受容と表出に関すること。

⑦　項目と項目を関連付ける際のポイント

・＜できるだけ長く座って、落ち着いて授業に参加できるように＞（心）(1)(2)、（環）(5)、（コ）(2) を関連付けた指導が⑧アである。
・＜保健室に怖がらずに入ることができるようにするために＞（心）(2)、（人）(1)、（環）(5)、（コ）(2) を関連付けた指導が⑧イである。
・＜教室以外の場所（体育館や運動場）で走り回ることなく、自分の位置にいられるようにするために＞（人）(2)、（身）(5)、（コ）(2) を関連付けた指導が⑧ウである。

	⑧　具体的な指導内容を設定する段階		
選定した項目を関連付けて具体的な指導内容を設定 （計68時間）	[ア] ア－1（17時間） 一日の予定や活動の内容の流れを説明する中で、学習目標、学習内容、着席について見通しをもつ。 ア－2（17時間） 集中がとぎれそうな時には、体を動かせるようにする。 意図的に体を動かす活動を通して、友達から感謝されるようにする。	[イ] イ－1（13時間） 「保健室について知ろう」の学習を設定して、保健室が安心できる場所であることを理解する。 イ－2（5時間） 「インタビューをしよう」の学習を設定して、養護教諭の仕事内容を聞き取り、養護教諭は、子どもが健康に生活できるために働いていることを理解できるようにする。	[ウ] ウ－1（8時間） ゲームを通して（決められた所への移動、決められた所で止まる、決められた物を触わる）、自分がすべきことや、自分がいるべき位置などを理解する。 ウ－2（8時間） イラストなどを提示し、ルールを理解できるようにする。ゲームの活動を通して、ルールを守ることで、みんながゲームを楽しめることを理解する。

	⑨　⑧を実施するために具体的な指導方法（段階、教材・教具の工夫、配慮など）を設定する段階		
指導内容について具体的に指導方法を設定	[ア] ア－1 ・一日の予定や、各時間の授業における活動の内容を説明する際は、写真やイラストなどを用いて、視覚的に理解しやすいようにする。 ・学習時間や、席に座る目標時間について説明をする際は、タイムタイマーなどを用いて、視覚的に理解しやすいようにする。 ア－2 ・集中が途切れそうになった時には、教師を呼び、離席してもよいかを確認してから席を立つようにする。 ・そわそわしだしたら、友達にプリントを配るなど、体を動かすことのできる場面を設定し、学習に落ち着いて取り組めるようにする。	[イ] イ－1 ・養護教諭と連携を図りながら、信頼関係を高めるようにする。 ・保健室には、どんなものがあるのか、どんなことができるのかを写真を使って提示し、説明する。 ・保健室にあるものなどを教室に持参して実際に触ったり、操作させたりする。 イ－2 ・養護教諭へ大きな声ではきはきとインタビューできるようにする。 ・インタビュー活動を通して、養護教諭の仕事内容は子どもが健康に暮らせるようにすることであることを理解させるようにする。	[ウ] ウ－1 ・ゲームを行う際は、本人の好きな音楽を使用する。 ・ゲームを行う際は、本人が好むアニメキャラクターのプレートを使う。そのプレートに向かって移動したり、止まったり、触ったりできるようにする。 ウ－2 ・イラストなどを使い、視覚的にルールを理解できるようにする。 ・ルールが守れた時には、シールなどの褒美を与え、うまくできたことを意識できるようにする。

⑩　各教科等との関連（指導場面、指導内容、指導方法）を設定する段階　＜関連する教科等のみ記載＞	
国語	音読の時には、文章に分かち書きのための線を引き、教科書を読みやすくする。 手紙を書こうでは、養護教諭に手紙を書き、コミュニケーションを図ることができるようにする。
社会	
算数	足し算や引き算の学習では、おはじきなどの具体物を操作しながら行う。
理科	
生活	学校探検を通して、教職員の仕事や特別教室の役割について理解する。 インタビュー活動を通して、教職員の仕事について理解をし、壁新聞にまとめる。
音楽	
図画工作	上級生が作った作品の写真などを見せ、作品づくりにイメージをもつことができるようにする。
家庭	
体育	自分の集合する場所が分からない場合には、好きなアニメキャラクターのプレートのある所に立ったり座ったりさせるようにする。
外国語活動／外国語	
道徳	
総合的な学習の時間	
特別活動	朝の会において、一日の流れを確認させるようにする。

⑪	指導経過（⑧の指導内容、⑨の指導方法に対する指導経過）		
1学期	**ア** ・予定や活動の内容を説明する際は、できるだけ学級の児童の様子を写した写真を用いて理解を促した。そのことで、約15分間着席をして、関心をもちながら写真を見て話を聞くことができた。 ・集中がとぎれそうになった時に、友達にプリントを配る活動を行ったことで、友達から「ありがとう。」と言われ、気分よく自分の席に戻り、学習に取り組むことができるようになった。	**イ** ・保健室にあるものを写真で提示し、児童の関心を高めるようにした。保健室には、本人の好きな絵本や、ぬいぐるみがあることや、体を休めるベッド、身体測定器、体重計など、怖いものばかりがあるわけではないことを少しずつ理解できた。 ・検診等を極度に恐れていたので、保健室にある聴診器等を事前に触らせるなどの配慮をした。また、校医には、検診を教室で行ってもらったり、白衣を脱いでもらったりするなどの配慮をお願いした。本人は恐れたり、暴れたりすることなく、検診を受けることができた。	**ウ** ・本人の好きなアニメキャラクターのプレートを見つけようと必死に走る様子が見られた。また、肋木の上に貼ったアニメキャラクターのプレートを触ることを目指し、頑張って登る様子が見られた。この活動において、体力の向上も図られた。 ・友達の活動の順番の時に、順番を抜かしてしまうなど、ルールを守って取り組むことができなかった。
2学期	**ア** ・朝の会や授業、給食において、席を立たず着席している目標の時間を決め、タイムタイマーを操作しながら、活動することができた。その結果、着席している時間が少しずつ伸びていった。本人は、タイムタイマーを見ながら、立たないようにしようと努力をし、30分ほど着席ができることもあった。	**イ** ・養護教諭との触れ合いが増えたことで、信頼関係が徐々に形成されていった。 ・養護教諭に会いに行くことや、保健室にある本人が興味をもつ、絵本、ぬいぐるみを見に行くことを目的に保健室を訪問する活動を行った。はじめは、担任の手を強くにぎり緊張した様子であったが、中に入ると絵本を触ったり、養護教諭と触れ合ったりすることができた。	**ウ** ・「音楽が止まったら、自分の好きなアニメキャラクターのプレートの位置に戻る」というルールを理解し、それに従ってゲームに参加することができた。
3学期	**ア** ・朝の会では、黒板に記載された予定をプリントに記載する学習を加えた。書くことに関心があるため、朝の会ではさらに落ち着いた態度で参加ができるようになった。	**イ** ・上級生の友達と一緒に「健康観察」を届ける仕事に取り組ませた。毎日、行ったことで、保健室を怖がる様子はほとんどなくなった。 ・身体測定を保健室で受けることができた。	**ウ** ・体育や集会活動の際、運動場や体育館に本人がいるべき位置に、ゲームで使用したキャラクターのプレートを置き、自分がいるべき位置を視覚的に理解させた。本人は、プレートの上に座ることができた。また、「音楽が鳴っていないね。今はそこを動いちゃだめだよね。」という言葉かけも加えたことで、当初のように、走り回ることはほとんどなくなった。

⑫－1	自立活動の学習評価（⑤の指導目標に対する学習評価）　◎よくできた　○できた　▲できなかった		
	知識・技能	思考・判断・表現	主体的に学習に取り組む態度
年間の評価	○「朝の会」では、一日の流れや活動の内容を理解することができた。 ◎「保健室について知ろう」では、保健室に行く目的などを理解することができた。 ○ゲームの方法を理解できた。	○自分が着席する目標時間を決めることができた。 ○授業で提示した資料の中から、正しいと思うものを考え、選択することができた。	▲授業中にタイムタイマーで設定した目標の時間まで着席することが難しいことがあった。 ○保健室へ訪問する学習では、不安を抱きつつも、その場にいようとする態度が見受けられた。 ◎保健室へ上級生と健康観察簿を届ける活動ができた。
その他			

⑫-2　各教科等の関連評価（⑩の各教科等を通して）　　＜関連する教科等のみ記載＞	◎○▲で評価
国語	○分かち書きの線を入れることで、スムーズに音読ができるようになった。 ◎「手紙を書こう」を通して、養護教諭とのコミュニケーションを図ることができ、養護教諭の仕事内容や人柄について分かり、養護教諭との信頼関係を築くことができた。
社会	
算数	
理科	
生活	○養護教諭の仕事や保健室の物品の使用方法を知ることで、保健室へ行く目的などを理解でき、保健室を怖がることが減ってきた。 ◎インタビュー活動を通して、養護教諭の仕事内容や人柄について分かり、養護教諭との信頼関係を築くことができた。
音楽	
図画工作	▲完成品の提示をすることで、作品づくりのイメージをもつことはできたが、手先の巧緻性が不十分のため、作品をうまく作ることができなかった。
家庭	
体育	○本人の好きなアニメキャラクターのプレートを置いたことで、自分がいるべき位置を理解し、その場に立ったり、座ったりすることが増えていった。
外国語活動／外国語	
道徳	
総合的な学習の時間	
特別活動	◎朝の会において、一日の流れをきちんと把握することができた。

⑬　指導計画の作成から実施までの全般的な評価（よかった点、改善すべき点、意見など）	
実態把握 指導目標	・自立活動シートを活用することで、より詳しく実態把握をすることができた。 ・実態把握をきちんとできたことで、綿密な指導計画が立てることでき、よかった。
指導内容 指導方法	・養護教諭と連携を図ることによって、本人の苦手意識を取り除くことがうまくできた。
教科等との関連	・コミュニケーションを図る活動を多く取り入れたことは効果的であった。
指導経過 学習評価	・評価から、次の指導内容をもう少し細かく検討すべきであった。
本人の意見 本人用シート	・保護者の思いをしっかりと聞き取り、取り入れるべきであった。
保護者の意見	・我が子が少しずつ落ち着いてきたので、来年度の先生にも今の指導方法を伝えてほしいという意見があった。
その他	

⑭　次年度への引継ぎ事項（変更点、要望など）	
担任・担当者へ	・授業を始める前に、タイムタイマーを使って、着席時間の目標を設定する活動を続けるなど、本人に授業に対する見通しをもたせるようにした方がよいと思われる。 ・「人間関係の形成」や「コミュニケーション」に関する指導は、今後も重点的に取り組んでいく必要がある。
本人・保護者へ	・いろいろな先生に積極的に話す活動を継続してほしい。
その他	

自立活動の学習

なご小学校 1年 つくし学級　名前 やまぐち　すみお

＜本人・保護者と一緒に作成＞

自分の得意なことや苦手なこと、困っていること					
健康について（健康の保持）	自分の気持ちについて（心理的な安定）	人付き合いについて（人間関係の形成）	周りの感じ方について（環境の把握）	体の動かし方について（身体の動き）	友達や他人との会話について（コミュニケーション）
・やさいやわかめがきらい。 ・たべるのがおそいです。	・はじめてのところはこわいです。 ・なれていないことをするときんちょうします。 ・べんきょうのときに、ずっとすわっていられないです。	・ともだちのきもちがわかりません。 ・ないているこどもをみるとあかちゃんだとおもってわらいます。	・ひろいところでは、どこにあつまればよいのかわからないので、はしってしまいます。 ・ほけんしつは、びょういんみたいにちゅうしゃをされそうでいやです。	・はさみやはしをじょうずにつかえません。 ・コンピュータのマウスをうまくつかえません。	・みんなとじょうずに、はなせません。 ・せんせいのいっていることがよくわかりません。

特に、がんばりたいこと、よくしたいこと、直したいこと					
健康について（健康の保持）	自分の気持ちについて（心理的な安定）	人付き合いについて（人間関係の形成）	周りの感じ方について（環境の把握）	体の動かし方について（身体の動き）	友達や他人との会話について（コミュニケーション）
	・べんきょうするときは、せきにすわって、がんばります。	・みんなとなかよくしたいです。	・ほけんしつってどんなところかしりたいです。		

1 年間の目標	
知識・技能	①きめたじかん、せきにすわってべんきょうする。
思考・判断・表現	②ほけんしつで、ほけんのせんせいからほけんしつことをきいてみたい。
学びに向かう力	③ルールをまもって、せんせいやともだちといっしょにできるようになりたい。

学習内容学習方法	・じぶんできめたじかん、せきにすわってべんきょうをする。 ・ほけんのせんせいとおはなしして、ほけんしつって、どんなへやなのかをしる。 ・ゲームをするときは、ルールをまもる。		

	学期	◎とてもよくできた　○できた　▲できなかった		
ふり返り	1学期	① ○15ふんまで、タイムタイマーをみながら、がんばってすわっていることができた。	② ○ほけんしつクイズで、ほけんしつは、せのたかさやたいじゅうをはかるところであることがわかった。	③ ○ゲームがたのしかった。 ▲じゅんばんぬかしをしてみんなにおこられた。
	2学期	① ◎タイムタイマーをみながら、30ぷんならすわってべんきょうすることができた。	② ◎すこしこわかったけど、ほけんしつに入ってることができた。 ○ほけんしつについていろいろわかった。	③ ○ともだちとなかよく、ゲームすることができた。 ○ゲームのルールがわかった。
	3学期	① ◎せんせいが、つぎ、やることをおしえてくれたときは、1かいもせきをたたなかった。	② ◎おにいさんやおねえさんと一しょにほけんしつへ「けんこうかんさつぼ」をもっていけた。	③ ○ゲームのときに、イラストのなかから、どのうごきがただしいかかんがえ、そのとおりにうごけた。 ◎ひろいところでも、みんなのいるところにあつまればよいことがわかった。
	その他			

こだわりを利用して、偏食から食への興味に発展させるための指導

「自立活動の個別の指導計画」

名　前	うえすぎ　うめと 上 杉 梅 斗	性別	男	学校・学年	米沢小学校5年べにばな学級 特別支援学級（自閉症・情緒障害）
障害名 診断名	自閉スペクトラム症、発達性協調運動症（置賜市立医療センター・小山圭子 Dr.、6歳8か月時）				
検査結果 手帳取得	KABC-Ⅱ　認知105（継次110、同時100、計画103、学習113）、習得101（語彙99、読み108、書き100、算数102）、（置賜市特別支援教育専門家チーム・佐竹絵理子検査員、小学校4年時） WISC-Ⅳ　全検査 IQ98（言語理解102、知覚推理89、ワーキングメモリー106、処理速度95）、（置賜市特別支援教育専門家チーム・佐竹絵理子検査員、小学校3年時） 手帳なし				
指導期間	令和2年4月～令和3年3月（1年間）	指導時数		特設：年間70時間（週2時間）	
指導場所	教室・家庭科室等	指導者		担任（田村郷子教諭）	
関係者等	主治医（置賜市立医療センター・小山圭子 Dr.）				
合理的配慮 （観点）	・その時間や年間の活動の見通しがもてるように、今後の予定を示して不安にならないようにする。（①-1-1） ・勝ち負けにこだわりすぎて興奮した時は、別室で落ち着かせる。（③-2）				

① 障害の状態、発達や経験の程度、興味・関心、学習や生活の中で見られる長所やよさ、課題等について情報収集

・理科や社会に興味があり、国語算数も基本的な内容は理解しているが、長文読解や作文を苦手としている。
・気持ちの理解が苦手である。
・自分の考えを表出するまでに時間がかかる。
・慣れていない人に話しかけることが苦手である。
・相手によっては、自分のこだわりを押し通そうとしてしまう。
・勝ち負けを決めるものにはこだわり口が悪くなってしまうことがある。
・手先が不器用であり、体の使い方もぎこちない。
・相手の状況に合わせて行動することが苦手である。
・苦手な食材が多く、口触りが悪いものや野菜、魚、酸っぱいものなどが苦手である。
・好きなものは早く食べられるが、苦手なものは口に入れるまで時間がかかる。

②-1 収集した情報（①）を自立活動の区分に即して整理する段階

健康の保持	心理的な安定	人間関係の形成	環境の把握	身体の動き	コミュニケーション
・偏食が多い。 ・食事に時間がかかることが多い。 ・苦手なものを口に入れるまで時間がかかる。	・相手の状況を見て行動することが苦手である。	・気持ちの理解が苦手である。 ・自分の意見にこだわりすぎることがある。 ・勝負だと譲れないことが多く口が悪くなる。	・時間の見通しをもって給食を食べることができない。	・手先が不器用で丁寧に文字を書いたり、作ったりすることが苦手である。 ・体の動きがぎこちない。	・自分の意見がなかなか言えない。 ・交流学級でのグループ活動で意見を言うことが苦手である。

②-2 収集した情報（①）を学習上又は生活上の困難や、これまでの学習状況の視点から整理する段階

・給食に出るような食材でも食べたことがないものがあり、家では好きなものしか食べない。苦手だと思うと口に入れるまで時間がかかるが、終わりの時間が近付くと急いで食べようとする。しかし、間に合わないこともあり、頑張った満足感を得られないことがある。（健、環）
・交流での学習で友達と意見を交流し合う時、意見を聞かれても考えすぎて答えるまでに時間がかかったり、自分の意見にこだわって相手の意見を受け入れられなかったりするため、話し合いがまとまらないことがある。（心、人、コ）
・勝ち負けを決めるような活動では、口が悪くなったり、譲れなくなったりすることがある。（心、人）
・手先がうまく使えず、丁寧に作業できなかったり、体の動きがぎこちなくボール運動や縄跳びが苦手だったりする。（身）

②-3　収集した情報（①）を卒業後（2年後）の姿の観点から整理する段階
・中学校入学時に給食をみんなと同じペースで食べられるようにするため、1年後には、20分間で食べきれるようにさせたい。そのために、見通しをもたせて苦手な食材でも時間をかけず食べられるようにさせる。（健、環） ・中学校入学時に、話し合い活動で、意見を交流することができるように、自分の意見をできるだけ早く言えたり、自分の主張にこだわりすぎずに相手の意見に合わせたりできるようにする。（心、人、コ） ・中学校入学時に、勝負にこだわらず活動を楽しめるようにさせる。（心、人）

③　①をもとに②-1、②-2、②-3で整理した情報から課題を抽出する段階
・苦手なものへのこだわりが強く、食べ物への理解が不十分である。（健） ・時間の見通しをもてないことが課題である。（環） ・自分の意見をすぐに言えないことが課題である。（コ） ・自分の意見にこだわりすぎずに、相手と意見を調整することが苦手である。（心、人、コ） ・手を使って様々な活動をする必要がある。（身） ・勝ち負けにこだわりすぎず、みんなと楽しめるようにする必要がある。（心、人）

④　③で整理した課題同士がどのように関連しているかを整理し、中心的な課題を導き出す段階
給食を決められた時間で食べきることは中学校に入学する時に必要な力である。好きな食べ物はスムーズに食べられるのに、嫌いな食べ物だと口に入れるまで時間がかかってしまうため、苦手なものへのこだわりが強いことが原因だと考えられる。学習では、社会や理科などに興味があり、好きなことはどこまでも追求しようとするため、こだわりの方向を食に向けるような研究をすることが興味につながり、食べる時の抵抗感も少なくなるのではないかと考える。また、自分の主張をしつこく言ったり、納得するまで意見を言えなかったり、勝負で口が悪くなったりすることもこだわりが原因と考えられる。こだわりを減らしていくために、勝ち負けのある活動で友達と楽しく関わったり、選択肢を与えて意見をすぐに言ったり、友達との話し合いのやり方を示し、相手との意見の調整を行ったりする活動を積み重ねていくことが効果的ではないかと考える。

課題同士の関係を整理する中で今指導すべき指導目標として	⑤　④に基づき設定した指導目標を記す段階	
	知識・技能	・自分のやり方にこだわらずに、提示されたやり方が分かり、そのやり方に従って活動できる。
	思考・判断・表現	・いろいろな意見を考え、どの意見を出すとよいかを選んで友達と話し合うことができる。
	学びに向かう力、人間性等	・苦手な食べ物や初めての食べ物もこだわりすぎずに、自分から食べようとする。

指導目標を達成するために必要な項目の選定	⑥　⑤を達成するために必要な項目を選定する段階					
	健康の保持	心理的な安定	人間関係の形成	環境の把握	身体の動き	コミュニケーション
	(1) 生活のリズムや生活習慣の形成に関すること。	(2) 状況の理解と変化への対応に関すること。	(2) 他者の意図や感情の理解に関すること。 (3) 自己の理解と行動の調整に関すること。 (4) 集団への参加の基礎に関すること。		(5) 作業に必要な動作と円滑な遂行に関すること。	(2) 言語の受容と表出に関すること。 (5) 状況に応じたコミュニケーションに関すること。

⑦　項目と項目を関連付ける際のポイント
・＜勝ち負けにこだわらずに楽しく活動できるように＞（心）(2)、（人）(2)(3)、（身）(5)、（コ）(5)を関連付けた具体的な指導内容が⑧アである。 ・＜自分の意見を言ったり、相手の意見を受け入れたりして話し合いに参加するために＞（心）(2)、（人）(3)(4)、（コ）(5)を関連付けて設定した具体的な指導内容が⑧イである。 ・＜食に興味をもたせるために＞（健）(1)、（身）(5)を関連付けて設定した具体的な指導内容が⑧ウである。

	⑧ 具体的な指導内容を設定する段階		
選定した項目を関連付けて具体的な指導内容を設定 （計70時間）	**ア** ア−1 （17時間） 　勝ち負けのあるゲームや運動でルールを守って友達と楽しく活動する。 ア−2 （6時間） 　いつでも友達と仲良く活動するために、友達とのかかわりに必要な言葉づかいを身に付ける。	**イ** イ−1 （7時間） 　話し合いのやり方を示し、意見を出し合い、友達と話し合って決定する。 イ−2 （6時間） 　選択肢のある質問に悩まず、時間をかけずに答えられるようにする。 イ−3 （6時間） 　話し合いや答え方の様子を客観的に振り返らせることで、成長を確認し、めあてをもたせる。	**ウ** ウ−1 （23時間） 　大豆から作られる加工品を調べて知識を増やし、大豆博士を目指す。 ウ−2 （5時間） 　社会の食料生産の単元と関連させて、家庭での食事や給食のルーツ探しで食の知識を増やし、初めて口にする食べ物も身近なものと感じさせる。

	⑨ ⑧を実施するために具体的な指導方法（段階、教材・教具の工夫、配慮など）を設定する段階		
指導内容について具体的に指導方法を設定	**ア** ア−1 ・勝ち負けにかかわらず楽しめるゲームで友達と楽しく活動する。 ・徐々に体を動かしたり、勝ち負けにこだわりたくなったりするような活動に取り組ませていく。 ア−2 ・友達とのゲームや運動で想定される場面を設定し、望ましい言葉づかいを考えたり、役割演技をしたりする。	**イ** イ−1 ・話し合いシートを作って話し合いの手順を知らせる。 ・役割交替しながら進行や書記、発表など、全ての役割を経験させる。 イ−2 ・答えやすい2択の選択肢の質問をして、即答することに慣れさせる。 イ−3 ・答え方の様子をビデオで振り返らせ、次のめあてを考えることで成長を確認させる。	**ウ** ウ−1 ・3年時に興味をもった国語の題材から発展させて、大豆から作られるものを詳しく調べ実際に作ることで知識を増やす。 ウ−2 ・家庭での食事や給食の食材の産地や作り方、栄養素などこだわりをもって調べ知識を増やすことで、様々な食べ物に慣れさせる。

⑩ 各教科等との関連（指導場面、指導内容、指導方法）を設定する段階　＜関連する教科等のみ記載＞	
国語	自分の考えを出す場面で、確実な答えでなくても意見を出せるようにする。 インタビュー単元で友達と練習した後、食に関係のある方にインタビューする。
社会	食料生産の単元で、自分の食べている食事の材料やその産地、米づくりなどに興味をもたせる。
算数	自分の考えをもつ時、理由を付けて言えるようにする。
理科	観察する時、見た目だけでなく、実際に長さを測ったり、においをかいだり、いろいろな視点から観察してまとめられるようにする。 大豆をテーマにした自由研究に取り組ませる。
音楽	
図画工作	
家庭	調理実習で友達と協力して調理や片付けをさせる。 家庭の仕事を実際にやってみたり、栄養素を考えたり、交流学級でのみんなとの調理実習の後に、最初から最後まで一人で調理させたりすることで食に興味をもたせる。
体育	
外国語活動／外国語	
道徳	
総合的な学習の時間	大豆について調べたことをまとめて発表する。 米づくりの体験学習に意欲的に取り組ませる。
特別活動	交流学級で児童会総会に向けた話し合いに参加し、意見を言う経験をする。

⑪　指導経過（⑧の指導内容、⑨の指導方法に対する指導経過）			
1学期	[ア] ・じゃんけん質問ゲームなど、勝っても負けても楽しめ、次々と役割を交替してできそうなゲームを繰り返し行った。	[イ] ・２択での提示にして意見を出しやすくした。それでも一度で意見を出せなかったり、他の人を見て意見を変えようとしたりすることがあった。そのため、簡単な質問にして自信をもって答えやすいようにした。	[ウ] ・大豆から作られるものをたくさん調べ、その中から実際に作りたいものを決めた。豆腐やみその種類や作り方を調べ、作ることにした。みそは出来上がるまで毎週、色やにおいをチェックして表にした。
2学期	[ア] ・カードゲームやカルタなど勝ち負けにこだわりそうなゲームにステップアップした。乱暴な言葉も出てきたため、ふわふわ言葉の学習も行った。ゲーム中にもふわふわ言葉を使おうと取り組んだ。	[イ] ・選択肢を増やし、理由も答えることにした。理由が言えないことに備えて、例文を示したり事前に想定した質問に答えを考えたりして意見を出しやすくした。また、話し合いの様子をビデオで振り返ることで次に頑張ることを考えた。	[ウ] ・出来上がったみそを使って何か作りたいという考えが出てきたので、豚汁やみそ汁を作った。 ・給食の食材の産地を調べたり、初めて出たメニューの作り方を調べたりした。全国や世界の名物料理にも興味をもった。
3学期	[ア] ・ボール投げ競争や卓球などスポーツの競争も取り入れた。 ・友だちとの競争でトラブルが想定される場面を設定し、どんな言い方がよいか考えたり、役割演技をしたりした。	[イ] ・選択肢でない質問に答える機会も作った。また、簡単な内容なら、話し合いシートを見ながら話し合いで意見を一つにできるようになってきた。多数決により一度で決まる場合はよいが、意見がバラバラだとまとめることは難しいことが多かった。	[ウ] ・他にもみそを使ったレシピを作ってみたいという意見が出たので、みそ玉を作ることにした。みそ玉について調べ、だしと具を選び、いろいろな味のみそ玉を作って先生方にプレゼントした。大豆をたくさん調べ詳しくなったことで、大豆に関することには意欲と自信をもって取り組むようになった。

⑫－１　自立活動の学習評価（⑤の指導目標に対する学習評価）　◎よくできた　○できた　▲できなかった			
	知識・技能	思考・判断・表現	主体的に学習に取り組む態度
年間の評価	○ゲームのやり方が分かり、友達とゲームをすることができた。 ▲いつも、ふわふわ言葉を使うことはできなかった。 ○話し合いのやり方が分かり、意見を出すことができた。 ○大豆から作られるものが分かった。 ○みそ玉やみそ料理の作り方が分かり調理することができた。	▲体を動かす競争や、ゲームに夢中になると乱暴な言葉になりがちであった。 ▲話し合いが複雑になるとまとめることが難しかった。 ○おいしいみそ汁になるようにだしや具を考えることができた。	○自分から友達を誘って活動することができた。 ○興味のもてる内容や意見を出しやすい質問では、進んで意見を出せるようになった。 ▲質問が難しくなると答えるまで時間がかかってしまった。 ○自分から話し合いや調理に参加し、友達の仕事を手伝うこともできた。 ◎家で食べられるものが増え、自分から調理したり、図書館で調べたり食への興味が広がった。
その他			

国語	〇説明文や物語文の読み取りや心情理解でも、意見を出せることが増えた。 ▲インタビュー単元のまとめとしてみそ醸造店の方にインタビューをした際、事前に決めていた質問は聞けたが、相手の答えに合わせて質問を変えることは難しかった。
社会	〇産地調べで給食や家の食事の材料の産地をまとめたことで買い物でも産地を見るようになった。
算数	〇毎時間の問題を解いた後、どうしてそう考えたのか発表できるようになった。
理科	〇メダカの観察カードに様々な観点から観察した結果を書けるようになった。 〇自由研究ではみそをテーマにして研究し、みそづくりについてまとめたり、材料を変えたみそのでき方を観察したりした。まとめ方は十分とは言えなかったが、においをかいだり、色を比べたりして意欲をもって取り組むことができた。
音楽	
図画工作	
家庭	▲グループでの調理実習では言われたことはできたが、積極的に自分から仕事を探すことは難しく、友達の作業を見ている時間が長くなってしまった。 ◎交流学級での調理実習と同じメニューを最初から最後まで一人で調理できて満足していた。 〇家庭の仕事を調べ、実際にやってみることで、料理を中心にお手伝いできることが増えた。
体育	
外国語活動／外国語	
道徳	
総合的な学習の時間	◎大豆について調べたことをまとめて発表することができた。 ◎米づくりの体験学習で、進んで田んぼに入って田植えや草取りをすることができた。
特別活動	▲交流学級での話し合い活動では、意見を言い出すきっかけをつかめず、言えないことがあった。

⑬　指導計画の作成から実施までの全般的な評価（よかった点、改善すべき点、意見など）	
実態把握 指導目標	・様々な視点から情報を収集し実態を把握したので適切な指導目標を立てることができた。さらに家庭からも情報を収集できるとよかった。
指導内容 指導方法	・食への興味は広がったが、自分の食生活に目を向けさせたり、自分で考えたレシピで食事を作ったり、実際の食生活に即した内容も入れる必要があった。 ・あらかじめ想定される質問でなく、その場で出された質問にも答えられる取り組みが必要であった。 ・年度当初より他の児童と一緒の時間が多くなり、十分に個別の時間が取れないことがあった。個別の時間が取りやすい指導体制を検討できればよかった。
教科等との関連	・様々な教科と関連付けて指導できたので、教科の学習でも力を発揮でき自信につながった。
指導経過 学習評価	・ゲームの時だけふわふわ言葉を使うことは難しいため、普段から意識させる取り組みが必要だった。
本人の意見 本人用シート	・大豆のことを調べたり、料理したりしたことを上手に発表できてよかった。もっと調べたい。 ・ふわふわ言葉は使うのがむずかしかった。 ・聞かれたらすぐに意見を言えるようになりたい。
保護者の意見	・家で食べられるものが増えて、お手伝いもするようになった。 ・初めてのことでもできることが増えた。
その他	

⑭　次年度への引継ぎ事項（変更点、要望など）	
担任・担当者へ	・こだわりを改善させる取り組みは、次年度も継続して必要です。 ・自分の食生活に関わる内容も扱ってほしい。 ・思いがけない質問でも何とか答えられるように取り組んでほしい。 ・ふわふわ言葉の取り組みを継続してほしい。 ・中学校に向けて交流学級での話し合いでも自分の意見を出せるように取り組む必要があります。
本人・保護者へ	・これからも可能な範囲で、家でもお手伝いや様々な経験をさせてほしい。 ・家でも言葉づかいに気を付けて生活させてほしい。
その他	

自立活動の学習

米沢小学校 5年べにばな 学級　名前 上杉　梅斗

自分の得意なことや苦手なこと、困っていること					
健康について （健康の保持）	自分の気持ち について （心理的な安定）	人付き合い について （人間関係の形成）	周りの感じ方 について （環境の把握）	体の動かし方 について （身体の動き）	友達や他人との 会話について （コミュニケーション）
・きらいなものが多くて、給食を食べるのがおそいです。	・人に合わせることが苦手です。	・友達の気持ちが分かりません。 ・自分の考えた通りにやってもらえないと、いやです。 ・勝負に負けそうになると、悪い言葉を言ってしまいます。	・時間までにやることを終わらせられません。	・マラソンはとくいだけれど、ボールは苦手です。 ・絵や工作が上手にできない。	・聞かれても、答えられないことがあります。 ・発表は苦手です。

特に、がんばりたいこと、よくしたいこと、直したいこと					
健康について （健康の保持）	自分の気持ち について （心理的な安定）	人付き合い について （人間関係の形成）	周りの感じ方 について （環境の把握）	体の動かし方 について （身体の動き）	友達や他人との 会話について （コミュニケーション）
・苦手な食べ物をなくして、5年生といっしょに、給食を食べたい。		・勝負に負けそうになっても、みんなと仲良く楽しみたい。			・聞かれたことにすぐに答えて、みんなと話し合いをしたい。

1年間の目標	
知識・技能	①みんなで決めたやり方で、やれるようにしたい。
思考・判断・表現	②たくさんの意見を考えて、友達と話し合いを上手にしたい。
学びに向かう力	③苦手なものでも、自分から食べるようにしたい。

学習内容 学習方法		・友達といろいろなゲームを楽しむ。 ・友達と話し合って決める。 ・大豆のことや大豆から作られているものを調べてまとめる。		
	学期	◎とてもよくできた　　○できた　　▲できなかった		
ふり返り	1学期	① ○じゃんけん質問ゲームで負けても、イライラしないでできた。	② ◎選んで答えることができるようになった。	③ ○大豆から作られるものを調べて、とうふやみそを作って楽しかった。
	2学期	① ▲カードゲームで負けると、くやしかった。 ▲ふわふわ言葉を勉強したけれど、言うのはむずかしかった。	② ◎ヒントカードの例から選ぶことはできた。 ▲理由を言うのは、むずかしかった。	③ ○みそで作る料理のレシピを調べて作った。 ◎家で作ったら、家族においしいと言われてうれしかった。
	3学期	① ▲たっきゅうやきょうそうで、負けそうになると、悪い言葉を言ってしまった。	② ○話し合いシートを見て進行できた。 ▲意見が言えないことがあった。	③ ○作ったものを先生方にプレゼントして、喜んでもらえてうれしかった。 ◎図書館の本で調べて、大豆の発表が上手にできた。
	その他			

他者とのかかわりの中で成功体験を積み重ね、自尊感情を高めるための指導

「自立活動の個別の指導計画」

名　前	あさひ　わいん 朝　日　和　音	性別	男	学校・学年	月山中学校 1 年 F 組 特別支援学級（自閉症・情緒障害）
障害名 診断名	自閉スペクトラム症、注意欠如・多動症（蔵王市立医療センター・大江博賢 Dr、6 歳 2 か月時）				
検査結果 手帳取得	WISC-Ⅳ　全検査 IQ98（言語 102、知覚 89、ワーキングメモリー 106、処理 95）、（蔵王市立医療センター・ 村山美沙子臨床心理士、小学校 6 年時） 手帳なし				
指導期間	令和 2 年 4 月〜令和 3 年 3 月（1 年間）		指導時数	特設：年間 70 時間（週 2 時間）	
指導場所	教室・図書室等		指導者	担任（菅井嘉代教諭）	
関係者等	主治医（蔵王市立医療センター・大江博賢 Dr.）				
合理的配慮 （観点）	学習内容や時間を調整し、集中して学習できる環境をつくる。（①－ 1 － 2） 情緒が不安定になる場合を想定し、クールダウン等のための場所を確保する。（③－ 2）				

①　障害の状態、発達や経験の程度、興味・関心、学習や生活の中で見られる長所やよさ、課題等について情報収集

・歴史に興味があり、歴史上の人物などを覚えることが得意である。
・数学の文章題や図形が苦手である。
・自分の体調の変化に気付かずに無理をしてしまうため、体調の回復に時間がかかる。
・聴覚が過敏で、大きな音や犬の鳴き声が苦手で情緒が不安定になる。
・相手の気持ちを理解して会話することが苦手である。相手によっては、自分のこだわりを押し通そうとしてしまう。
・抽象的な表現を理解したり、周囲の状況を読み取ったりすることが難しく、その場にそぐわない行動をすることがある。
・自分が思っていることをすぐに口にしてしまい、相手を不快にさせるためにトラブルになることが多い。
・自分はできない、または苦手だと思うとマイナスな発言をして、活動しなくなる。
・自尊感情が低い。
・手足を強調させてスムーズに動かすことが難しく、細かい作業では集中できず作品を完成させることができない。
・苦手な食材が多く、給食を食べ終わるのに時間がかかり、残してしまう。
・スポーツを見ることが好きで、卓球部に所属し活動している。

②－ 1　収集した情報（①）を自立活動の区分に即して整理する段階

健康の保持	心理的な安定	人間関係の形成	環境の把握	身体の動き	コミュニケーション
・好き嫌いが多く、食事に時間がかかる。 ・自分の体調の変化に気付くことができない。	・自分の行動を注意されたり失敗したりすると気持ちを切り替えられない。	・人の気持ちを理解することが苦手である。 ・言葉を字義通りに受け止め、相手とトラブルになる。	・注意を持続する時間が短く、別のものに気が散りやすい。 ・音に敏感で突然苦手な音が聞こえると大声を出して不安になる。	・手先が不器用で細かい作業が苦手である。	・思ったことをすぐ口にしてしまう。 ・他者の言葉の意図を理解し状況に応じた行動をすることが難しい。

②－２　収集した情報（①）を学習上又は生活上の困難や、これまでの学習状況の視点から整理する段階

・不快な音が急に聞こえた時は自分で耳をふさいだり、大声を出したりして活動を継続することができなくなる。（環）
・自分が思っていることをすぐに口に出してしまう一方で、授業中のルールに従って挙手発言したり、発表する場面では躊躇して声が小さくなったりする。（コ）
・困ったことに直面すると、どうやって取り組んだらよいのか見通しがもてないので、その活動をしなかったり、その状況をごまかしたりする。（心）
・食事で嫌いな野菜を口に入れる時、独り言を言いながら食べるので、時間がかかってしまう。（健）
・最後まで集中して作業に取り組めないので、手先を使う作業時間が十分確保できず、作品が完成しない。（環、身）
・他者の言葉の真意が分からない時は不安定になり、一方的に話し始めたり、独り言を繰り返したりする。（心）

②－３　収集した情報（①）を卒業後（３年後）の姿の観点から整理する段階

・中学３年時の修学旅行の時に大きな音や犬の鳴き声に直面しても、自分なりに対処できるようになる。（環）
・中学卒業時には相手の言葉や表情や周囲の状況などから、相手の意図を推測し、状況に応じた行動ができるようになる。（人）
・１年後には、給食をみんなと同じペースで残さずに食べられるようになる。（健）
・本人の得意なことをすることで、励ましや称賛など他者から認めてもらえるような成功体験を積み重ねることで、苦手な作業にも集中して取り組めるようになる。（身、人）

③　①をもとに②－１、②－２、②－３で整理した情報から課題を抽出する段階

・不快な音に直面した時、自分なりに解決する方法を身に付けていない。（環、心）
・他者から理解してもらおうという気持ちが伝わらず、他者から援助を求めることが難しい。（人、コ）
・手先を動かす経験が不足している。（身）

④　③で整理した課題同士がどのように関連しているかを整理し、中心的な課題を導き出す段階

　不快な音があると不安になり活動が継続できない。どこから、どうして聞こえるのかという音の発生源や仕組みを理解することで落ち着かない気持ちを収める方法を考えていく。また、交流学級などの集団で学習すると注意力が散漫になり、集中して学習を進めることが困難な状況である。他者との違いを否定的に捉え、自尊感情が低下している。教師との個別授業や安心できる小集団で自分の考えを発表することを繰り返すことで、自尊感情を高めることが学習への意欲向上につながると考えた。必要なことや取り組むべきことに意識を集中させる経験を重ねながら、自分に合った課題解決の仕方を身に付けていけるようにする。成功体験や称賛される体験を積み重ねることで、苦手なことにも取り組んでいけるようにする。他者とのかかわり方では、ロールプレイのように具体的な状況を設定して指導することで、周りの状況を理解するゆとりをもてるようにする。

課題同士の関係を整理する中で今指導すべき指導目標として	**⑤　④に基づき設定した指導目標を記す段階**	
	知識・技能	・不快な音を理解し、気持ちを落ち着かせる方法を身に付けることができる。
	思考・判断・表現	・友達の意見を聞き解決策を考え、自分なりの答えを模索し、発表することができる。
	学びに向かう力、人間性等	・集団とのかかわりの中で、他者に理解してもらおうという態度をあらわそうとする。

指導目標を達成するために必要な項目の選定	**⑥　⑤を達成するために必要な項目を選定する段階**					
	健康の保持	心理的な安定	人間関係の形成	環境の把握	身体の動き	コミュニケーション
	(1) 生活のリズムや生活習慣の形成に関すること。 (4) 障害の特性の理解と生活環境の調整に関すること。	(1) 情緒の安定に関すること。 (3) 障害による学習上又は生活上の困難を改善・克服する意欲に関すること。	(2) 他者の意図や感情の理解に関すること。 (3) 自己の理解と行動の調整に関すること。	(4) 感覚や認知の特性についての理解と対応に関すること。	(5) 作業に必要な動作と円滑な遂行に関すること。	(2) 言語の受容と表出に関すること。 (5) 状況に応じたコミュニケーションに関すること。

⑦　項目と項目を関連付ける際のポイント
・＜落ち着かない気持ちを収めるために＞（心）(1)(3)、（人）(3)、（コ）(5) を関連付けた具体的な指導内容が⑧アである。 ・＜自分の感情を言葉にして相手に伝わるようにするため＞（健）(4)、（人）(2)(3)、（身）(5)、（コ）(2) を関連付けて設定した具体的な指導内容が⑧イである。 ・＜手先を動かす経験や成功体験を増やすため＞（健）(1)、（環）(4)、（身）(5) を関連付けて設定した具体的な指導内容が⑧ウである。

	⑧　具体的な指導内容を設定する段階		
選定した項目を関連付けて具体的な指導内容を設定 （計70時間）	[ア] ア－1（12時間） 気持ちが不安定になった時は安心する場所に移動したり、自分なりの方法で発散したりして気持ちを安定させる。 ア－2（8時間） 学校や集団生活に安心感を抱けることで、自分の気持ちに気付き、自己肯定感をもてるようにする。	[イ] イ－1（20時間） 生活場面を想定した課題への対応方法を身に付けることで自己肯定感をもてるようにする。 イ－2（15時間） 気持ちの変化を客観的に捉えることができるようになることで、自分の気持ちを他者に伝えることができる。	[ウ] ウ－1（6時間） 手先の巧緻性を高める課題に取り組むことができる。 ウ－2（9時間） 教科担当の先生方とのかかわりを増やし、称賛される体験を積み重ねることで、自信や意欲をもつことができる。

	⑨　⑧を実施するために具体的な指導方法（段階、教材・教具の工夫、配慮など）を設定する段階		
指導内容について具体的に指導方法を設定	[ア] ア－1 ・不快な音を理解し、嫌な音から一時的に避けるための手段や興奮を静める方法を身に付けようとする。 ア－2 ・自分にとって楽しいことを発見し、自信をもって自ら行動できるようにする。 ・本人の気持ちを十分に聞き取るようにする。	[イ] イ－1 ・友達とロールプレイをしながら問題解決場面では見通しをもって解決策を考えようとする。 イ－2 ・日常生活の様々な場面で相手の真意や気持ちの変化を読み取ることで、自分の気持ちを表現したり、他者に伝えたりしようと努める。	[ウ] ウ－1 ・手先の巧緻性を高める課題として、折り紙やリボンを使った蝶結びに取り組む。 ウ－2 ・教科の先生方にメッセージカードを作り、プレゼントすることで、他者とのかかわりから自信をもてるようにする。

⑩　各教科等との関連（指導場面、指導内容、指導方法）を設定する段階　＜関連する教科等のみ記載＞	
国語	自分の考えを発表する場面では、根拠をもって他者に伝えるようにする。
社会	
数学	
理科	音の性質について実験する場面では、音の高さや大きさについて関心をもてるようにする。 動物の生態について学習する場面では、本やインターネットで調べるようにする。
音楽	
美術	はさみ、のりなどの用具の使い方に慣れるようにする。
技術・家庭	撮った写真をパソコンに取り込んで、大きさを考えてプリントアウトできるようにする。
保健体育	
外国語	
道徳	
総合的な学習の時間	
特別活動	特別活動　校外学習で出掛ける公共施設の写真や映像等を確認し、安心できるようにする。

⑪　指導経過（⑧の指導内容、⑨の指導方法に対する指導経過）			
1学期	[ア] ・不快な音が聞こえた場合には、音の不快さを表した10段階のカードで自分の気持ちを周囲に知らせるようにした。犬の鳴き声については遠くの方でかすかに鳴いている声でも、不快さのレベルが高かった。実際に危害を加えることはないことを理解させようとしたが難しい状況であり、それが本人の自己否定につながっているようであった。	[イ] ・生活の中で課題となる場面を想定して、友達とロールプレイに取り組んだ。相手の言葉や表情から相手の思いや立場を推測し、具体的にどんな方法を取ればよかったのか話し合った。 ・相手がどう感じたかなど、相手の意図や感情の理解が十分ではなかった。	[ウ] ・教室の掲示物として、折り紙やリボンの蝶結びに取り組んだ。手先を協調して動かすことが難しく、集中力が続かずに途中であきらめたりすることがあった。
2学期	[ア] ・不快な音が聞こえた場合、その場所を避けて安心できる場所に移動することを周囲の人に伝える大切さについて理解させた。 ・校外学習で出掛けた際、カードを使わなくても自分の不快さを周囲に伝えることができたが、散歩中の犬が近付いた際はパニックになった。気持ちが安定すると、仲間に一方的に謝る場面があった。その都度本人の気持ちをしっかりと聞き取るようにした。	[イ] ・自己評価カードを活用し、課題達成の度合いを分かりやすく理解できるように図式化して提示した。 ・生活の場面を想定したロールプレイに繰り返し取り組ませパターン化することで、やり方が定着して、以前よりも落ち着いて活動に取り組めるようになった。	[ウ] ・１学期に教科担当の先生方の名前や顔を覚えることが難しく、連絡等で混乱することがあった。そのため、先生方の写真を撮り、教室に掲示することにした。 ・デジカメで先生方の写真を撮るために、先生方に話をするのに苦戦したが、徐々に慣れてきた。
3学期	[ア] ・友達と一緒に動物図鑑を活用して犬の種類や犬の特徴などについて調べ、狂犬病の予防接種などを受けた犬がペットとして飼われていることを理解し、少し安心した様子であった。ペット飼育の楽しさを発見し、子犬の映像を視聴することができた。 ・校外に出掛けた際、パニックにならずに仲間と一緒に行動できたことが嬉しそうであった。	[イ] ・日常の会話の様子を動画で撮影し、自分の話し方や表情を客観的に見ることにした。話す時の口調や相手への接し方など改善すべき点を話し合った。自分なりの解決策を考え、自己評価カードに記入することができた。	[ウ] ・１年間お世話になった先生方にメッセージカードを作る計画をたてた。折り紙やリボンなどで飾りつけして、完成させた。カードを先生方に渡す場面では、多くの先生方から称賛され、本人は誇らしい様子であった。

⑫－１　自立活動の学習評価（⑤の指導目標に対する学習評価）　◎よくできた　○できた　▲できなかった			
	知識・技能	思考・判断・表現	主体的に学習に取り組む態度
年間の評価	▲自分の不快さを周囲に言葉で伝えることはできるようになったが問題に直面した時の対応や解決する方法は身に付いていない。 ○不快な音と感じていることについての情報を整理し、理解することができた。	▲実生活の場面で相手の意図や感情を十分に理解したとは言えない場面があり、繰り返し取り組んでいく必要がある。 ○自分なりの解決策を考えて、自己評価カードに記入することができた。	▲失敗すると気持ちが不安定になり、学習を継続させることができなくなる時があった。 ○自分の話し方や表情を客観的に見ることで、相手からどのように見られるのかを想像し対応することの大切さに気付くことができた。
その他			

⑫−2 各教科等の関連評価（⑩の各教科等を通して）　　　＜関連する教科等のみ記載＞　　　◎○▲で評価	
国語	○自分の意見やその理由について、相手に伝わるようにするにはどうすればいいのか考えることができた。
社会	
数学	
理科	○「生物と環境」を学習する場面では、図鑑を使って動物の生態について調べることができた。 ○音の伝わり方の実験に取り組み、音の性質について理解することができた。
音楽	
美術	○はさみやのりの使い方を理解し、適切に使用することができた。
技術・家庭	○先生方の写真をパソコンに取り込んで、上手にプリントアウトすることができた。
保健体育	
外国語	
道徳	
総合的な学習の時間	
特別活動	▲校外学習に出掛けて不快な音が聞こえた際どのように対処すればいいのか、自分なりの方法を身に付けることができなかった。

⑬ 指導計画の作成から実施までの全般的な評価（よかった点、改善すべき点、意見など）	
実態把握 指導目標	・目標設定する際、いつまでに、どの順番で学習したら本人の困難さが改善されるのか、自己評価をさせながら進めたのは効果的であった。
指導内容 指導方法	・自己理解を促す指導内容は必要であるいった意見があった。 ・不快な音については一時的に避ける手段だけではなく、音について理解し、情報を整理することは効果的であった。
教科等との関連	・生活単元学習と関連させることで効果的な学習になったと感じた。
指導経過 学習評価	・気持ちを安定させる方法については本人が理解し、実施できる方がよいと感じた。
本人の意見 本人用シート	・本人ともっと話し合いを行うとよかった。
保護者の意見	・実生活の場面でも状況に応じた行動がとれるようになってほしいと考えている。
その他	

⑭ 次年度への引継ぎ事項（変更点、要望など）	
担任・担当者へ	・生活場面を想定したロールプレイは効果的であり、次年度も継続してほしい。 ・聴覚の過敏さへの対応については次年度も継続して指導してほしい。
本人・保護者へ	・聴覚の過敏さについては保護者と連携した取り組みが必要です。 ・直接の援助者である保護者が自信をもつことが大切です。
その他	・本人の得意なことに取り組み、自信をつけることで、さらに自己肯定感をもてるように工夫した方がよいと思われる。

自立活動の学習

月山中学校　1年　F組　　名前　朝日　和音

自分の得意なことや苦手なこと、困っていること					
健康について （健康の保持）	自分の気持ち について （心理的な安定）	人付き合い について （人間関係の形成）	周りの感じ方 について （環境の把握）	体の動かし方 について （身体の動き）	友達や他人との 会話について （コミュニケーション）
・給食の野菜は食べたくありません。	・注意されたりしっぱいしたりすると、いやなことをしてしまいます。	・ほかの人の気持ちがりかいできません。	・人の話を最後まで聞けない。 ・大きな音や犬のなき声がきゅうに聞こえるとすぐににげたくなります。	・運動は好きだけど、同じ練習をずっと続けるのはいやです。 ・作品をかんせいさせられません。	・思ったことをすぐに口にしてしまいます。

特に、がんばりたいこと、よくしたいこと、直したいこと					
健康について （健康の保持）	自分の気持ち について （心理的な安定）	人付き合い について （人間関係の形成）	周りの感じ方 について （環境の把握）	体の動かし方 について （身体の動き）	友達や他人との 会話について （コミュニケーション）
	・自分の気持ちをみんなにわかってほしい。	・先生や友達からもっとほめられたい。	・いやな音がきゅうに聞こえても勉強を続けたい。	・作品をかんせいさせたい。	・話し合いにもっと参加したい。

1年間の目標	
知識・技能	①きらいな音が聞こえたときは自分の気持ちをつたえたい。
思考・判断・表現	②話し合いをじょうずにしたい。
学びに向かう力	③苦手なこともできるようになりたい。

学習内容 学習方法	・きらいな音が聞こえたときは自分からつたえる。 ・自分のいけんをしっかり発表する。 ・先生ともっと話して、苦手なこともできるようにする。

	学期	◎とてもよくできた　　〇できた　　▲できなかった		
ふり返り	1学期	① 〇きらいな音が聞こえたときは、カードで自分のきもちをつたえることができた。	② 〇ロールプレイで自分の気持ちをじょうずに発表することができた。	③ ▲折り紙やリボンはかんせいさせることができなかった。
	2学期	① ▲犬がきゅうにでてきて、びっくりしてしまった。つぎは自分の気持ちをしっかりとつたえるようにしたい。	② ◎カードにしっかり書くことができた。	③ 〇先生の名前をおぼえることができたし、話すことができた。
	3学期	① 〇いろいろと調べて、犬はこわがらなくていいと思った。	② 〇自分のことばは、なおした方がいいところがあると思った。つぎは友達のきもちも考えてみよう。	③ 〇メッセージカードをじょうずにつくることができた。 ◎先生にプレゼントすることができた。つぎもやりたい。
	その他			

筋ジストロフィーの生徒の QOL を改善するための指導

「自立活動の個別の指導計画」

名　前	にし　たかお 西　多賀雄	性別	男	学校・学年	仙台西部中学校2年5組 特別支援学級（肢体不自由）
障害名 診断名	筋ジストロフィー症（仙台県立こども病院・名取三郎 Dr、6歳時）				
検査結果 手帳取得	身体障害者手帳を今後取得予定				
指導期間	令和2年4月〜令和3年3月（1年間）		指導時数	特設：年間35時間（週1時間）	
指導場所	教室		指導者	担任（渡部敬教論）	
関係者等	主治医（仙台県立こども病院・名取三郎 Dr.） 作業療法士（仙台県立こども病院・白石和也 OT）				
合理的配慮 （観点）	電子教科書を使った学習を取り入れる。（①－1－1） 身体負荷がかからないように、適切な休憩を入れる。（①－2－3）				

① 　障害の状態、発達や経験の程度、興味・関心、学習や生活の中で見られる長所やよさ、課題等について情報収集

・筋ジストロフィー機能障害度の厚生労働省分類ではステージⅧであり、座位の保持も不能であり、常時臥床状態である。
・学習能力は高いが、筋ジストロフィーであるため、学習時間を長くとることが難しい。
・適切な学習時間を確保できないことにより不安を感じている。
・学年が上がるにつれてできないことが増えていく。本人はそれを不安に感じている。
・コミュニケーション能力は問題ない。自分の意思をしっかりと伝えることができる。
・移動手段となった電動車椅子の操作に慣れる必要がある。

②－1　収集した情報（①）を自立活動の区分に即して整理する段階

健康の保持	心理的な安定	人間関係の形成	環境の把握	身体の動き	コミュニケーション
病気の理解は必要であるが、寿命に関する議論に関わるためデリケートな問題である。	進路達成に不安を感じている。時間がたつにつれてできないことが増えることに対する不安がある。	自分の意思をしっかりと伝える中でも、バランスのとれた人間関係を形成する能力が必要である。	移動に関しては電動車椅子が必要である。	障害の程度がステージⅧとかなり進行している。（進行の程度の最大値）	学習能力の高さをコミュニケーション能力に生かす必要がある。

②－2　収集した情報（①）を学習上又は生活上の困難や、これまでの学習状況の視点から整理する段階

・病気の進行に不安を抱いている。（心）
・自己の進路はどのようなものになるか不安を抱いている。（心）
・自己肯定感が悪化する可能性がある。（健、心）

②－3　収集した情報（①）を卒業後（2年後）の姿の観点から整理する段階

・筋ジストロフィーの現代の医療について理解が深まっている。（健、心、環、身）
・適切なリハビリは何かを理解している。（健、心、身）
・自己効力感が高まっている。（健、心）

③　①をもとに②－１、②－２、②－３で整理した情報から課題を抽出する段階
・病気の適切な理解をする。（健、心、環、身） ・適切なリハビリを行う。（健、心、身） ・病気による心理的な不安を改善する。（健、心）

④　③で整理した課題同士がどのように関連しているかを整理し、中心的な課題を導き出す段階
筋ジストロフィーは骨格筋の壊死・再生を主病変とする遺伝性筋疾患である。進行性の疾患であり、時間の経過とともにできることが少なくなっていく。できないことの原因は筋力の低下によるものなので、その範囲はきわめて広範囲に及ぶ。しかし、リハビリを適切に行うことにより筋力への負担を軽減したり、適切な姿勢を保つことによりQOLを改善したりすることはできる。この改善方法をまず本人・家庭・学校が共有することが非常に重要である。 また、できないことが増えていく疾患でもあるため、精神的な負担が非常に大きい。ある程度のできないことであれば、カウンセリング等での改善が見込まれるが、自己の将来に悲観した場合は、その気持ちを外に出さなくなる場合も少なくない。本人の自己肯定感、自己効力感の改善を狙い指導にはある場合は、本人が病気に対してどのように感じているかを把握することが必要である。できないことは目立つため、自然に意識ができないことに向いていくが、小さなことでもできたことに意識を向けさせ、自分にもできることあることに気付かせ、自己肯定感・自己効力感を高めさせる必要がある。

課題同士の関係を整理する中で今指導すべき指導目標として	⑤　④に基づき設定した指導目標を記す段階	
	知識・技能	・筋肉の拘縮が進む原因を理解し、拘縮が進まないような姿勢をつくることができる。
	思考・判断・表現	・筋ジストロフィーと向き合うとは何かを考え、自己をメタ認知することができる。
	学びに向かう力、人間性等	・できる体験を増やし自己実現意欲を高め、自己肯定感・自己効力感の向上につなげようとする。

指導目標を達成するために必要な項目の選定	⑥　⑤を達成するために必要な項目を選定する段階					
	健康の保持	心理的な安定	人間関係の形成	環境の把握	身体の動き	コミュニケーション
	(2) 病気の状態の理解と生活管理に関すること。	(3) 障害による学習上又は生活上の困難を改善・克服する意欲に関すること。		(3) 感覚の補助及び代行手段の活用に関すること。	(1) 姿勢と運動・動作の基本的技能に関すること。 (2) 姿勢保持と運動・動作の補助的手段の活用に関すること。 (3) 日常生活に必要な基本動作に関すること。 (4) 身体の移動能力に関すること。 (5) 作業に必要な動作と円滑な遂行に関すること。	

⑦　項目と項目を関連付ける際のポイント
・<自己の体の変化を踏まえて効果的に活動できるために>（健）(2)、（環）(3) 及び（身）(1) ～ (5) を関連付けて設定した具体的内容が⑧アである。 ・<できないことが増えてくる心理的不安に対処するために>（心）(3) を関連付けて設定した具体的内容が⑧イである。

選定した項目を関連付けて具体的な指導内容を設定 (計35時間)	⑧　具体的な指導内容を設定する段階		
	[ア] ア－1（7時間） 学習にふさわしい姿勢のとり方を学ぶ。 ア－2（7時間） 疲れた時のストレッチ方法を習得する。 ア－3（7時間） 身体の拘縮の仕組みを理解する。	[イ] イ－1（7時間） 同級生はできることが増えているのに、自分はできないことが確実に増えていく。このギャップを解消し、自己実現達成のためのアプローチを共に考える。 イ－2（7時間） 困難に直面している時の人の心理はどのような状態であるかを理解する。	[ウ]

指導内容について具体的に指導方法を設定	⑨　⑧を実施するために具体的な指導方法（段階、教材・教具の工夫、配慮など）を設定する段階		
	[ア] ア－1 ・作業療法士から上記指導内容に関する適切な助言を受け、定期的に本人の状態を報告する。 ・PDCAサイクルの中で筋疾患の進行状況を把握して、自己モニタリングを促す。 ア－2 ・作業療法士から、具体的なストレッチ方法の指導を受ける。 ア－3 ・作業療法士から、人体の構造模型等を使いながら説明を受ける。	[イ] イ－1 ・学習日記をつけることにより、日々の生活で自分ができたことを具体的に認識させる。 ・障害があっても自己実現に取り組んだ偉人の生き方を調べる。 イ－2 ・ピアサポート的な視点で現在の心理を傾聴し、自己の心理を自発的にメタ認知させる。 ・レジリエンスに関する具体的事例を学習する。	[ウ]

⑩　各教科等との関連（指導場面、指導内容、指導方法）を設定する段階　<関連する教科等のみ記載>	
国語	文学的作品の素晴らしさに気付くことにより、生き方の事例を具体的に学ぶ。
社会	日本の福祉制度の歴史を理解し、自分に適した福祉制度は何かを考えることができるようになる。
数学	幾何的問題を解くことにより多様な思考方法を学び、日常生活にどのように適用できるか思考する。
理科	人体の構造に関しての理解を深め、特に関節・筋肉の仕組みについて理解を深める。
音楽	多様な音楽の構成方法を理解し、自分にとっての音楽の有用性を考える。
美術	パソコンを用いて、芸術的な創作活動を行う。
技術・家庭	
保健体育	運動は難しいので、スポーツの成り立ち等を学習し、自己とスポーツの関係性について思考する。
外国語	
道徳	社会と自己の関係をICFの視点で考えることができるようになる。
総合的な学習の時間	
特別活動	学年の中での自分の役割をバランスよく考える。

⑪	指導経過（⑧の指導内容、⑨の指導方法に対する指導経過）		
1学期	ア ・通院している病院の作業療法士から学習にふさわしい姿勢・疲れたときのストレッチ方法についてアドバイスを受け、本人、保護者と共有する。 ・上記事項に関して学校全体で共有する。 ・具体的には電動車椅子に座り、弱くなった抗重力筋をサポートするため姿勢を後継とした。 ・ノート筆記については、ペンタブレットとパソコンを用いて後継の姿勢でもノートをとれるようにする。	イ ・できないことが増える中、できないことに意識を向けるのではなく、小さなことでも自分は何ができたかを意識させた。 ・ありのまま舎の創立者である山田三兄弟（筋ジストロフィー）の生き方について学んだ。	ウ
2学期	ア ・学習時間は、10分程度学習すると疲れてそれ以上学習ができなかったが、電動車椅子での後継の姿勢と筆記用具をペンタブレットとパソコンにすることにより、60分の学習も可能になった。	イ ・できることはともすれば物理的なことにとらわれがちであるが、精神的なものにも目を向けさせる指導をした。具体的には、絵、デザイン、詩、音楽等での自己実現の素晴らしさを体験させた。これは、病気が進行しても長期にわたって取り組める事柄である。	ウ
3学期	ア ・作業療法士に状況を確認していただき、効果的に学習を進めるための姿勢等についてアドバイスを受けた。	イ ・自己の進路決定については、希望する高等学校に行くことは基礎的環境整備の関係からかなわなかったが、支援学校に進学することにより、自己の自己実現に対して可能性を感じることができた。	ウ

⑫−1　自立活動の学習評価（⑤の指導目標に対する学習評価）　◎よくできた　○できた　▲できなかった		
	知識・技能	思考・判断・表現	主体的に学習に取り組む態度
年間の評価	○病気の進行を緩和するには、どのような生活をすればよいか理解できた。 ◎病気の進行に伴う身体の拘縮を緩和させる技能を身に付けることができた。	◎できないことが増えていく中で、将来に対する不安を感じながらも、積極的に生きることは何かと深く思索することができた。	◎視野を広げて自分ができることは何かと考えることができた。 ○作業療法士の意見を積極的に聞くことができた。 ▲生きるためには他人への支援に頼らなければならないことが、生活全般にわたっての積極性を阻害しているようである。
その他			

⑫-2	各教科等の関連評価（⑩の各教科等を通して）　＜関連する教科等のみ記載＞　◎○▲で評価
国語	◎文学的作品の素晴らしさに気付き、生き方の事例を具体的学ぶことができた。
社会	◎日本の福祉制度の歴史を理解することができた。
数学	○幾何的問題を解くことにより多様な思考方法を学ぶことができた。しかし、思考が深まったとは言いがたい。さらなる学習が必要である。
理科	◎人体の構造に関しての理解が深まった。特に関節・筋肉の仕組みの理解が深まった。
音楽	○多様な音楽の構成方法を理解は困難であったが、自分にとって音楽はどのような効果があるかについて考えるきっかけとなった。
美術	◎芸術的な創作活動2より、パソコンの有用性を理解することができた。
技術・家庭	
保健体育	○スポーツの成り立ち等を学習し、自己とスポーツの関係性について思考することができた。
外国語	
道徳	○社会と自己の関係を、初歩的ではあるが、ICFの視点で考えることができた。
総合的な学習の時間	
特別活動	○学年の中での自分の役割をバランスよく考えることができた。

⑬	指導計画の作成から実施までの全般的な評価（よかった点、改善すべき点、意見など）	
実態把握 指導目標	・筋ジストロフィーは進行性の疾患であるので、実態把握はこまめに実施しなくてはいけない。教師は、日々生徒を見ているが、できなくなっていることを細かく把握する必要がある。しかし、それを以て悲観し、これが生徒に伝わることは避けなくてはいけない。この点を意識して、実態把握を行った。適切に把握できたと考える。
指導内容 指導方法	・自己実現のモデルとして、パラリンピックに出場している選手も取り上げれば、より効果的な指導ができたと感じる。 ・病気の理解を進めるに際して、現在行われている治験に関しても学習できたのではないかと考える。 ・日記を振り返る際に、自己のレジリエンスの能力について確認する機会を増やせばよかったと考える。
教科等との関連	・知的障害がないため、一般教科を学習する。このため、自立活動と教科等の関連性を見つけることは難しいが、そもそも、教科指導の究極の目的は本人のQOLの向上にあることを考えれば、その関連性を本人の生き方という視点から見ることができる。この点を踏まえれば、適切な内容を盛り込むことができたのではないかと考える。
指導経過 学習評価	・本人の体調の変化はあったが、概ね良好な指導経過であった。教科学習に関しても、分からないところを積極的に質問するなど理解に努めていた。
本人の意見 本人用シート	・本人は、できないことが増えることに対する不安はあるが、できることは何か、何ができたかをより注意深く見ることができるようになった。
保護者の意見	・今までは、できないことばかりに気を取られていたが、将来を予測し、そこからいかにQOLを高めるかという視点で生徒を見つめられるようになったと感じる。 ・悲観的になりがちではあるが、指導計画作成の中で、子どもの成長を考える時、より積極的に取り組んでいこうという意識を感じられるようになった。
その他	

⑭	次年度への引継ぎ事項（変更点、要望など）	
担任・担当者へ	・思春期にできないことが増えることは、精神的にも大きな負担を強いる。できることをいかに見つけ自己実現を図らせるかが非常に重要なので、心理的な状態を確認し適切な生きるモデルを提示してほしい。この時、教師も一緒に悲観することはなるべく避け（現在の心理を共有することと悲観することは異なる）、自己肯定感が高まるように指導してほしい。
本人・保護者へ	
その他	・進行性の疾患であり、適切な姿勢を保つためには作業療法士との連携が必須である。 ・障害者の大学進学は進んでいるが、合理的配慮の観点から社会的障壁の変更調整に関して過度の負担となる場合がある。これについては、基礎的環境整備の問題になり、この点をいかに克服していくか、時間をかけて関係各所と調整する必要がある。このことを保護者には理解していただく必要がある。

自立活動の学習

仙台西部中学校　2年　5組　名前 西　多賀雄

自分の得意なことや苦手なこと、困っていること					
健康について （健康の保持）	自分の気持ち について （心理的な安定）	人付き合い について （人間関係の形成）	周りの感じ方 について （環境の把握）	体の動かし方 について （身体の動き）	友達や他人との 会話について （コミュニケーション）
・自分の病気について知りたい。	・なんとなく不安である。		・身体が動きにくい。	・力が入りにくくなっている。	

特に、がんばりたいこと、よくしたいこと、直したいこと					
健康について （健康の保持）	自分の気持ち について （心理的な安定）	人付き合い について （人間関係の形成）	周りの感じ方 について （環境の把握）	体の動かし方 について （身体の動き）	友達や他人との 会話について （コミュニケーション）
・なぜ病気になるのか知りたい。	・不安をなくしたい。		・動かしにくくなっているところを改善したい。	・力が入るようにしたい。	

1 年間の目標	
知識・技能	①きちんとした姿勢を身に付ける。
思考・判断・表現	②病気について理解する。
学びに向かう力	③頑張る力をつける。

学習内容 学習方法	・どのような姿勢がよいか学習する。 ・専門家からアドバイスをいただく。 ・病気でも頑張っている人の生き方を学ぶ。

	学期	◎とてもよくできた　　〇できた　　▲できなかった		
ふり返り	1学期	① ◎作業療法士の先生からアドバイスを受けて、学習しやすい姿勢にした。学習しやすい姿勢に気をつけることで楽に学習ができるようになった。	② 〇自分の病気について学習することにより、理解を深めることができた。	③ 〇いろいろな人の生き方の本を読むことにより、病気でも頑張っている人の生き方を学ぶことができた。
	2学期	① ◎パソコンとペンタブレットの仕組みを理解し、これらを使って学習することができた。	② 〇自分の病気について学習することにより、病気に対する心構えを準備することができた。	③ 〇音楽・美術などの芸術での自己表現方法を学び、実際に取り組むことができた。
	3学期	① ◎パソコンとペンタブレットの仕組みを理解し、これらを使って学習することができた。	② 〇自分の病気について学習することにより、病気に対する心構えを準備することができた。	③ 〇音楽・美術などの芸術での自己表現方法を学び、実際に取り組むことができた。
	その他			

病気を理解し学校生活のリズムをつくり、自分でできることを増やすためための指導

「自立活動の個別の指導計画」

名　前	とよとみ　ひでお 豊　臣　秀　雄	性別	男	学校・学年	長良小学校1年あすなろ組 特別支援学級（病弱）
障害名 診断名	先天性心疾患（ファロー四徴症）（各務原県立大学附属病院・山田浩二 Dr、生後5か月時）				
検査結果 手帳取得	検査歴なし 身体障害者手帳3級（5歳時取得）				
指導期間	令和2年4月～令和3年3月（1年間）	指導時数		特設：年間105時間（週3時間）	
指導場所	教室他	指導者		担任（山口純枝教諭）	
関係者等	主治医（各務原県立大学附属病院・山田浩二 Dr）				
合理的配慮 （観点）	体調がすぐれない時は別室で静かに過ごし、落ち着いたら学習に参加する。（①－1－1、①－2－3） 体育や運動、学校行事については制限が必要である。（①－2－3） 呼吸器感染症になりやすいので、空調設備（空気清浄機、加湿器、エアコン）が必要である。（③－2）				

①　障害の状態、発達や経験の程度、興味・関心、学習や生活の中で見られる長所やよさ、課題等について情報収集

・生後チアノーゼがあり、病院での検査でファロー四徴症と診断される。
・1歳時、及び3歳時に心臓の手術を受ける。
・幼稚園では基本は普通保育であったが、運動や遠足は制限があったため、バギーや車での移動手段を使うことがあった。
・体調を崩しやすく欠席が多かった。欠席が続いた後は保護者から離れることへの不安が強く、登園を渋ることがあった。
・呼吸器感染症になりやすいと言われており、体調管理が必要なため、本人の体調に合わせた指導がよいと考え、小学校では病弱学級に入級することになった。
・本人は他の子供たちと同じように行動できると思っているが、頑張りすぎると身体への負担が大きく、医師からは本人が自分で活動量をコントロールできるようになるとよいと言われている。
・運動等への制限や欠席が多かったことによって、友達は少ない。
・家庭では、両親等が病気に対して神経質になっており、静かに過ごさせるようにしている。そのため、家庭では自分から行動を起こすことはなく、着替えや食事も介助してもらっている。
・幼稚園にも、体調の変化があったらすぐに家族に連絡してほしいと言われ、学校に対しても同様に配慮してほしいと要望された。
・本人は本や図鑑、テレビから知識を得ており、動物や乗り物への関心が高い。
・大人とのかかわりはうまくできるが、言葉での意思表示が苦手で同学年の子供同士のかかわりがうまくできない。
・自分の思うようにできないことがあると、泣き出してしまう。

②－1　収集した情報（①）を自立活動の区分に即して整理する段階

健康の保持	心理的な安定	人間関係の形成	環境の把握	身体の動き	コミュニケーション
・自分の体調の変化に気付くことが難しい。 ・自分で活動量をコントロールできない。	・物事が思うようにいかないと、泣いてしまう。	・同年代の子供と関わる経験が乏しい。 ・自分からは周りに働きかけない。	・入院生活により、数量や言葉の知識生活経験が少ない。	・体調によって、適切な移動手段を選択することができない。 ・着替えやトイレなど一人でやろうとしない。	・言葉で自分の気持ちを伝えることが難しい。

②−2　収集した情報（①）を学習上又は生活上の困難や、これまでの学習状況の視点から整理する段階

・病気への理解が十分ではなく、自分から不調を訴えることができないため体調を崩しやすい。（健、コ）
・体調によって活動量をコントロールしたり、移動手段を選択したりすることが難しい。（健、身）
・大人から支援されることが多く、自分の気持ちを伝えたり自分から行動したりすることができないため、思うようにできないと気持ちが不安定になり、泣いてしまう。（心、環）
・同年代の子供同士のかかわりができない。（人、コ）

②−3　収集した情報（①）を卒業後（6年後）の姿の観点から整理する段階

・体調を意識しながらも、できることは自ら進んでできるようにしたい。（健、心）
・活動の内容や活動量を体調に合わせて自分で判断したり選択したりできるようにし、安定した心身の健康を保ちながら、学校生活を送れるようにする。（健、心、環）
・日常生活においては、身辺自立ができるようにしたい。（身）
・同年代の友達を中心に、友達とのかかわりをもち、集団活動やグループ活動に楽しく参加できるようにする。（人、コ）
・相手に伝わるような話し方を身に付け、円滑なコミュニケーションができるようにする。（コ）

③　①をもとに②−1、②−2、②−3で整理した情報から課題を抽出する段階

・心臓疾患を十分に理解していないため、体調の変化に気付いたり、行動を抑制したりすることがうまくできない。（健）
・日常の基本の動作はできる力があっても支援をされているため、自分から進んでやろうとする意欲が乏しい。（身、環）
・支援を受けることが多かったため、指示待ちのことが多い。（心、環）
・友達と関わる経験が少ないことから、他者との関係づくりが苦手である。（人）
・大人とのコミュニケーションはとれるが、同年代の友達とのコミュニケーションには消極的である。（コ）

④　③で整理した課題同士がどのように関連しているかを整理し、中心的な課題を導き出す段階

　心臓疾患があることで幼少期から入院、通院を繰り返していたこと、幼稚園でも行動制限があったこと等により、同年代の児童より、社会経験や友達とのかかわりは少なかったと思われる。また、周りの大人による手厚い看護や支援を受けてきたことから、体調の管理は万全であったと思われるが、今後は自分自身でできるようになることが必要である。疾患があることや経験のなさは、自信のなさにつながっていると思われ、活動に対して必要以上に慎重になったり、消極的になったりしている。支援が手厚いことでいわゆる指示待ちの状態にあることから、もてる力を十分に発揮しているとは言えない。
　学校生活のスタート時に、自分の病気や体調管理の方法を理解させ、どの程度なら頑張れるのか、どんな状態なら休んだ方がよいのか等、学校での生活のリズムをつくっていくことが必要である。また、気持ちや体調の変化を自ら伝えることができるようにする。その上で、徐々に人間関係を広げコミュニケーション力を高めながら、社会経験を積み上げ、自信と意欲をもって学校生活を送れるようになることが必要だと考える。

課題同士の関係を整理する中で今指導すべき指導目標として	⑤　④に基づき設定した指導目標を記す段階	
	知識・技能	病気を理解し、生活のリズムをつくる。
	思考・判断・表現	体調の変化に気付き、活動量を自分で考え判断しながら、行動や意思表示ができるようにする。
	学びに向かう力、人間性等	人と関わる経験を増やし、学習活動に取り組もうとする。

指導目標を達成するために必要な項目の選定	⑥　⑤を達成するために必要な項目を選定する段階					
	健康の保持	心理的な安定	人間関係の形成	環境の把握	身体の動き	コミュニケーション
	(1) 生活のリズムや生活習慣の形成に関すること。(2) 病気の状態の理解と生活管理に関すること。(5) 健康状態の維持・改善に関すること。	(1) 情緒の安定に関すること。	(1) 他者とのかかわりの基礎に関すること。(3) 自己の理解と行動の調整に関すること。(4) 集団への参加の基礎に関すること。	(5) 認知や行動の手掛かりとなる概念の形成に関すること。	(3) 日常生活に必要な基本動作に関すること。	(1) コミュニケーションの基礎的能力に関すること。(5) 状況に応じたコミュニケーションに関すること。

	⑦　項目と項目を関連付ける際のポイント

<病気を理解し、生活のリズムをつくるために>（健）(1)(2)と（心）(1)を関連付けて設定した具体的な内容が⑧アである。
<体調の変化に気付き活動量を自分で考え判断しながら、行動や意思表示ができるようにするために>（健）(5)と（身）(3)、人(3)と（コ）(1)とを関連付けて設定した具体的な内容が⑧イである。
<人と関わる経験を増やし、学習活動に意欲的に取り組めるようにするために>（人）(1)(4)と（環）(5)と（コ）(5)とを関連付けて設定した具体的な内容が⑧ウである。

	⑧　具体的な指導内容を設定する段階		
選定した項目を関連付けて具体的な指導内容を設定 （計105時間）	ア　ア－1（5時間） 　主治医と連携し、病気に関する知識をもてるようにする。 ア－2（20時間） 　健康チェックの項目やチェックの方法を知り、体調管理への意識を高め、自分でチェックできるようにする。	イ　イ－1（10時間） 　体調に応じて、学習時間を設定したり、予定の調整をしたりすることを理解する。 イ－2（10時間） 　いつもと体調が異なる時にどのように教師に伝えるか、どのような行動をとるとよいかを考え行動できるようにする。	ウ　ウ－1（35時間） 　自分一人でできる活動を知らせ、支援を受けなくてもできる活動を増やす。 ウ－2（25時間） 　友達とコミュニケーションをとったり一緒に活動したりする経験を増やし、学校生活へ楽しみや意欲をもてるようにする。

	⑨　⑧を実施するために具体的な指導方法（段階、教材・教具の工夫、配慮など）を設定する段階		
指導内容について具体的に指導方法を設定	ア　ア－1 ・心臓等の働きや、病気の状態を知るとともに、その他かかりやすい病気やその予防方法を考える。 ア－2 ・毎日、検温や身体の痛みの有無等の健康チェックを行うことの必要性を理解し、その方法を身に付ける。	イ　イ－1 ・行動の抑制が必要な時間や学習の見通しを考え、一日の学習予定を作成しながら、学校生活のリズムをつくる。 イ－2 ・どんな状態になったら、教師や周りの人に伝えるのかを分かりやすく伝え、ロールプレイ等で、場面に応じた伝え方や相手とのやり取りを経験する。	ウ　ウ－1 ・着替えやトイレ、給食等、自分一人でできる活動を知らせ、できたらカードにシールを貼るなどして、達成感と次への意欲をもてるようにする。 ウ－2 ・通常の学級との交流及び共同学習において、友達と一緒に活動できる活動を行う。

	⑩　各教科等との関連（指導場面、指導内容、指導方法）を設定する段階　<関連する教科等のみ記載>
国語	音読する時には、声をしっかり出して読めるようにする。 語彙を増やす。自分の意見や思いを書いたり発表したりする。
社会	
算数	算数の学習に意欲を示していることから、得意な教科として自信がもてるように、つまずかないように個別の指導の場面を適切に設定する。
理科	
生活	スタートカリキュラムにある内容で、学校の施設や学校生活の一日の流れを知り、学校生活のリズムをつかめるようにする。
音楽	
図画工作	
家庭	
体育	自分の体調を確認しながら、できる活動とできない活動を判断したり、運動量を調節したりする。
外国語活動／外国語	
道徳	「節度、節制」「親切、思いやり」「友情、信頼」「よりよい学校生活、集団生活の充実」「生命の尊さ」の内容を扱う題材を通して、自己理解や学校生活のルール等を学び、自信をもって学校生活を送れるようにする。
総合的な学習の時間	
特別活動	全校集会や通常の学級との交流及び共同学習におけるペアやグループ活動の場面において、自分から話しかけたり、相手と協力して活動したりできるようにする。

⑪　指導経過（⑧の指導内容、⑨の指導方法に対する指導経過）		
1学期	ア ・病気の理解までには至っていないが、病気について自分なりに知ろうという気持ちがあることが分かった。 ・健康チェックは、教師と一つ一つ確認しながら行った。	イ ・一日の学校生活の流れを、毎朝確認し、どの教科でどんな活動をするのかを理解することができた。 ・体調が悪そうな様子の時も、「大丈夫。」と言って活動を続けようとしたり、活動できそうな時に「できない。」と言ったりして、気持ちが安定しないことがあった。	ウ ・着替えやトイレ、給食の準備など自分からはなかなか取り組めず、声をかけられるのを待っていることが多かった。 ・自分から行動することはないが、同学年の集団の中で、友達に誘われると一緒にやろうとしていた。
2学期	ア ・定期検診で主治医からも病気についての話を聞き、体調がよくない時の症状を確認できた。 ・毎朝の検温は自分でできるようになってきた。	イ ・運動量の多い活動で、どんな症状になったら、活動をやめたり、教師に伝えたりするのかが分かってきた。 ・困った場面を振り返り、その時にはどうやって伝えるかをロールプレイで学習したが、時々関係のないことを伝えることがあった。	ウ ・着替えやトイレ、給食の準備などの手順が分かってきた。自分でできたことを称賛されると、一人でもやってみようとする様子が見られた。 ・言葉は少ないが、自分から話し掛けることもあった。
3学期	ア ・かかりやすい病気に対しては、規則的な生活や手洗い・うがい等で予防できることを知り、気を付けようという意識をもつことができた。 ・健康チェックカードへの記入が習慣化してきた。	イ ・学習の予定を話すと、体育の種目によっては「できないかも。」と言って行動を抑制した方がよい場面を予測できるようになった。 ・自分から「休みたい。」「咳がたくさん出る。」といった訴えができるようになったり、その場を離れて座ったりできるようになった。	ウ ・着替えやトイレ、給食の準備などは、決められた時間でできるようになってきた。 ・通常の学級との交流及び共同学習の時間が楽しみになっており、グループ活動では、自分からグループ内に入っていくことができるようになった。

⑫－1　　自立活動の学習評価（⑤の指導目標に対する学習評価）　◎よくできた　○できた　▲できなかった			
	知識・技能	思考・判断・表現	主体的に学習に取り組む態度
年間の評価	○心臓の働きやその大切さに気付き、病気を知ることは大切だという意識が高まった。 ▲現年齢では、自身の病気を十分に理解するには至らなかったが、引き続き学ぶことで理解は深まっていくと思われた。 ○検温や痛みの有無等、決められた項目について、自分でチェックしようとする意欲が見られた。 ▲毎日、やるべきことは分かってきたが、忘れていることもあり、声かけが必要だった。	◎学校生活の1日の流れを把握し、活動量が予測できるようになり、できそうかできそうでないかの判断ができるようになった。 ▲自分の好きな活動だとついつい夢中になり、呼吸が多少苦しくても活動をやめようとしなかった。 ○ロールプレイを何度か繰り返すことで、場に応じた言葉が言えるようになってきた。	○入学当初は、学校生活全般で戸惑いが見られ、全て支援をしてもらえると思っていたが、着替えやトイレ、給食の準備などは、自分一人でできるようになった。 ▲同学年の友達とのかかわりをもとうという気持ちや行動が見られるようになってきたが、消極的な様子だった。
その他	◎欠席も少なく、一年を通じて、比較的健康に過ごすことができた。 ◎学習への意欲は高く、算数の学習が得意だと自信がもてるようになった。 ○指示待ちの状態から、周りの様子や予定を確認して、自分から行動することができるようになってきた。 ▲経験の少なさや治療により行動を抑制されていることも影響していると思うが、人とのかかわりでは積極性は見られなかった。		

⑫－2	各教科等の関連評価（⑩の各教科等を通して）　　＜関連する教科等のみ記載＞　　　◎○▲で評価
国語	◎語彙の獲得が進み、用件や気持ちを伝えられるようになってきた。 ▲みんなの前で発表する時は、なかなか第一声が出なかった。
社会	
算数	◎4月当初の学習で、算数は分かるという自信をもつことができ、算数の学習には意欲的に取り組むことができた。 ▲算数が得意なことは分かるが、時に体調が優れなくても学習を続けてしまい、なかなか体調の変化に気付くことができなかった。
理科	
生活	○交流及び共同学習で、同学年の友達と一緒に活動することが多かったが、同じように活動をすることができた。 ○学校内の探検で、学校の様子を理解することができた。
音楽	
図画工作	
家庭	
体育	○行動制限があるが、できることは頑張りたいという気持ちをもって取り組むことができた。 ○疲れてくると「休みたい。」と伝えられるようになった。 ▲種目によっては体調に問題がなくても「やらない。」「できない。」と言って、やろうとしないことがあった。
外国語活動／外国語	
道徳	○学校のルールや人との関わり方が理解できるようになり、読み物教材の主人公の行動について、意見が言えるようになった。
総合的な学習の時間	
特別活動	○同学年の友達との活動を楽しみにするようになった。 ▲自ら人と関わろうとする様子は消極的だった。 ▲友達と活動している時には、体調が悪くてもなかなか言い出せなかった。

⑬	指導計画の作成から実施までの全般的な評価（よかった点、改善すべき点、意見など）
実態把握 指導目標	・小学校への入学は大きな生活の変化であり、その機会を捉えて自分のことは自分で考え行動する基盤をつくりたいと取り組んだ。一定の成果は得られたが、病気の理解については主治医との連携を深める必要性があると感じた。
指導内容 指導方法	・病弱学級ということで、本人のペースで取り組むことができた。また、交流及び共同学習で集団活動の経験も増えた。
教科等との関連	・教科の中でも自立活動の内容を明確にすることで、目標に近付いたと考える。
指導経過 学習評価	・病気の理解は年齢に応じて段階的に進めていく必要がある。病気をこわいもの嫌なものとしないよう前向きになれるような働きかけが必要だと感じた。
本人の意見 本人用シート	・学校は楽しい。 ・いろいろなことができるようになったと思う。
保護者の意見	・今までは体調が心配で支援をしてきたが、自分でできることを増やすことが大切だと感じた。 ・引き続き、楽しく学校生活を送ってほしい。
その他	

⑭	次年度への引継ぎ事項（変更点、要望など）
担任・担当者へ	・継続、ステップアップを見極めながら課題を設定し、本人の前向きな気持ちを引き出すことが大切だと考える。そのような働きかけを継続してほしい。
本人・保護者へ	・病気と向き合いながらも、学校生活を楽しく意欲的に過ごしてほしい。 ・自分でできる力をもっているので、支援を減らすとよいと思います。
その他	・かかわりを広げるには、多くの人と関係をつくるという経験が必要である。教師も病気を理解し、本人と気持ちを共有しながら、成功体験を積み上げてほしい。

自立活動の学習

ながらしょう学校　1年 あすなろ組　名前 とよとみ　ひでお

自分の得意なことや苦手なこと、困っていること

健康について（健康の保持）

しんぞうのびょうきがあるので、ちょうしがわるいときがある。

自分の気持ちについて（心理的な安定）

ひとりで、いろいろなことをするのは、ふあん。

人付き合いについて（人間関係の形成）

ともだちが、ほしい。

周りの感じ方について（環境の把握）

みんなとおなじように、できることもあるよ。

体の動きについて（身体の動き）

きがえ、といれ、じゅんびが、なかなかできない。

友達や周りの人との会話について（コミュニケーション）

じぶんから、はなせるようになりたい。

1年間の目標

① 知識・技能　・びょうきのことをしって、げんきにすごしたい。

② 思考・判断・表現　・ちょうしのわるいいときは、じぶんからせんせいにいう。

③ 学びに向かう人間性　・ともだちとべんきょうしたり、あそんだりしたい。

学習の内容や方法

・けんこうチェックをして、げんきにすごせるようにする。
・がんばるときとやすむときとをかんがえて、べんきょうする。
・ともだちといっしょにべんきょうして、ともだちとはせるようにする。

ふり返り

〇できた　▲むずかしかった

1学期 ➡ 〇けんこうチェックが、じぶんでできるようになった。
▲しんぞうのびょうきのはなしは、むずかしかった。

2学期 ➡ 〇やすみたいときは、やすみたいといえた。
〇ちょうしのよいときは、がんばってべんきょうすることができた。

3学期 ➡ 〇ともだちといっしょに、べんきょうできて、たのしかった。
▲なかなか、じぶんからともだちに、はなすことができなかった。

見え方を活かした活動に取り組み、生活に活用できるものを増やすための指導

「自立活動の個別の指導計画」

名　前	えんどう　ようき 遠藤　陽姫	性別	女	学校・学年	塩釜小学校5年きらやか学級 特別支援学級（弱視）
障害名 診断名	錐体ジストロフィー症（塩釜市立医療センター・多賀城子Dr、3歳時）				
検査結果 手帳取得	矯正視力（右0.2、左0.4）（塩釜市立医療センター・利府梨子視能訓練士） 身体障害者手帳4級（小学1年時取得）				
指導期間	令和2年4月～令和3年3月（1年間）		指導時数		年間70時間（週2時間）
指導場所	教室・校外等		指導者		担任（丸中新一教論）
関係者等	視覚障害特別支援学校（地域支援・鳴瀬太郎教論）　　視覚支援センター（松島のり子・視能訓練士） 主治医（塩釜市立医療センター・多賀城子Dr.）　　盲導犬センター（七賀浜子・盲導犬訓練士）				
合理的配慮 （観点）	板書やノート筆記などの時には、座席の位置を調整し、文字数を制限する。（①－1－1） 歩行しやすいように校内のバリアフリー化（階段の縁に滑り止め、手すり等）をする。（③－1） 学習がスムーズに取り組めるように学習環境（拡大読書機、書見台、単眼鏡、移動可能な机と椅子、蛍光色のチョーク、必要に応じた色分け等）を整える。（③－2）				

①　障害の状態、発達や経験の程度、興味・関心、学習や生活の中で見られる長所やよさ、課題等について情報収集

・網膜の桿体という薄暗いところで物を見るための部分で見ている。色覚検査（石原表）では判別できるものはないが、会話や絵画などで色覚において問題は感じられず、錐体もある程度は機能しているように推測される。
・屋外で陽光によるまぶしさの中での活動は難しい。
・一部視野欠損はあるが、視野狭窄はない。
・3年生からは拡大教科書を利用している。拡大読書機は、白黒反転させて利用している。
・黒板に書かれた板書については、単眼鏡を利用することで、教室の後方からでも見られるようになっている。
・焦点を合わせるべき視点が大きく動くと、それに単眼鏡を合わせるのに疲労することがあった。
・校舎内を通常の児童と同じような速さで歩行し、一人で教室移動もできる。
・初めての場所の場合には人に付いて歩くことができ、等間隔で境目の明確な階段はゆっくり利用することができる。
・単眼鏡を利用することで、教室での黒板の字を読むことができる。
・理科や社会に興味があり、国語・算数も基本的な内容は理解しているが、テストや長文読解に時間を要する。
・神社などの等間隔でない石段の上り下りでは、補助を必要とする。
・社会経験は限られており、公共交通機関などの利用は小学校以降である。
・映画館に行って映画を観たことがない。
・包丁の利用経験は少なく、針を利用したことはない。
・家庭では、祖父母、弟、ペットの犬と居間で過ごすことが多く、登下校以外に外出する機会は少ない。
・優しい人柄で、素直でまじめな性格であるが、恥ずかしいと意識すると、他人からの勧めも受け付けない。

②－1　収集した情報（①）を自立活動の区分に即して整理する段階

健康の保持	心理的な安定	人間関係の形成	環境の把握	身体の動き	コミュニケーション
・障害により、新たな人とのかかわりが限定的で、関係者が限られている。	・普段から安定している。 ・神社の石段の上り下りで、見えにくさのため、不安になることがあった。	・自分から友達に積極的に声かけをすることが少ない。	・単眼鏡は利用できるが、経験のない場所や景色の中での利用には根気と時間を要する。	・交差点や道路の様子は分かっていない。 ・神社の石段の利用は難しい。	・文字などが見えづらいために、会話のやりとりがしにくいことがある。

②－2　収集した情報（①）を学習上又は生活上の困難や、これまでの学習状況の視点から整理する段階

・一緒に会話や活動する同学年児童が限定的である。（健、人）
・視覚障害特別支援学校や盲導犬センターなど、外部の支援団体とのかかわりが少ない。（健）
・縁の境目が明確でない階段利用は難しい。（環）
・経験のないものを見る時に、視点を合わせるのに時間や支援を必要とする。（心、身）
・一人で移動することが少なく、自立した登下校が難しい。（心、身）

②－3　収集した情報（①）を卒業後（2年後）の姿の観点から整理する段階

・中学入学時には、必要な視覚支援機器を利用し、iPhone や iPad なども活用し、協力学級の生徒と同様の学習の場を利用できるようにさせたい。また、周囲の生徒と同様の社会経験を積むことも必要になると考えられる。（人、コ）
・将来、一人で登下校したいという本人の願いもあり、生活自立に向けて、必要なスキルを身に付けさせたい。（身、環）
・将来、必要な時に、相談すべき対象が分かり、相談できるように、今までかかわりの少なかった機関とつなぎたい。（コ）

③　①をもとに②－1、②－2、②－3で整理した情報から課題を抽出する段階

・通学路を実際に歩き、自立登校への課題を抽出する。（身）
・視覚障害特別支援学校や盲導犬センターに相談し、必要な支援を受ける。（人、コ）
・テキストの自動読み上げ機能や、拡大読書機や単眼鏡の機能を iPhone や iPad で利用する。（環、コ）
・合宿での登山、沢登りなど、他の校外学習等による新たな経験と、活動や安全への課題を抽出する。（健、身）

④　③で整理した課題同士がどのように関連しているかを整理し、中心的な課題を導き出す段階

　何よりも本人が自力で登校したいという気持ちがある。遮光レンズを利用しながら通学路の歩行ができるかも試していきたい。また、白杖を利用して、段差を確認し、安全に歩行できるかを課題として取り組ませていきたい。
　本人や担任、保護者の知らない生活向上のための機器利用については、常時探るべき課題であり、他の専門機関に学ぶべきであり、さらに、視覚支援機器の展示会の利用により、最新の技術を見る必要があるようにも思う。そちらについても、並行して進めていくべきものと考える。

課題同士の関係を整理する中で今指導すべき指導目標として	⑤　④に基づき設定した指導目標を記す段階	
	知識・技能	・身の回りの環境を理解し、それに合わせた補助具利用により、安全に歩行することができる。
	思考・判断・表現	・環境に応じた補助具の利用方法について考え、また、新たな補助具や利用方法について調べ、より安全で便利な方法を見つけて活用することができる。
	学びに向かう力、人間性等	・補助具の利用や生活の中で困っていることを、周囲の支援者や他の専門家に相談しようとする。

指導目標を達成するために必要な項目の選定	⑥　⑤を達成するために必要な項目を選定する段階					
	健康の保持	心理的な安定	人間関係の形成	環境の把握	身体の動き	コミュニケーション
	(3) 身体各部の状態の理解と用語に関すること。 (5) 健康状態の維持・改善に関すること。	(2) 状況の理解と変化への対応に関すること。 (3) 障害による学習上又は生活上の困難を改善・克服する意欲に関すること。	(4) 集団への参加の基礎に関すること。	(3) 感覚の補助及び代行手段の活用に関すること。 (4) 感覚を総合的に活用した周囲の状況についての把握と状況に応じた行動に関すること。	(1) 姿勢と運動・動作の基本的技能に関すること。 (4) 身体の移動能力に関すること。	(5) 状況に応じたコミュニケーションに関すること。

⑦　項目と項目を関連付ける際のポイント

・＜自立登下校するために＞（環）(3)(4)、（身）(1)(4) を関連付けて設定した指導内容が⑧アである。
・＜見え方を自覚し、より見えやすくするために＞（健）(3)(5)、（環）(3) を関連付けて設定した指導内容が⑧イである。
・＜新たな視覚支援具の情報を得るために＞（環）(3)(4)、（心）(3)、（コ）(5) を関連付けて設定した指導内容が⑧ウである。

選定した項目を関連付けて具体的な指導内容を設定 （計70時間）	⑧　具体的な指導内容を設定する段階		
	[ア] ア－１（２時間） 　歩行環境にある事物、歩行に関する用語や表現を理解する。 ア－２（10時間） 　通学路を歩くことができるかを試し、課題を抽出する。 ア－３（18時間） 　歩行時の白杖操作や直進歩行などを安定的に行う。	[イ] イ－１（２時間） 　視覚障害の専門家から、学校生活や歩行の状況について指導・助言を受ける。 イ－２（４時間） 　ロービジョン外来を調べ、更なる相談や検査をして、指導・助言を受ける。	[ウ] ウ－１（22時間） 　視覚支援機器や自分に活用できる補助具を調べ、実際に視覚支援センターの展示会と盲導犬センターの見学会に行き、必要な情報を得る。 ウ－２（12時間） 　自分の進路について、相談会の日程について調べ、実際に視覚障害支援学校に行き、進路相談をする。

指導内容について具体的に指導方法を設定	⑨　⑧を実施するために具体的な指導方法（段階、教材・教具の工夫、配慮など）を設定する段階		
	[ア] ア－１ ・交差点での車両用信号と歩行者用信号の位置とマーク、点滅等の動きについて理解する。 ア－２ ・通学路を実際に歩行して、視覚障害者用ブロックやアスファルト、土といった路面の違いや段差などの手掛かりを確認して、課題を見つける。 ア－３ ・眩しさも想定し、単眼鏡と肉眼での信号の見え方を確認する。 ・自動車の走行音やアイドリング音から、位置や走行方向をつかみ、視認する。 ・白杖や足下、聴覚などから得られる情報を活用して、安全に歩行する。	[イ] イ－１ ・視覚障害特別支援学校や視覚支援センターの地域支援担当者に来校していただき、授業の時に困ること（眩しさ、読書で見えにくい等）、配慮の仕方、歩行に状況についてのアドバイスを受ける。 イ－２ ・ロービジョン外来に行き、視力の再検査や困っていることなどを相談して、学校生活や家庭生活のアドバイスを受ける。	[ウ] ウ－１ ・視覚支援機器の展示会内容や日程を調べる。 ・盲導犬センターの活動内容を調べる。 ・実際に視覚支援センターの展示会や盲導犬センターの見学会に行き、支援機器の情報を収集したり、自分が活用できるものを体験する。 ウ－２ ・視覚障害特別支援学校相談会の日程を調べる。 ・実際に視覚支援学校に行き、進路相談をする。

⑩　各教科等との関連（指導場面、指導内容、指導方法）を設定する段階　＜関連する教科等のみ記載＞	
国語	拡大教科書は、視覚機器を活用し、文字が見えやすいように調節する。
社会	盲導犬センターの地域支援活動と関連付けて学習を進める。
算数	図形などでは拡大図を用いて、空間把握の困難性を少なくする。
理科	観察する時には、さらによく見られるように補助具の使い方を工夫させる。
生活	
音楽	
図画工作	
家庭	羊毛フェルトで針の扱いに慣れさせてから、裁縫でエプロンを制作する学習に入る。
体育	一般の球技はできないので、球技の時には、個別に学習を進め、視覚障害者もできるスポーツについて振り替えて学習する。
外国語活動／外国語	
道徳	
総合的な学習の時間	宿泊学習での登山や沢登りでの安全な歩行のため、学校敷地内で山歩きの練習を事前に繰り返す。
特別活動	

⑪　指導経過（⑧の指導内容、⑨の指導方法に対する指導経過）			
1学期	[ア] ・交差点の模型を作り、横断歩道を渡る時の信号の位置や点滅等の動きについて学習した。また、白杖に使い方について学習した。 ・歩道を歩くことには危険な様子はなかったが、山道の上り下りは、介助が必要だった。 ・横断歩道を渡る時に、信号の位置を探し、確認して渡ることは難しかった。 ・日光によるまぶさしさがあると、移動が極端に遅くなった。	[イ] ・ロービジョン外来について、インターネットで調べた。	[ウ] ・視覚支援学校の相談会、盲導犬センターの見学会の日程をインターネットで調べた。 ・視覚支援センターに問い合わせ、視覚支援機器の展示会の日程を調べた。
2学期	[ア] ・実際に渡る練習をする時に、一度単眼鏡で歩行者用信号を確認すると、裸眼でも確認できることが分かり、介助者を先導して横断歩道を渡ることまでできた。 ・タッチテクニックやスライド法などの白杖操作を試しながら練習した。 ・不規則で縁の見えにくい階段は、白杖を利用して上り下りできるようになった。	[イ] ・ロービジョン外来に行き、視力の再検査を受けたり、見えにくさの相談をしたりして、アドバイスを受けた。遮光レンズを購入した。遮光レンズは校外学習で利用した。 ・視覚支援特別支援学校の地域担当者が学校に来て授業や学校生活を参観し、見え方で困難になっていることについてアドバイスをいただいて改善することができた。また、白杖の使い方も教えていただき、活用できるようになった。	[ウ] ・視覚支援学校の進路相談会に参加した。 ・視覚支援センターに出掛け、視覚支援教材の展示会を見学し、最新の拡大読書機を見たり、iPadの利用の仕方を教わったりした。
3学期	[ア]	[イ] ・盲導犬センター地域支援担当が来校され、パソコンの利用の仕方を教えていただいた。	[ウ] ・盲導犬センターの見学会に行き、活用の方法を学んだ。

⑫－1　自立活動の学習評価（⑤の指導目標に対する学習評価）　◎よくできた　○できた　▲できなかった			
	知識・技能	思考・判断・表現	主体的に学習に取り組む態度
年間の評価	○信号機を確認して、横断歩道を渡ることができるようになった。 ▲自立登下校を安全に行えるかどうかについての判断は難しく、今後、保護者に専門機関と相談を続ける。 ○白杖の基本操作は身に付け、階段の上り下りに利用できた。 ○まぶしさを避け、自身に合った遮光レンズを利用することができた。	○単眼鏡で確認後、裸眼で歩行者用信号を確認し、状況を判断しながら安全に歩行することができるようになった。 ○場に応じて、iPadやiPhoneを利用し、遠くに見えるものや小さなものを拡大して観察することができた。 ○ロービジョン外来で見えにくさを説明し、自分に合った遮光レンズを選択して活用することができた。	◎視覚支援学校の相談会、視覚支援センターの展示会、盲導犬センターの見学会、ロービジョン外来については、インターネットで内容や日程を調べることができた。 ○専門機関からの情報とアドバイスにより、iPadを固定具に付け、拡大読書機として利用したり、新たなアプリケーションを活用したりすることができた。
その他			

⑫－2　各教科等の関連評価（⑩の各教科等を通して）　　＜関連する教科等のみ記載＞　　　◎○▲で評価	
国語	◎拡大教科書では、自分で視覚機器（拡大読書機、単眼鏡など）を活用して取り組んだ。
社会	○盲導犬センターが視覚支援を必要とする人のための施設であることを知り、利用できた。
算数	○図形は、拡大図をしようすることで、形を正確に捉えることができるようになった。
理科	○校外学習の際に遮光レンズを利用できた。観察する時にはiPadを利用し、遠くにあるものや小さなものを写真に撮り、対象物を探したり、拡大して確認したりするのに有効だった。
音楽	
図画工作	
家庭	○羊毛フェルトづくりで針に慣れたので、裁縫の学習で針を怖がることなく扱えた。
体育	◎パラリンピックの視覚障害スポーツを学習して体験することができた。
外国語活動／外国語	
道徳	
総合的な学習の時間	△宿泊学習での登山、沢登りは長時間で速度も必要なため、担任が介助して行った。
特別活動	

⑬　指導計画の作成から実施までの全般的な評価（よかった点、改善すべき点、意見など）	
実態把握指導目標	・専門機関（視覚支援特別支援学校、視覚支援センターなど）からの情報は、多く集めるようにし、もっと活用すべきことがあるように思った。
指導内容指導方法	・白杖利用の指導については、予め専門機関（視覚支援特別支援学校）との打ち合わせをしてから実施すると、効果が高まるのではないかと感じた。
教科等との関連	・視力は全ての学習と関連するので、全ての教科等に関連して記載した方がよかった。
指導経過学習評価	・自立活動の学習を通して本人が障害を意識するようになり、それが指導目標の達成につながった。
本人の意見本人用シート	・ロービジョン外来で遮光レンズを購入したことによって、屋外でも安心して見えるようになった。 ・シートに記載することで、障害の改善・克服の意識が高まった。
保護者の意見	・来年度は6年生で進路選択を考えなければならないので、詳しい情報を教えてほしい。
その他	

⑭　次年度への引継ぎ事項（変更点、要望など）	
担任・担当者へ	・安全な登下校について、視覚障害特別支援学校や視覚支援センターなどの専門機関と相談を続けながら、そのアドバイスを自立活動の指導計画に反映させるようにするとよい。
本人・保護者へ	・来年度は6年生になるので、障害の改善・克服の状態を見極め、進路先の情報を提供しながら、考えさせるようにするとよい。
その他	

自立活動の学習

塩がま小学校　5年 きらやか 学級　名前　遠藤　陽姫

自分の得意なことや苦手なこと、困っていること					
健康について（健康の保持）	自分の気持ちについて（心理的な安定）	人付き合いについて（人間関係の形成）	周りの感じ方について（環境の把握）	体の動かし方について（身体の動き）	友達や他人との会話について（コミュニケーション）
・もっと見えるほうほうがあるなら、知りたい。		・人の話を聞いてあげるのは、とくいなほうである。	・「たんがんきょう」で、どこを見ればいいか、合わせるのがむずかしい。	・運動はあまりとくいではない。ボールを使った運動は、ボールが見えなくて、できない。・色のはっきりしないかいだんは苦手。	

特に、がんばりたいこと、よくしたいこと、直したいこと					
健康について（健康の保持）	自分の気持ちについて（心理的な安定）	人付き合いについて（人間関係の形成）	周りの感じ方について（環境の把握）	体の動かし方について（身体の動き）	友達や他人との会話について（コミュニケーション）
・タブレットのりようのし方や、べんりなどうぐがあるなら知りたい。			・もっと見やすいほうほうがあるなら、知りたい。	・ボールを使って楽しいものがあるか知りたい。・一人で登校してみたい。	

1年間の目標	
知識・技能	①つえを使って、かいだんをらくに歩きたい。合宿で、登山や沢登りをがんばる。
思考・判断・表現	②通学路を一人で歩けるかどうか、ためしたい。
学びに向かう力	③見えやすくなるように、せんもん家の先生に相談して、教えてもらう。

学習内容学習方法	・道路をわたれるかが心配なので、練習する。・あぶないところがないか、調べる。・タブレットの使い方などをせんもんの先生に教えてもらったり、ほじょぐを教えてもらったりする。		

	学期	◎とてもよくできた　〇できた　▲できなかった		
ふり返り	1学期	①〇ほどうがなくて、そっこうのあるところがあり、あぶない道があることが分かった。〇おうだんほどうのないところをわたるのがきけん。	②▲信号を自分で見たことがないので、道路をわたれるか心配。	③◎ロービジョンのびょういんについて教えてもらい、しんさつのよやくをすることができた。
	2学期	①〇つえを使って歩く練習をした。〇かべやかいだんのだんさが分かるので、これなら、そっこうが分かりそうだった。〇登山や沢登りをがんばった。	②◎たんがんきょうで信号が見えて、それを自分でも見ることができた。道路をわたれそうだった。	③〇がん科とロービジョンのびょういんに行って、目や、し力をみてもらうことができた。
	3学期	①〇塩がま神社の苦手なかいだんに行けなかったので、来年の校外学習では、つえを使ってためしたい。	②◎自分で信号をかくにんでき、おうだんほどうをわたることができた。	③〇てんじ会を見に行き、新しいタブレットの使い方をおしえてもらい、使えるようになった。〇もうどう犬センターの人にパソコンを使いやすくしてもらってよかった。
	その他			

事例 22	通級による指導（言語障害・ことばの教室）、小学校1年

置換音が多く、話していることが分かりづらい児童の構音を改善するための指導

「自立活動の個別の指導計画」

名　前	くろかわ　のうみ 黒 川 能 美	性別	女	学校・学年	青海小学校1年1組 通級指導教室（言語障害・ことばの教室）
障害名 診断名	構音障害（置換音）の疑い（赤山療育センター・森舞子言語聴覚士、年中時4歳6か月）				
検査結果 手帳取得	新版　構音検査（赤山小学校ことばの教室担当・林歌子教諭、年長時） 手帳なし				
指導期間	令和2年5月〜令和3年3月（1年間）	指導時数		他校通級：年間30時間（週1時間）	
指導場所	他校の言語通級指導教室 （赤山小学校ことばの教室）	指導者		赤山小学校ことばの教室担当（林歌子教諭）	
関係者等	学級担任（青海小学校・鈴木大太郎教諭）、言語聴覚士（赤山療育センター・森舞子言語聴覚士）				
合理的配慮 （観点）	・赤山小学校ことばの教室に、保護者が送迎して通級する。（②-1） ・ことばの教室では、口や舌を意識して動かすこと、さ・ざ行音、し音、つ音を練習し、明瞭に話せるようにする。（①-1-1） ・在籍校の担任は、話したい思いを受容してよく聞くこと、誤音は一度だけ指摘し耳から正しい音を入れること、学習の際に文字と正しい音とを一致させること（さ・ざ行音、し音、つ音）、在籍学級の他の児童も温かく見守ることなどの配慮を心がける。（①-1-1、②-2）				

① 障害の状態、発達や経験の程度、興味・関心、学習や生活の中で見られる長所やよさ、課題等について情報収集

【保育園からの情報】
・ご飯、肉、繊維質のものを飲み込むことが苦手である。食事量も少なく、調整が必要。
・相手に伝えたい思いは強く、言葉にして伝えようとする。思いが伝わらないと癇癪を起こし、大声で泣いて訴える。気持ちの切り替えに保育者との一対一のかかわりを必要とした。
・年中児の秋から、月1回、合計10回ぐらい赤山療育センターに通い、言語聴覚士の指導を受けた。
【年長児の秋の就学時健診の様子】
・言葉はしっかりと覚えているが、さ行音を発音するとうまく言えない。一つ答えると試験者の反応を見る。
【1年生の5月のことばの検査】
・単語自発検査では、さ音→シャ音（さかな→シャかな、ちいさい→ちいシャい、はさみ→はシャみ、うさぎ→うシャぎ）、す音→シュ音（すいか→シュいか、ばす→ばシュ、じゅーす→じゅーシュ）、せ音→シェ音（せみ→シェみ、ふうせん→ふうシェん）、そ音→ショ音（そら→ショら）、し音→ヒ音（しんぶん→ヒんぶん、あし→あヒ）、しゃ音→ヒャ音（じてんしゃ→じてんヒャ）、ず音→ジュ音（ずほん→ジュほん）、ぞ音→ジョ音（ぞう→ジョう、れいぞうこ→れいジョうこ）、つ音→チュ音（つくえ→チュくえ、えんぴつ→えんぴチュ）に置換していた。
・音節復唱検査でも、さ行音→シャ行音、ざ行音→ジャ行音、し音→ヒ音、つ音→チュ音に置換していた。
・少しかすれ声である。構音する際に、下顎が前に出ることがあった。
【保護者からの情報】
・言葉がはっきりしない、ある音の発音ができないことが心配である。さ行音が赤ちゃん言葉になっている。
・外交的で明るいが、根気が続かない、怒りっぽいところがある。
・興奮しやすいところがあり、スーパーマーケットで騒いで、他のお客さんから叱られたこともある。
・噛んだり、飲み込んだりすることは、上の子どもの同じ歳の頃と比べるとうまくできない方である。

②-1　収集した情報（①）を自立活動の区分に即して整理する段階					
健康の保持	心理的な安定	人間関係の形成	環境の把握	身体の動き	コミュニケーション
・赤山療育センターに通った。 ・噛むこと、飲み込むことが苦手。	・思いが伝わらないと癇癪を起こし、大声で泣く。 ・気持ちの切り替えが苦手。	・外交的。 ・相手に伝えたい思いは強く、言葉にして伝える。	・スーパーマーケットで騒いで、他のお客さんから叱られた。	・少しかすれ声。構音する際に、下顎が前に出る。 ・左利き。	・さ・ざ行音、し音、つ音がうまく構音できない。

②-2　収集した情報（①）を学習上又は生活上の困難や、これまでの学習状況の視点から整理する段階
・外交的な性格で、言葉で相手に伝えたいことは多くあるが、さ・ざ行音、し音、つ音が正しく構音できないため、相手にうまく伝わらず、泣いてしまう時もある。（人、コ、心） ・噛んだり、飲み込んだりすることが苦手である。発声・発語器官の微細な動きを獲得できなかった。（健、身）

②-3　収集した情報（①）を卒業後（2年後）の姿の観点から整理する段階
・小学3年生時に自分の思いをみんなにうまく伝えることができるようにするため、1年後には、さ・ざ行音を正しく構音できるようにさせたい。そのために、発語器官の機能訓練、耳の訓練、単音・単音節・単語・文レベルでの構音練習を行う。（健、心、人、身、コ） ・保護者も赤ちゃん言葉が改善し、言葉をはっきり話せるようになってほしいと願っている。（コ）

③　①をもとに②-1、②-2、②-3で整理した情報から課題を抽出する段階
・さ・ざ行音、し音、つ音の構音位置の理解や舌の正しい動きが不十分である。（健、心、人、身、コ） ・発語器官の微細な動きや調整をすることが課題である。（健、心、人、身、コ）

④　③で整理した課題同士がどのように関連しているかを整理し、中心的な課題を導き出す段階
発語器官の微細な動きをうまく獲得できなかったことが原因だと考えられる。発語器官の機能訓練、耳の訓練、単音・単音節・単語・文レベルでの構音練習を行い、さ・ざ行音、し音、つ音の構音指導を行い、正しく構音できるようにしたい。正しく構音できることにより、自分の思いをみんなに分かるように伝えることができるようになると考える。

課題同士の関係を整理する中で今指導すべき指導目標として	⑤　④に基づき設定した指導目標を記す段階	
	知識・技能	・発語器官の微細な動きを理解し、指導者の指示を聞いたり、動きを真似したりして構音することができる。
	思考・判断・表現	・発語器官をどのように動かすと正しい構音ができるか自分なりに理解し、実践し、話すことができる。
	学びに向かう力、人間性等	・正しい構音で、自分の思いをみんなに分かるように伝えようとする。

指導目標を達成するために必要な項目の選定	⑥　⑤を達成するために必要な項目を選定する段階					
	健康の保持	心理的な安定	人間関係の形成	環境の把握	身体の動き	コミュニケーション
	(1) 生活のリズムや生活習慣の形成に関すること。 (4) 障害の特性の理解と生活環境の調整に関すること。	(2) 状況の理解と変化への対応に関すること。 (3) 障害による学習上又は生活上の困難を改善・克服する意欲に関すること。	(3) 自己の理解と行動の調整に関すること。	(2) 感覚や認知の特性についての理解と対応に関すること。	(5) 作業に必要な動作と円滑な遂行に関すること。	(2) 言語の受容と表出に関すること。 (5) 状況に応じたコミュニケーションに関すること。

⑦　項目と項目を関連付ける際のポイント

・<発語器官の微細な動きを理解し、指導者の指示を聞いたり、動きを真似したりして構音することができるように>（健）(4) と（心）(3) と（人）(3) と（身）(5) と（コ）(2) を関連付けた具体的な指導内容が、⑧アである。
・<発語器官をどのように動かすと正しい構音ができるか自分なりに理解し、話すことができるために>（健）(1) と（心）(3) と（人）(3) と（身）(5) と（コ）(2) を関連付けて設定した具体的な指導内容が、⑧イである。
・<正しい構音で、自分の思いをみんなに分かるように伝えようとするために>（健）(4) と（心）(2) と（コ）(2) (5) を関連付けて設定した具体的な指導内容が、⑧ウである。

	⑧　具体的な指導内容を設定する段階		
選定した項目を関連付けて具体的な指導内容を設定 （計 30 時間）	[ア] ア－1（18 時間） ・さ・ざ行音を正しく構音できるようにする。 ア－2（6 時間） ・し音を正しく構音できるようにする。 ア－3（6 時間） ・つ音を正しく構音できるようにする。	[イ] イ－1 ・発語器官をどのように動かすと正しい構音ができるか自分なりに理解できるようにする。 イ－2 ・正しい構音で話すことができるようにする。	[ウ] ウ－1 ・正しい構音で、初対面の人にも伝わるように話すことができるようにする。 ウ－2 ・正しい構音で、在籍校の学級の他の児童にも伝わるように話すことができるようにする。

	⑨　⑧を実施するために具体的な指導方法（段階、教材・教具の工夫、配慮など）を設定する段階		
指導内容について具体的に指導方法を設定	[ア] ア－1 ・ストローを使って〔s〕を出す構音点法で指導を行う。 ア－2 ・〔ç：〕を出させながら、次第に歯間を狭めていき〔ɕ〕を出す。 ア－3 ・〔t〕と〔s〕を結合させて〔ts〕を出す。	[イ] イ－1 ・正音が安定してきた時、どのようにすると正しい構音になるか、自分なりの言葉で表現させる。 イ－2 ・本人や教師の出した音の正誤弁別と自己修正を行う。	[ウ] ウ－1 ・通級担当以外の先生と会話する機会を意図的に設け、その先生が感じたことを教えてもらう。 ウ－2 ・在籍校の担任の先生から、みんなの前で発表する機会を意図的に設けてもらい、うまく話せた時は褒めてもらう。

⑩　各教科等との関連（指導場面、指導内容、指導方法）を設定する段階　<関連する教科等のみ記載>	
国語	国語の教科書に「こえを　あわせて　あいうえお」という題材があるので、口形を教える時に活用する。在籍校で学習している教材で音読練習を行い、般化しているか確かめる。
社会	
算数	
理科	
生活	栽培活動や給食センター見学などを通して、食べることに興味をもたせ、よく噛んで食べることを学校や家庭で意識させる。また、ストローなど口を使った遊びを意図的に行う。
音楽	自分の歌声を大切にしながら、歌詞が相手に伝わるように、丁寧に発音する歌い方を身に付けるようにする。
図画工作	
家庭	
体育	
外国語活動／外国語	
道徳	
総合的な学習の時間	
特別活動	全校の前で発表する前には、台詞などを一緒に練習し、言いにくい言葉などがないか確認する。

⑪	指導経過（⑧の指導内容、⑨の指導方法に対する指導経過）		
1学期	ア ・口の体操を行い、発語器官全体をよく動かすようにした。「す」音の文練習まで進むことができた。	イ ・「舌を歯で軽くかむようにすると、いい音になった。」と話した。 ・「す」と「シュ」の聞き分けを行った。回数を重ねる毎に、正答率が高まった。	ウ ・通級した翌日は、在籍校の担任の先生にことばの教室で教えてもらった舌の形を見せたり、練習した「す」のつく言葉を言ってみせたりした。
2学期	ア ・舌の運動を行い、舌が微細に動くように練習した。「し」→「しゃ」と進んだが、まだ「ヒャ」に近いことがある。	イ ・「いっぱい練習したり、文の中にあったりすると、分からなくなってしまうことがあるの。」と話した。そこで、ゆっくり練習したり、文中の「し」に印を付けたりした。 ・「し」と「ヒ」の聞き分けを行った。間違えることはなかった。	ウ ・空いている先生と会話をしてもらい、「よくなっていると思うが、よく聞くと『ヒ』に近いこともあるかもしれない。」という話だった。 ・月の詩の暗唱がうまくでき、在籍校の担任の先生からみんなの前で褒めてもらった。
3学期	ア ・「しゅ」→「しょ」と進んだが、「しゃ」行音の文練習となると、たまに「ヒャ」行音に近い音がある。	イ ・「落ち着いてゆっくり話す。」「うまく言えなかった音には印を付けてもらうといい。」と話した。 ・「しゅ」と「ヒュ」の聞き分けも、しっかりできた。	ウ ・空いている先生と会話をしてもらい、「『つ』が『チュ』になっていることが気になる。」という話だった。 ・国語の教科書の音読が上手になり、在籍校の担任の先生からみんなの前で褒めてもらった。

⑫－1	自立活動の学習評価（⑤の指導目標に対する学習評価）　◎よくできた　○できた　▲できなかった		
	知識・技能	思考・判断・表現	主体的に学習に取り組む態度
年間の評価	○口の体操で発語器官全体をよく動かし、ストローを使って舌を微細に動かすことも体感させた。 ◎「す」音が改善することで、「さ・せ・そ」も「ざ、ず、ぜ、ぞ」も改善された。 ▲し音・しゃ行音は、まだヒ音・ヒャ行音に近いことがある。 ▲文練習では、舌の位置までは意識できなかった。	◎正音と語音の聞き分けを、ほぼ正しく行うことができた。 ○いつも鏡を見ながら練習することで、自分の口や舌の動きを意識するようになり、「舌を歯で軽くかむようにすると、いい音になった」ことが実感できた。 ○自分がうまくできない状況をどうにか説明することができた。 ▲更に微細な舌の動きとなると説明が難しかった。	◎在籍校の担任の先生に自分からできるようになったことを報告することができた。 ○他校の通級担当以外の先生とも、さ・ざ行音、し音に気を付けて話すことはできたが、舌の微細な位置までを意識することは難しかった。
その他			

⑫－2	各教科等の関連評価（⑩の各教科等を通して）　＜関連する教科等のみ記載＞	◎○▲で評価
国語	◎〔s〕が安定してきて、母音〔u〕、〔a〕、〔e〕、〔o〕をつける時、国語の教科書の口形の写真を活用し、鏡の中の自分の口形と比較させることにより、自分の口形や舌の位置に気を付けるようになってきた。詩の暗唱や国語の教科書の音読が上手にできるようになりつつあり、意欲的に取り組めるようになってきた。	
社会		
算数		
理科		
生活	○入学当初よりも、給食や家庭でもよく噛んで食べるようになったという担任の先生と保護者の話だった。また、ことばの教室でストローを使った遊びをしたことにより、家でも同じことをして楽しめたということを聞いた。	
音楽	○自分の歌声に注意しながら歌うようになったという担任の先生の話だった。	
図画工作		
家庭		
体育		
外国語活動／外国語		
道徳		
総合的な学習の時間		
特別活動	○学校祭で大きな声ではっきりと自分の台詞を発表できたという本人と保護者の話だった。	

⑬	指導計画の作成から実施までの全般的な評価（よかった点、改善すべき点、意見など）	
実態把握指導目標	・就学支援の資料、本人との構音検査、母親の話などから実態把握はスムーズにできた。 ・「学びに向かう力、人間性等」の指導目標は、通級指導教室内で行われる指導すべき指導目標にした方がよかった。	
指導内容指導方法	・通級担当以外の先生と会話する機会を意図的に設けたのは、第三者の意見を具体的に聞け、次の指導すべきことを客観的に確認できてよかった。 ・文をスムーズに読ませるための手立てが必要だった。 ・「し」音の指導に進んだ時、発音器官の微細な動きを更に理解させるため、さ行音とは違う手立てが必要だった。 ・保護者の了解を得て、構音練習の様子をビデオに撮影し、他の学校のことばの教室担当に見てもらい、指導方法についてアドバイスを受けることもできたのはよかった。	
教科等との関連	・在籍校で学習している教材で音読練習を行うことや発表の台詞練習を行うことは、在籍校での普段の授業や活動の様子を知る上でも、般化を確かめる上でもよかった。	
指導経過学習評価	・ことばのノートを使って、保護者や担任の先生に指導記録を開示したり、半年ごとに文書で「指導内容及び所見」を報告したりしたが、担任の先生に直接会って児童での様子を聞いたり、授業参観などをさせてもらい実際の様子を見たりすることも必要だった。	
本人の意見本人用シート	・在籍校でうまく話せるようになってきた本人の実感が伝わってきてよかった。丁寧さや長文を読むといった本人も感じている課題・ニーズにこれから一緒に取り組んでいくことが大切だと感じた。	
保護者の意見	・赤ちゃん言葉もなくなって、本人も喜んで通級している。ことばの教室からもらったストローの的当ては、家族みんなで遊んで楽しめた。これからもよろしくお願いしたい。できれば、2年生の早いうちに通級を終了していただきたい。	
その他		

⑭	次年度への引継ぎ事項（変更点、要望など）	
担任・担当者へ	・一対一で本人の話したいことをゆっくり聞く機会を意図的にもつことが必要だと考えます。 ・個別検査を行い、構音障害以外の課題を具体的にすることも検討してください。	
通級指導教室担当者へ	・文をスムーズに読むための工夫。（文字を大きくする、文字に色をつける、スリットを準備する等） ・「し」音の指導の工夫。 　（構音位置づけ法、聴覚刺激法、漸次接近法、構音可能な他の音を変える方法、キーワード法等）	
本人・保護者へ	（本人へ）双六を使っていっぱい構音練習する時も、落ち着いて丁寧に取り組みましょう。 （保護者へ）送迎が10分以上遅れる場合には、職員室に電話連絡をいただきたいです。	
その他		

自立活動の学習

青うみ小学校　1年　1組　名前　くろ川　のうみ

自分の得意なことや苦手なこと、困っていること					
健康について（健康の保持）	自分の気持ちについて（心理的な安定）	人付き合いについて（人間関係の形成）	周りの感じ方について（環境の把握）	体の動かし方について（身体の動き）	友達や他人との会話について（コミュニケーション）
・ごはんやおにくをよくかむことがにが手。 ・いっぱいたべることができない。	・おともだちがはなしがわからないとイライラする。 ・たのしいことがあると、ずっとはしゃいでしまう。	・そとであそぶことがすき。 ・わたしが、はなしたいことは、いっぱいある。 ・ケンカやおこられることはきらい。	・はしゃいでしまって、おこられることがある。	・いっぱいおはなしして、こえがかすれてしまう。	・「せんせい」がうまくいえない。 ・「なにをいっているか、わからない。」といわれた。

特に、がんばりたいこと、よくしたいこと、直したいこと					
健康について（健康の保持）	自分の気持ちについて（心理的な安定）	人付き合いについて（人間関係の形成）	周りの感じ方について（環境の把握）	体の動かし方について（身体の動き）	友達や他人との会話について（コミュニケーション）
・ごはんやおにくをよくかんでたべたい。	・おちついてはなしたい。	・おともだちと、なかよくあそびたい。	・はしゃぎすぎておこられないようにしたい。	・口をじょうずにつかって、おはなしできるようになりたい。	・「せんせい」とかをじょうずにいいたい。

1年間の目標	
知識・技能	①口やしたのうごきがわかって、ことばのきょうしつの先生のはなしをきいたり、口やしたのまねをしたりして、正しい音ではなしたい。
思考・判断・表現	②口やしたをどのようにうごかすと正しい音が出るのか、先生のまねっこして、はなしたい。
学びに向かう力	③正しい音ではなすので、クラスのおともだちもきいてほしい。

学習内容学習方法	・お口のたいそう、耳のくんれん、音のまねっこをする。 ・正しい音がいっぱいできたら、そのコツをおはなしする。

	学期	◎とてもよくできた　　〇できた　　▲できなかった		
ふり返り	1学期	①◎お口のたいそうが、じょうずにできた。耳のくんれんで、正しい音とまちがった音がわかった。	②◎したをすこし出すと、正しい音になってきた。	③◎いえるようになった「せんせい」や「すいか」をクラスの先生やおともだちからも、きいてもらった。
	2学期	①〇「し」のときも、したをすこし出すといいことがわかった。	②▲スゴロクでいっぱいれんしゅうすると、たのしくなって、したを出すのをわすれてしまった。	③◎ほかのクラスの人から「なにをいっているのか、わからない。」といわれることが、すくなくなった。
	3学期	①〇「しゃ・しゅ・しょ」も「し」とおなじようにすることがわかった。	②▲ながい文だと、うまくいえないことがあった。	③◎ほかの人からききかえされることがなくなった。
	その他			

難聴の児童が会話や活動に
自ら進んで参加できるようになるための指導

「自立活動の個別の指導計画」

名　前	ふじた　だいき 藤　田　大　樹	性別	男	学校・学年	北海小学校 3 年 3 組 通級指導教室（難聴・きこえの教室）
障害名 診断名	右耳の感音性難聴（はな耳鼻科クリニック・北海道子 Dr、小学校 2 年生 1 月）				
検査結果 手帳取得	聴力検査（右耳 110dB 以上、左耳 10dB） NRT　ISS48（国語 46、算数 51） KABC-Ⅱ（参考値）　認知 102（継次 100、同時 101、計画 103、学習 99）、習得 105（語彙 101、読み 107、書き 100、算数 102）、（北海市教育相談センター・旭川花子臨床心理士、小学校 2 年時）				
指導期間	令和 2 年 4 月～令和 3 年 3 月（1 年間）		指導時数		他校通級：年間 70 時間（週 2 単位時間）
指導場所	自校の難聴通級指導教室 （北海小学校きこえの教室）		指導者		北海小学校きこえの教室担当 （小木原 弘晃教諭）
関係者等	学級担任（北海小学校・戸口裕子教諭） 主治医（はな耳鼻科クリニック・北海道子 Dr） 言語聴覚士（はな耳鼻科クリニック・岩見沢札子 ST、月 1 回言語指導）				
合理的配慮 （観点）	北海小学校きこえの教室に、保護者が送迎して通級する。（②－ 1） 座席を良聴耳（左耳）で聞き取ることができる位置にする。（①－ 1 － 1） 周囲の騒音が大きい活動場面では、話の内容を文字化するなど視覚的手段を活用する。（①－ 2 － 1） 緊急時、災害時は、気持ちを落ち着かせ、状況が分かるように個別に説明をする。（③－ 3）				

---

① 　障害の状態、発達や経験の程度、興味・関心、学習や生活の中で見られる長所やよさ、課題等について情報収集

・幼稚園の集団生活では、「少しマイペースで周囲よりも行動が遅く、活動の内容も理解していないことがある。」と担任の先生は言っていた。
・幼稚園で友達と遊んでいる時に、何度も名前を呼ばれても気が付かずにいる様子が見られた。
・幼稚園の参観時には、先生が指示したことを周りの様子をうかがいながら、ワンテンポ遅れて行動する様子が見られたと母は言っていた。
・1 歳 6 か月健診、3 歳児健診では、聞こえに関する問題は指摘されなかった。また、小学校 1 年生の時の選別聴力検査もパスした。
・2 年生の冬頃に本人から「最近、聞こえにくい。」という訴えがあり、耳鼻科を受診して、右耳の聴力低下が分かった。
・右耳聾と診断された。突発性難聴の可能性もあるかもしれないと言われた。
・診断後すぐに、試聴段階を経てクロス型補聴器の装用を開始した。
・定期的に耳鼻科を受診し、聴力検査を行う。1 ～ 2 か月に 1 回くらい、耳鼻科で ST による言語指導を受けている。
・どちらの方から話をしてもらうと聞こえやすいかなど、自らの聞こえにくさへの認識はあまりない。
・自分の思いや意見を主張することが苦手であり、相手の言ったことに合わせて我慢することが多い。
・先生や友達の話を聞き逃している部分があり、聞いて理解することが苦手である。
・「あれ」「それ」などの指示語を使用することが多く、物事を詳しく相手に伝えることが苦手である。
・話したいことを整理して、分かりやすく相手に伝えることが苦手である。
・会話や活動の中で、苦手なことや分からないことがあると、すぐに関わったり活動したりすることを諦めてしまう。
・聞いただけでは分からないことでも、視覚的に提示されると理解することができる。
・歌を歌うことが好きで、自分でも上手に歌うことができると自信をもっている。
・友達を優しく気遣うことができる。特に、下級生には優しく関わっている。
・国語の作文、音楽のリコーダーへの苦手意識が特に強い。

②－１　収集した情報（①）を自立活動の区分に即して整理する段階

健康の保持	心理的な安定	人間関係の形成	環境の把握	身体の動き	コミュニケーション
・補聴器の必要感が薄く、どこに置いたかを忘れてしまうことが多い。	・苦手なことや分からないことは、取り組むことを諦めてしまう。	・自分の気持ちを伝えられず、相手に合わせることが多い。	・周囲の状況によって変化する、自らの聞こえの状態への認識が低い。 ・補聴器の必要感は、あまり感じられていない。 ・聴覚のみでは、情報を正確に理解することは難しい。	・自信のなさがあり、体の動かし方がぎこちない。	・自分の意見を言うことができない。 ・話を聞いて理解することが苦手である。 ・分かりやすく話をすることが苦手である。

②－２　収集した情報（①）を学習上又は生活上の困難や、これまでの学習状況の視点から整理する段階

・話の内容が理解できなかったり、答え方が分からなかったりすると、すぐに関わることをやめてしまう。（心、人、コ）
・苦手な活動の時は、すぐに諦めてしまい、取り組むことをやめてしまう。（心）
・自分の意見を言うことができず、友達の言う通りに活動が進み、ストレスをためることが多い。（心、人、コ）
・教師の説明や友達の発言は、口頭だけでは聞き取ることができず、分からないことがある。（環、コ）
・話の一部分を聞き取ることができなくて、話の内容が理解できず、曖昧に話が流れていくことが多い。（人、コ）

②－３　収集した情報（①）を卒業後（４年後）の姿の観点から整理する段階

・分からない時は、確認したり、質問したりすることで相手の話を理解し、積極的に人と関わる。（人、コ）
・いろいろなコミュニケーション手段を活用して、自分の伝えたいことを相手に分かりやすく伝える。（人、コ）
・自ら聞こえやすくなるように行動したり、周囲の人に支援や配慮をお願いしたりすることができる。（人、環、コ）
・クロス型補聴器を学習・生活場面に応じて、装用の有無を自ら判断しながら活用することができる。（心、環）

③　①をもとに②－１、②－２、②－３で整理した情報から課題を抽出する段階

・話を聞いて理解することができなかったり、分かりやすく伝えることができなかったりする課題がある。（人、コ）
・会話や活動に取り組む中で、状況に応じていろいろなコミュニケーション手段を活用する必要がある。（コ）
・苦手なことや分からないことへも、前向きな気持ちをもって取り組むことができるようにする必要がある。（心）
・自らの聞こえにくさを認識し、困っていることを周囲の人に伝えることができる必要がある。（人、環、コ）
・補聴器の必要性を感じ、聞き取りにくい場面で装用しようとすることが必要である。（心、環）

④　③で整理した課題同士がどのように関連しているかを整理し、中心的な課題を導き出す段階

　自ら進んで相互的に関わりながら物事に取り組むことは、今後、人間関係を築いて生活を送っていく上で大切である。自ら人と関わっていくためには、「話したいことを伝えることができた」「話していることが分かった」「（相手と）分かり合うことができた」というプラスの気持ちが根底に必要となる。「伝えることができた」「分かった」「できるようになった」という経験を重ね、自信を高めながら前向きな気持ちをもてるようにすることが、進んで相互的に会話や活動に取り組んでいくためのステップになると考える。

　また、「伝えることができた」「分かった」という確かな経験をするためには、様々なコミュニケーション手段を活用していくことが必要になる。特に、視覚的に提示すると理解しやすくなるということから、視覚的手段の活用を工夫することが有効だと考えられる。

　さらに、補聴器の装用に関して、自分自身の中で必要感をもちながら装用することが、確実に「伝えることができた」「分かった」という経験を支えるものとして大切になると考えている。このような経験の積み重ねが、聞こえにくさのことについて話し合ったり、振り返ったりしながら、自分の聞こえにくさからくる困りを伝えていくことの土台にもなるのではないかと考える。

課題同士の関係を整理する中で今指導すべき指導目標として	⑤　④に基づき設定した指導目標を記す段階	
	知識・技能	・コミュニケーション手段の種類を理解し、場や状況に応じてコミュニケーション手段を活用することができる。
	思考・判断・表現	・話を正しく理解したり、分かりやすく伝えたりするために、内容を整理し、考えながら会話をすることができる。
	学びに向かう力、人間性等	・必要感に応じて補聴器を装用し、意欲的に会話や活動をすることができる。

指導目標を達成するために必要な項目の選定	⑥　⑤を達成するために必要な項目を選定する段階					
	健康の保持	心理的な安定	人間関係の形成	環境の把握	身体の動き	コミュニケーション
		(3) 障害による学習上又は生活上の困難を改善・克服する意欲に関すること。	(3) 自己の理解と行動の調整に関すること。	(1) 保有する感覚の活用に関すること。 (3) 感覚の補助及び代行手段の活用に関すること。 (4) 感覚を総合的に活用した周囲の状況についての把握と状況に応じた行動に関すること。		(2) 言語の受容と表出に関すること。 (3) 言語の形成と活用に関すること。 (4) コミュニケーション手段の選択と活用に関すること。

⑦　項目と項目を関連付ける際のポイント
・<コミュニケーション手段を有効に活用するために>（心）(3)、（環）(3)、（コ）(4) を関連付けて設定した具体的な指導内容が⑧アである。 ・<話を理解したり、思いや考えを伝えたりすることができるように>（人）(3)、（コ）(2) (3) を関連付けて設定した具体的な指導内容が⑧イである。 ・<補聴器を装用して、自ら意欲的に会話や活動するために>（心）(3)、（人）(3)、（環）(1) (4)、（コ）(2) を関連付けて設定した具体的な指導内容が⑧ウである。

選定した項目を関連付けて具体的な指導内容を設定 (計70時間)	⑧　具体的な指導内容を設定する段階		
	[ア] ア－1（11時間） 話の内容を確認するために、視覚的な手段を活用する。 ア－2（8時間） 活用することができるコミュニケーション手段の種類を知る。	[イ] イ－1（13時間） 興味・関心のあることを題材に、担当者と楽しく話をする。 イ－2（17時間） 興味・関心のあることを題材として、担当者とやりとりをしながら話をする。	[ウ] ウ－1（11時間） 補聴器の必要性を感じながら装用して、楽しく生き生きと活動をする。 ウ－2（10時間） 補聴器を場面に応じて装用し、意欲的に活動をすることができる。

指導内容について具体的に指導方法を設定	⑨　⑧を実施するために具体的な指導方法（段階、教材・教具の工夫、配慮など）を設定する段階		
	[ア] ア－1 ・文字化したり、イラスト化したりするモデルを提示する。 ・文字化したり、イラスト化したりすることを称賛する。 ア－2 ・実物を使ってコミュニケーション手段の種類や長所や短所を確認する、 ・実際に試しに使ってみる。	[イ] イ－1 ・子どもが話してきたことを伝え返す。 ・相づちを打ちながら、丁寧に話を聞く。 ・担当者も自分のことを開示する。 イ－2 ・話し手を意識化させるように、話し手がぬいぐるみを持って、話す。 ・話が往復する回数をカウントする。	[ウ] ウ－1 ・「できた」時には大いに褒め、達成感や成就感をもたせる。 ・ワークシートを活用し、補聴器を装用して、よかったことなどを、その都度振り返る。 ウ－2 ・チェックシートを活用し、補聴器の必要性が高い場面を確認する。 ・その場面はなぜ補聴器が必要と感じるのかを振り返る。

⑩　各教科等との関連（指導場面、指導内容、指導方法）を設定する段階　＜関連する教科等のみ記載＞	
国語	作文など、自分の考えた意見を出すこと（ノートに書くことも含む）ができるようにする。
社会	
算数	文章問題では、イメージしやすいように図式化したり、イラスト化したりする。
理科	
生活	
音楽	視覚的に音の高低が分かる楽譜を作成し、リズムや音程をつかみやすくする。 リコーダーの練習は、教師と対面で行うなど、指の動きを視覚的に確認できるようにする。
図画工作	
家庭	
体育	
外国語活動／外国語	聞き違えがあっても、正しい発音が分かるように、アルファベットの上に読み方を表記する。
道徳	
総合的な学習の時間	
特別活動	話し合い活動の際には、意見をメモして視覚的に確認をすることができるようにする。

⑪　指導経過（⑧の指導内容、⑨の指導方法に対する指導経過）			
前期	**ア** ・話の内容を担当者が文字やイラストで表して、確認しながら話をすることを繰り返した。	**イ** ・興味・関心のあることを話題とした。 ・質問されたことには、「分からない。」と答えることが多かったので、簡単な質問をしたり、文字や絵で表したりして、分かりやすいようにした。	**ウ** ・歌や調理など自信をもっている活動を行い、歌いたい曲やお菓子の作り方を調べて取り組んだ。 ・補聴器を装用しながら活動し、感じたことを振り返り、よさを感じられるようにした。
後期	**ア** ・自ら文字化したり、イラスト化したりして、話をすることが多くなってきた。 ・パソコンテイクやUDトークなどのコミュニケーション手段も活用してみた。	**イ** ・担当者からも話題を出し、それについて自分の思ったことを話す機会をつくった。 ・担当者の話や質問にも関心を向けて聞く様子が見られるようになってきた。	**ウ** ・運動（跳び箱やマット）など、得意ではない活動にも、担当者と一緒に体を動かして挑戦した。 ・ワークシートを活用しながら、補聴器が必要だと感じる場面を振り返り、必要な場面が分かってきた。

⑫－1　自立活動の学習評価（⑤の指導目標に対する学習評価）　◎よくできた　○できた　▲できなかった			
	知識・技能	思考・判断・表現	主体的に学習に取り組む態度
年間の評価	○文字化したり、イラスト化したりする習慣が身に付いてきた。 ▲文章化することは、苦手意識が強く、できなかった。	◎興味・関心のある話題は、自分から生き生きと話をすることができた。 ▲少し難しい質問や関心のない話題は、「分からない。」と言うことが多かった。	◎自信のあることには、自ら調べて積極的に取り組むことができた。 ○生活の中で、補聴器の必要な場面が自分なりに分かってきた。
その他			

⑫－2	各教科等の関連評価（⑩の各教科等を通して）　＜関連する教科等のみ記載＞　　◎○▲で評価
国語	○自分の知っている言葉を使いながら短い文で、ノートに考えを書くようになった。 ○ノートに自分で書いた文を見ながら、自分の意見を発表する姿が見られるようになった。
社会	
算数	○ノートに文章題を図式化したり、イラスト化したりしながら立式する習慣がついてきた。
理科	
生活	
音楽	○視覚的に理解しやすい楽譜を見ながら、リズムや音程をとることができるようになってきた。 ○教師の指の動きを見ながら、リコーダーの指使いがスムーズにできるようになってきた。
図画工作	
家庭	
体育	
外国語活動／外国語	○アルファベットの上に読み方をふることで、間違えて発音したことに気が付き、発音を修正することができるようになってきた。
道徳	
総合的な学習の時間	
特別活動	○話し合い活動の際には、メモを取ることが習慣付き、文字で確認しながら正しく話の内容を理解して話し合いに参加することができるようになってきた。

⑬	指導計画の作成から実施までの全般的な評価（よかった点、改善すべき点、意見など）
実態把握 指導目標	・学校生活、家庭、医療などの関係機関などいろいろな情報から実態を把握することができた。 ・確かな会話をすることを目指し、領域ごとに関連付いた目標設定をすることができた。
指導内容 指導方法	・話したことを文章化するなど、文を書くことへ抵抗をなくすことも指導内容に入れる必要がある。 ・興味・関心のある話を取り上げたが、どのように話題を広げていくか、今後検討すべきである。 ・考えたことを話すだけではなく、整理しながら書く活動をもっと入れた方がよいように感じた。 ・興味・関心のあることを題材として、受容的に話を聞いたことは効果的であった。
教科等との関連	・在籍校の担任から、より詳細に教科面の情報を収集するとよかった。
指導経過 学習評価	・前期から後期にかけて、無理なく段階的にステップアップしていくことができた。
本人の意見 本人用シート	・補聴器の装用について、本人とワークシート等で振り返って確認したことは効果的であった。 ・本人用シートは、もっと子どもと対話をして振り返りながら記載してもらう方がよいと感じた。
保護者の意見	
その他	

⑭	次年度への引継ぎ事項（変更点、要望など）
担任・担当者へ	・自分の意見を整理して伝えることができた時に、認められる経験を重ねていってほしい。
通級指導教室 担当者へ	・作文への抵抗をなくし、文で表すことができるようになる取り組みが必要である。
本人・保護者へ	・興味・関心のあることや経験したことを整理して、作文にするという取り組みを行ってほしい。
その他	

自立活動の学習

北海小学校　3年　3組　名前　藤田 大樹

自分の得意なことや苦手なこと、困っていること					
健康について （健康の保持）	自分の気持ち について （心理的な安定）	人付き合い について （人間関係の形成）	周りの感じ方 について （環境の把握）	体の動かし方 について （身体の動き）	友達や他人との 会話について （コミュニケーション）
	・歌を歌うことは とくいですが、作文やリコーダーは、にが手です。	・休み時間、友達に言われたことをしてあそんでいて、いやな気もちになることが多いです。	・周りがうるさいと、聞こえにくいです。 ・ほちょうきをつけると、うるさくて頭がいたいです。	・体育がきらいです。とくに、マット運どうと、とびばこは、にが手です。	・なかなか自分の思ったことが言えません。 ・話が聞こえなくて分からないことが多いです。

特に、がんばりたいこと、よくしたいこと、直したいこと					
健康について （健康の保持）	自分の気持ち について （心理的な安定）	人付き合い について （人間関係の形成）	周りの感じ方 について （環境の把握）	体の動かし方 について （身体の動き）	友達や他人との 会話について （コミュニケーション）
	・にが手なことにもがんばってちょうせんして、できるようになりたいです。	・ぼくのやりたいこともして、楽しくあそびたいです。	・うるさくても聞こえるようになりたいです。		・自分の思ったことを言えるようになりたいです。 ・話が聞こえて何を言っているか分かるようになりたいです。

1年間の目標	
知識・技能	①話を伝えられるようにする方ほうを知って、つかえるようになりたい。
思考・判断・表現	②分かりやすくなるように、考えてまとめて話せるようになりたい。
学びに向かう力	③とくいなことだけではなく、にが手なこともがんばりたい。

学習内容 学習方法	・文字や絵をつかって、先生と話をする。 ・学校のことや家のこと、好きなことの話を先生と楽しくする。 ・ほちょうきをつかって、先生といっしょに運どうやリコーダーをがんばる。		

	学期	◎とてもよくできた　　○できた　　▲できなかった		
ふり返り	前期	① ○先生が話を文字や絵にしてくれたので、つたえる方ほうが分かった。	② ◎学校のことや自分のすきなことを先生と楽しく、たくさん話をすることができた。	③ ○自分のすきな歌をじょうずに歌うことができた。 ○ほちょうきが、ひつようなものだと少し思った。
	後期	① ○文字や絵を使って話することができた。	② ○先生の話も、すきな話は楽しく聞くことができた。 ▲きょうみのない話は、あまり聞くことができなかった。	③ ○にが手なとび箱やマット運どうを先生といっしょにやることができた。 ○べんきょう中に、ほちょうきをつかうことがふえた。 ▲作文は、やってみようという気もちがおきなかった。
	その他			

事例 24　通級による指導（学習障害：ラーニング教室）、小学校 3 年

漢字の書字が苦手な児童の
視覚認知による困難さを改善・克服するための指導

「自立活動の個別の指導計画」

名　前	あおばやま　たろう 青　葉　山　太　郎	性別	男	学校・学年	広瀬川小学校 3 年 2 組 通級指導教室（学習障害：ラーニング教室）
障害名 診断名					限局性学習症（宮城市立病院・井上孝行 Dr、小学校 2 年生時） 書字障害、空間認知の困難性（宮城市特別支援教育専門家チーム・三浦光一教授、小学校 2 年時）

障害名 診断名	限局性学習症（宮城市立病院・井上孝行 Dr、小学校 2 年生時） 書字障害、空間認知の困難性（宮城市特別支援教育専門家チーム・三浦光一教授、小学校 2 年時）
検査結果 手帳取得	NRT　ISS41（国語 32、算数 45） KABC-Ⅱ　認知 100（継次 88、同時 108、計画 103、学習 101）、習得 83（語彙 87、読み 85、書き 66、 　　　　　　算数 98）、（LD 等通級指導教室・川村修弘教諭＜特別支援教育士＞小学校 3 年時） WISC-Ⅳ　全検査 101（言語 99、知覚 =101、ワーキングメモリー 98、処理 81）、（LD 等通級指導教室・ 　　　　　　川村修弘教諭＜特別支援教育士＞、小学校 1 年時）
指導期間	令和 2 年 4 月～令和 3 年 3 月（1 年間）　｜　指導時数　｜　自校通級：年間 70 時間（週 2 時間）
指導場所	自校の LD 等通級指導教室　｜　指導者　｜　自校の LD 等通級指導教室担当者（川村修弘教諭）
関係者等	学級担任（宮城一郎教諭）　主治医（宮城市立病院・井上孝行 Dr）
合理的配慮 （観点）	・国語、算数のノートは学年で決められたマス目の大きさのノートではなく、自分自身に合った文字を書きやすい大きいマス目のノートを使用する。罫線や白紙のノートは使用しない。（①-2-3） ・漢字を 1 行ずつ書かせる宿題の時には、繰り返し書かせるのではなく、音読みの場合や訓読みの場合などの漢字の活用に重点を置いた内容に変更する。（①-1-3）なお、書き直しはさせないで、自己肯定感を保つようにする。（①-3-5） ・教室での座席は、黒板が正面に捉えられる座席で、前から 1～2 列目に配置する。（①-2-3）

①　障害の状態、発達や経験の程度、興味・関心、学習や生活の中で見られる長所やよさ、課題等について情報収集

- 漢字の読みは学年相応だが、正答率は 1 年生漢字 70％、2 年生漢字 20％で、漢字の書字に著しい苦手さがある。
- KABC-Ⅱ検査では、認知総合尺度が 100 と知的水準が平均の域に位置していたが、習得総合尺度が 83 であり、もっている力が学習面に反映されていない状況がうかがえた。また、書き尺度が 66 と 2 学年程度の遅れがあった。
- ビジョンアセスメントの一つである WAVES の検査結果から、目と手の協応の速度および正確性や図形等の形を記憶したり、書き写したりする力である視空間認知に大きな課題があることが分かった。
- 授業中は、一生懸命に黒板に書かれた文字をノートに書き写すが、単語のまとまりで捉えるのではなく一文字ずつ書き写す速度が遅いため、ノートに書き写すことを途中であきらめてしまう様子が見られる。
- 手先の不器用さから筆圧が弱く、文字の形が整わずにゆがんでしまう。文字がマス目からはみ出してしまう。
- 国語は苦手であるが、算数の計算や文章題を解く力は学年相応であり、得意である。
- ことばによる表現は得意である一方、文字で自分の考えや思いを書いて表現することが苦手である。
- 授業中、注意・集中に欠けることがあり、ボーっとしている様子が見られる。
- 家庭や学校での整理整頓が苦手であり、机の上やロッカーに物が散乱していることがある。
- 物を紛失することが多かったり、忘れ物をしたりすることがしばしば見られる。

②-1　収集した情報（①）を自立活動の区分に即して整理する段階

健康の保持	心理的な安定	人間関係の形成	環境の把握	身体の動き	コミュニケーション
・授業中に注意集中に欠けることがあり、ボーっとしている様子が見られる。 ・書字の苦手さについては自分自身で理解しているが、対応については理解していない。	・漢字の書字をはじめとした文字全般の書字に関して、苦手だという自己意識が強く、自己肯定感の低下を示している。	・友達との関係は良好であるが、自己主張はあまりなく相手に合わせることが多く見られる。	・形を記憶する力が弱いために正しく書き写せないことが多い。 ・整理整頓が苦手であり、忘れ物や物の紛失が多い。	・手先の不器用さから筆圧が弱く、文字を書く速度が遅いため、黒板に書かれた文字をノートに書き写すことに時間がかかる。	・自分の考えを文字で書いて表現することは苦手であるが、ことばで話して表現することは得意である。

②－２　　収集した情報（①）を学習上又は生活上の困難や、これまでの学習状況の視点から整理する段階

・漢字だけでなく平仮名や片仮名の文字全般に対する書字に著しい苦手さがあることを自己理解しているが、スムーズに書字ができるような具体的方法が分からずに困っている。（健、心）
・手先の不器用さと目と手の協応に苦手さがあり、文字の形が整わない。（身）
・形を記憶する力が弱いために文字の形態を正しく把握することができず、正しく書き写せないことが多い。（環）
・文字を書くことに対する苦手さから、宿題に向かう意欲が低くなってきている。（心）

②－３　　収集した情報（①）を卒業後（４年後）の姿の観点から整理する段階

・時間内で書き写すことができないことや、書き写すことで精一杯になってしまい思考する時間がないとことで、しだいに学力低下になり、授業についていけなくなってしまうのではないか。また、不登校等の二次的問題につながってしまうのではないかと担任、保護者が心配している。（環、身、コ）
・本人の特性に応じた配慮と指導をすることで、書字の苦手さが軽減され、今よりももっている力を発揮することができると考えられる。（心、コ）

③　　①をもとに②－１、②－２、②－３で整理した情報から課題を抽出する段階

・漢字の形態や図形を正しく捉える力を向上させることで、学習上の困難さを軽減させる。（環、コ）
・手先の不器用さと目と手の協応の苦手さにより文字の形が整わないことから、手先の不器用さの改善および目と手の協応の向上を図る。（身）
・漢字をはじめとした文字の形態や図形を覚える自分なりの方法を理解することで自信を高めていく。（心）

④　　③で整理した課題同士がどのように関連しているかを整理し、中心的な課題を導き出す段階

　漢字の書字に対する苦手さと図形を正しく捉える面に課題がある。これらの課題を解決するために、まずは、漢字の形態が整わないことやノートのマス目に文字が収まらない面で課題となっている手先の不器用さの改善および目と手の協応の向上を図る。また、漢字の形態や図形を正しく記憶し、再生する点において課題があることから、視覚情報の短期記憶と長期記憶を高めるとともに、どのように漢字の形態や図形を覚える方法が自分自身には適しているのかを通級指導教室担当者とともに考え、自分なりの捉え方を自分自身で理解する。

課題同士の関係を整理する中で今指導すべき指導目標として	⑤　　④に基づき設定した指導目標を記す段階	
	知識・技能	・漢字や図形の細部を注意深く捉えて理解し、速く正確に書くことができる。
	思考・判断・表現	・漢字や図形の正誤の違いを考え、間違いを判断し、正確に書き換えることができる。
	学びに向かう力、人間性等	・教師と共に考えた書字の苦手さを改善・克服するための方法を主体的に学習の場で使い、生かそうとしている。

指導目標を達成するために必要な項目の選定	⑥　　⑤を達成するために必要な項目を選定する段階					
	健康の保持	心理的な安定	人間関係の形成	環境の把握	身体の動き	コミュニケーション
	(4) 障害の特性の理解と生活環境の調整に関すること。	(3) 障害による学習上または生活上の困難を改善・克服する意欲に関すること。		(2) 感覚や認知の特性についての理解と対応に関すること。	(3) 日常生活に必要な基本動作に関すること。	

⑦　　項目と項目を関連付ける際のポイント

・＜漢字の形態を正確に捉えたり、図形を正確に把握したりする力の向上に関わる内容として＞（心）（3）、（身）（3）を関連付けて設定した具体的な指導内容が⑧アである。
・＜手先の不器用さおよび目と手の協応の向上に関わる内容として＞（環）（2）、（身）（3）を関連付けて設定した具体的な指導内容が⑧イである。
・＜漢字の書字に関する苦手さ自分なりの苦手さの理解および自分自身に合った覚え方を身に付けさせるために＞（健）（4）、（環）（2）、（心）（3）を関連付けて設定した具体的な指導内容が⑧ウである。

選定した項目を関連付けて具体的な指導内容を設定 （計70時間）	⑧　具体的な指導内容を設定する段階		
	[ア] ア－１（10時間） 図形を正確に記憶したり、把握したりする力である視知覚認知の向上を目指す。 ア－２（20時間） 漢字の構成に注意深く着目し、漢字の形態を正確に捉える力の向上を目指す。	[イ] イ－１（10時間） 文字の形を整えてノートやワークシートに書くことができるように手先の不器用さである手指の巧緻性の改善および向上を目指す。 イ－２（10時間） 目と手の協応の改善および向上を目指す。	[ウ] ウ－１（10時間） 図形の形を記憶あるいは書き写す際のポイントを通級指導教室担当者とやりとりを通して理解し、自分なりの取り組み方を身に付ける。 ウ－２（10時間） 自分なりの漢字の捉え方や覚え方を理解し、覚える方法を自分なりに工夫する。

指導内容について具体的に指導方法を設定	⑨　⑧を実施するために具体的な指導方法（段階、教材・教具の工夫、配慮など）を設定する段階		
	[ア] ア－１ ・点つなぎ図形描き写しの問題を行い、手本を見て線の書き写しから、図形の書き写しへと難易度を上げて指導を行う。 ア－２ ・漢字パズルで合成分解を行い、一つの漢字がどのような構成部位からできているのかを理解する。 ・漢字の間違い探しを行い、間違っている漢字はどこの部分が間違っているのかについて気付かせる。	[イ] イ－１ ・ぬり絵、デザイン定規を使った図形づくり等の手先を使う活動を多く設定する。 イ－２ ・追従性眼球運動および跳躍性眼球運動等のビジョントレーニングと身体の動作を合わせた学習を取り入れる。具体的には、ビー玉迷路、ビー玉キャッチなどを行う。	[ウ] ウ－１ ・点つなぎで図形を描く時には、どんな図形から構成されているかをまずは理解した上で、上下左右に何個ずつ進み、どの点を通るのかを通級指導教室担当者とのやりとりを通して理解していく。 ウ－２ ・漢字を学習した時に自分の間違いパターンを通級指導教室担当者と会話を通して理解する。

⑩　各教科等との関連（指導場面、指導内容、指導方法）を設定する段階　<関連する教科等のみ記載>	
国語	新出漢字の学習では、漢字の構成部位を色分けして、提示する。また、ノートのマス目の中に収まる文字の大きさで文字を書く。ノートに書くことが遅いことから、状態に合わせて漢字を書く量を限定する。
社会	図表の読み取りでは、縦軸横軸が何を表しているのか着目できるように声かけを行う。また、図表の着目すべき大切な箇所に色や印を付けるなど視覚的に配慮する。
算数	図形を正しくノートに書き写す。文字あるいは数字がノートのマス目の中に収まるように書く。
理科	ワークシートの感想欄あるいは意見を書く欄は、罫線や空欄ではなくマス目のものを使用する。
生活	
音楽	
図画工作	
家庭	
体育	
外国語活動／外国語	
道徳	ノートに自分の意見を書く時には、まず近くの支援員や担任とどのように自分の考えを書きたいのか、会話でやりとりをした後に書かせる工夫を行う。
総合的な学習の時間	
特別活動	

⑪　指導経過（⑧の指導内容、⑨の指導方法に対する指導経過）			
1学期	[ア] ・小学1年生で学習する漢字80文字と小学2年生で学習する文字160文字の書字のアセスメントテスト実施後に、誤答となった漢字について漢字の合成・分解をした自作の漢字パズルを作って学習をした。また、手本を見て図形を写す課題である点つなぎを継続して実施した。	[イ] ・手先の不器用さの改善のために、ぬり絵、数字点つなぎ、迷路、デザイン定規を使った図形描きを実施した。また、目と手の協応を高めるため、ビジョントレーニングとビー玉迷路やビー玉キャッチなどの運動を取り入れた。	[ウ] ・漢字をどのように覚えているのかことばでのやりとりを通して確認していった。なかでも覚えている漢字はどのように覚えたのかを聞き、苦手な漢字を覚える時にその覚え方を生かすことはできないか、やりとりを多くした。
2学期	[ア] ・2年生の漢字に焦点を当て、漢字の構成部位を色分けして、理解する学習を進めた。また、1学期よりも図形の難易度を上げた平面の点つなぎの課題を継続して実施してきた。	[イ] ・ノートのマス目の大きさを選ばせ、書きやすいノートを使用した。また、鉛筆を持つ手と反対の手を使わない時があるので、押さえる手が重要であることを教え、取り組ませた。手先の不器用さの改善をねらい、好きなキャラクターのぬり絵をお楽しみタイムとして設定し、はみ出さないように色塗りをする時間を設けた。	[ウ] ・苦手な漢字一つ一つに対して、覚え方を通級指導教室担当者と一緒に確認し、実施した。
3学期	[ア] ・苦手としている1年生の漢字および2年生の特に苦手としている漢字の合成分解を再度実施し、理解できるようにした。また、点つなぎを継続して行うことで平面だけでなく立体の複雑な図形にも挑戦し、描くことができるようになってきた。	[イ] ・手先の不器用さの改善のために、デザイン定規を使って継続して、図形作成を実施した。また、幅の狭い迷路など運筆の能力を高める課題を新たに加えた。さらに、目と手の協応の難易度を上げるために、バランスボールの上でビー玉迷路を行う活動を取り入れた。その他に、的当て、お手玉入れなど、力加減を調整する運動にも挑戦した。	[ウ] ・漢字にイメージをつけて覚える自分なりの漢字の覚え方で、漢字の学習に取り組んだ。

⑫－1　自立活動の学習評価（⑤の指導目標に対する学習評価）　◎よくできた　○できた　▲できなかった			
	知識・技能	思考・判断・表現	主体的に学習に取り組む態度
年間の評価	◎漢字の細部に注目して、漢字を自分のやり方で分解することができ、漢字を正確にマス目の中に収まるように書くことができるようになってきた。 ▲訓読みで漢字を書くことはできるようになってきたが、熟語のように音読みになると知っている漢字だとしても想起できなくなってしまい、書くことができなくなってしまうことがあった。	◎正しい漢字と間違っている漢字を見分けることができるようになってきた。また、間違っている箇所をことばで指摘し、正しい漢字はどのように書くのか判断することができるようになってきた。 ▲同じ漢字を複数回間違って書いてしまうことがあり、一度間違って覚えた漢字を自分自身で修正することに難しさがあった。	◎自分の漢字の覚え方を自己理解することができるようになってきた。また、漢字の学習の仕方についても漢字の音読みや訓読み両方を覚えるやり方に替えるなど変化が出てきた。 ▲熟語になると知っている漢字であっても読むことができなくなり、想起できないことがあり、課題があった。
その他	◎在籍学級である通常の学級の中で、自分の考えや思いをワークシートやノートに書く時に、平仮名を多用して書くのではなく、学習した漢字をできるだけ使って文章を書くことができるようになってきた。		

⑫－2　各教科等の関連評価（⑩の各教科等を通して）　＜関連する教科等のみ記載＞　　◎○▲で評価	
国語	○マス目の中に文字を収めて書くことができるようになってきた。また、ノートに文字を書き写す速度も学級のみんなから大きく遅れることなく、ついていくことができた。
社会	○図表の変化を縦軸及び横軸の項目を理解した上で、目で追うことができるようになり、図表の変化や傾向を理解することができた。
算数	○板書された図形をノートに正しく描くことができた。
理科	○マス目のワークシートを使用することで、マス目に文字をはみ出さないように整えて書くことができた。
生活	
音楽	
図画工作	
家庭	
体育	
外国語活動／外国語	
道徳	◎ノートに書く前にまずはことばでのやりとりを支援員あるいは担任とすることで、自分の意見をノートに書きやすくなり、以前よりも書くことに抵抗感がなくなり、文量も次第に多くなってきた。
総合的な学習の時間	
特別活動	

⑬　指導計画の作成から実施までの全般的な評価（よかった点、改善すべき点、意見など）	
実態把握 指導目標	・個別検査（KABC-Ⅱ、WAVES）を実施し、的確に実態把握をすることができたことはよかった。 ・指導目標および指導内容とともに関連性をもたせて設定したことはよかった。
指導内容 指導方法	・形を記憶する力や認識する力である視空間認知、目と手の協応を高める指導を今後も本児の実態に合わせて、難易度を少しずつ上げながら実施していくことが必要であると感じた。
教科等との関連	・各教科で黒板に書かれた文字を写す時には、以前よりも早く書き写すことができるようになり変化が見られるようになってきた。
指導経過 学習評価	・できるようになってから次の段階にゆっくり進んでいくことで効果があらわれてきた。 ・漢字や図形の細部に注意を払い覚えることができるようになってきたことを、行動観察からだけでなく、客観的評価ができると本人の変化が分かるので、今後検討すべきである。
本人の意見 本人用シート	・通級指導教室で学習したことで、ノートに文字を写すことが前よりも早くなってきたのでよかった。これまでは、平仮名を多用して書いていたが、現在は少しずつ漢字を使うことができるようになってきたので、通級指導教室での勉強がよかったと思う。
保護者の意見	・保護者の願いと通級指導教室で学習していることが保護者の中で直接結び付きにくいことがあるので、保護者に対して十分な説明を行い、理解と納得が得られるようにすることが大切である。
その他	・支援員を活用し、定期的に教室に入って本人の取り組み状況を確認しながら進めることができたことはよかった。支援員から得られた情報を担任、通級指導教室担当者と共有でき、指導に有効であった。 ・通級指導教室での学習の様子を学級担任が参観できるとどのようなことを学級で生かすかイメージしやすくなると感じた。したがって、可能な限り参観を勧めることがよいと感じた。

⑭　次年度への引継ぎ事項（変更点、要望など）	
担任・担当者へ	・座席の配置は、継続して教室前方にしてほしい。また、保護者との教育相談を学期ごとに実施し、状態の変化を保護者と共有してほしい。本人が書いた文章の文字の形が整わず分かりづらい時は、どのように書きたかったのかことばでやりとりをした後に、担任が文章を短冊に書き、それを書き写すような配慮をして、自己肯定感の低下を防いでほしい。
通級指導教室 担当者へ	・個別検査としてKABC-Ⅱを1年間に1度実施し、また、WAVESを学期ごとに実施し、視空間認知能力の変化と指導の成果を客観的に把握することが必要です。
本人・保護者へ	（本人へ）本人の変化を本人自身が実感できるように指導前と指導後の学習の変化を使って共有してください。 （保護者へ）定期的に教育相談を実施し、取り組み状況や変化をお知らせください。また、家庭で取り組めることを保護者に助言してください。
その他 （支援員へ）	・机間巡視の中で黒板の文字を書き写すことができているか、状態を観察してほしい。また、書き写すことだけに精一杯で、思考する時間が確保できているかを適宜観察してほしい。

自立活動の学習

広瀬川小学校　3年　2組　名前 青葉山　太郎

自分の得意なことや苦手なこと、困っていること					
健康について （健康の保持）	自分の気持ち について （心理的な安定）	人付き合い について （人間関係の形成）	周りの感じ方 について （環境の把握）	体の動かし方 について （身体の動き）	友達や他人との 会話について （コミュニケーション）
・ちこくが多い。じゅぎょう中にボーっとしてしまうことがある。	・ひらがな、カタカナ、漢字を書くことが苦手。 ・書くのが苦手なので、字を書きたくないです。	・休み時間は、友達となかよく遊んでいます。自分から遊ぼうと友だちに声をかけるのは苦手です。	・漢字をわすれてしまうことがあり、にた漢字とまちがって書いてしまうことがある。	・字を書くのが苦手。ノートに字を上手に書くことができない。 ・ます目から字がはみだす。	・ことばで伝えることはとくいだけれど、ノートに考えを書くのは時間がかかり、にが手です。

特に、がんばりたいこと、よくしたいこと、直したいこと					
健康について （健康の保持）	自分の気持ち について （心理的な安定）	人付き合い について （人間関係の形成）	周りの感じ方 について （環境の把握）	体の動かし方 について （身体の動き）	友達や他人との 会話について （コミュニケーション）
・ちこくを少なくしたい。	・字を書くことがいやだと思わないようになりたい。	・自分から友だちに声をかけられるようになりたい。	・にたような漢字とまちがわないように正しく書きたい。	・ます目からはみ出さずに黒板の字を正しくはやく書きたい。	・ノートに考えをすらすら書けるようになりたい。

1年間の目標	
知識・技能	①・字や形を正しくはやく書けるようになりたい。
思考・判断・表現	②・にている漢字とまちがえないように書き、もし、まちがった字や形を書いたときには正しい字や形に自分で気づいて、書き直すことができるようになりたい。
学びに向かう力	③・ならった字をじゅぎょうの中で使えるようになりたい。 ・自分の漢字のおぼえ方を知って、たくさん漢字をおぼえたい。

学習内容 学習方法	・点つなぎなどで形をおぼえる勉強と漢字パズルや漢字計算などで漢字をおぼえる勉強をする。 ・字を上手に書けるように絵をかいたり、色をぬったりしながら手をいっぱいうごかす勉強をする。また、運動が苦手なので目の体そうと体を動かす勉強をする。 ・間違いやすい漢字や形を知って、自分のおぼえ方を知る。

	学期	◎とてもよくできた　　○できた　　▲できなかった		
ふり返り	1学期	① ○1年生の漢字をおぼえることができた。 ▲2年生の漢字で分からない漢字があった。形うつしでは、線がたくさんあるとまちがう。	② ○ぬり絵では、はみ出さないようにていねいに色をぬることができた。目のたいそうもできた。 ▲目のたいそうのより目がむずかしかった。	③ ○先生と話してぼくの漢字のおぼえ方がだんだんとわかってきた。 ▲まだ、まちがう漢字があるので早くおぼえたい。
	2学期	① ◎2年生の漢字の半分くらいはおぼえることができた。形うつしではななめ線を正しく書くことができた。	② ○字がはみださなくなってきた。左手でおさえることができるようになった。お楽しみタイムの色ぬりは上手にぬることができた。より目ができるようになってきた。	③ ○何度かまちがった漢字のおぼえ方を先生と考えて、分かるようになってきた。
	3学期	① ◎1～2年生の漢字をおぼえることができた。 ▲レベル3の形うつし問題は、まだむずかしいので来年がんばる。	② ◎左手でおさえながらデザインじょうぎでかっこいい絵をかくことができるようになった。めいろではかべにぶつからないでゴールすることができた。	③ ◎漢字のおぼえ方が分かったので、1～2年生の漢字はわすれなくなった。教室でも使えるようになってきた。
	その他	たんにんの先生にじゅぎょうを見てもらえて、うれしかった。		

状況に合わせて感情や行動をコントロールし、学級適応の困難さを改善するための指導

「自立活動の個別の指導計画」

名　前	つがる　ふぶき 津軽　風雪	性別	男	学校・学年	恐川小学校4年1組 通級指導教室（学習障害：ラーニング教室）
障害名 診断名	注意欠如・多動症、自閉スペクトラム症（宮城市立病院・相澤雅子 Dr、小学校1年時） 服薬（朝コンサータ 27mg、夜インチュニブ1mg）				
検査結果 手帳取得	NRT　ISS50（国語51、算数49） KABC-Ⅱ　認知110（継次105、同時117、計画88、学習110）、習得107（語彙114、読み103、書き100、算数109）、（LD等通級指導教室・川村修弘教諭＜特別支援教育士＞、小学校3年時） WISC-Ⅳ　全検査112（言語109、知覚115、ワーキングメモリー120、処理100）、（LD等通級指導教室・川村修弘教諭＜特別支援教育士＞、小学校3年時）				
指導期間	令和2年4月～令和3年3月（1年間）		指導時数		自校通級：年間70時間（週2時間）
指導場所	自校のLD・ADHD通級指導教室		指導者		自校のLD・ADHD通級指導教室担当者 （川村修弘教諭）
関係者等	学級担任（宮城太郎教諭）　　　主治医（宮城市立病院・相澤雅子 Dr）				
合理的配慮 （観点）	・異なった意味理解をするので指示を具体的に伝え、本人に確認してから取り組ませる。（①-1-1） ・感覚過敏（聴覚・触覚）な面に対しての配慮を行う。（①-2-1） ・コンサータは、午後になると効力が薄くなるので、指導を午前中に実施する。（①-2-3）				

① 障害の状態、発達や経験の程度、興味・関心、学習や生活の中で見られる長所やよさ、課題等について情報収集

・授業中に指名をされる前に突発的に答えを言ってしまったり、物音が聞こえた時にすぐに反応してしまったりする。
・授業中、自分の頭の中で考えていることをことばに出しながら取り組んでしまい、周りの友達の迷惑になることがある。
・体育や休み時間の運動では、ルールに厳しく、勝ち負けに大変こだわり、しばしばトラブルが見られる。
・感覚過敏があり、なかでも聴覚過敏は著しく、運動会でのピストルの音が怖い、音楽の時間に音がうるさいと言って耳をふさぎいらいらしていることが見られる。
・友達に後ろから肩を触られただけで、叩いてきたと暴力をふるってしまいトラブルになることがある。
・担任や友達の言ったことを字義通り捉えてしまい、トラブルになることがある。
・過去の不快な出来事を急に思い出して、友達とトラブルになってしまう。
・授業中、注意・集中を維持できず文房具で遊び始めてしまったり、椅子をぐらぐら傾けだしたりしてしまう。
・算数の時間に計算問題を早く終わらせたいと焦り、慎重に計算ができなくなり、計算間違いがしばしば見られる。
・机の上、机の中、ロッカーが散らかっており、物の整理整頓が苦手である。
・休み時間は友達と元気よく遊ぶことが好きである。
・単元テスト返却時に自分の思った通りの点数でないと、その場でテストを破り捨ててしまうことがしばしば見られる。

②-1 収集した情報（①）を自立活動の区分に即して整理する段階

健康の保持	心理的な安定	人間関係の形成	環境の把握	身体の動き	コミュニケーション
・自分の感覚過敏の特性を知らないために自分を落ち着かせることができず、いらいらしてしまう。 ・ルールや勝ち負けにこだわり、思い通りに物事が進まないとトラブルになってしまう。	・授業中、注意・集中が維持できないことがある。 ・制限時間を設けられると早く終わらせようと焦り、間違いが多く見られる。 ・自分の思った通りに物事が進まないといらいらしてしまう。	・担任や友達の言ったことを字義通り捉えてしまい、担任や友達の意図が分からずトラブルになることがある。	・授業中、突発的に答えを言ってしまったり、物音が聞こえるとすぐに反応してしまったりし、注意・集中がそれてしまう。 ・物の整理整頓が苦手である。	・体育の整列や体育館での朝会などで、体をくねくねさせて常に動かし、姿勢保持ができない時がある。	・感覚過敏さや過去の不快な出来事を急に思い出して、トラブルを起こしてしまう。 ・頭の中で考えていることをその場の状況に合わせて表出することが難しい。

②-2　収集した情報（①）を学習上又は生活上の困難や、これまでの学習状況の視点から整理する段階
・自分自身がもつ感覚過敏の特性を理解していないために、対処法や相手に伝えるすべが分からずにいる。そのため、いらいらして気持ちが落ち着かない状態になってしまったり、友達とトラブルになってしまったりすることがある。（健、コ） ・ルールや勝ち負けに強いこだわりをもつ特性がある。また、相手のことばを字義通りに捉えてしまい、相手の意図や心情を表情やことばから感じ取ることが苦手でトラブルになってしまうことがある。（心、人、環）

②-3　収集した情報（①）を卒業後（3年後）の姿の観点から整理する段階
・自分の特性を知ることで、困った時にどう行動するかが分かり、落ち着いて中学校生活あるいはその先の生活を送ることができるだろう。（健、コ） ・周囲の状況を判断、理解する力を高めることで、学校適応力や社会適応力が高まってくるだろう。（心、人、環）

③　①をもとに②-1、②-2、②-3で整理した情報から課題を抽出する段階
・自分自身がもつ感覚過敏、ルールや勝敗へのこだわり、相手の意図を感じたり表情から気持ちを考えたりすることの苦手さ、状況理解の苦手さ、自分自身の特性についての自己理解が弱い。（健、人、環） ・いらいらした時に、どのようにしてその気持ちを落ち着けるのか、対処法について知らない。（心、コ）

④　③で整理した課題同士がどのように関連しているかを整理し、中心的な課題を導き出す段階
・自分の特性である感覚過敏、ルールや勝敗へのこだわり、相手のことばや表情から相手の意図や気持ちを推し測ることなどの苦手さについて自己理解を促し、具体的場面でどのような言動をすることが最適なのか、適切な対処法を身に付けることが大切である。また、どうしても気持ちがいらいらして落ち着かなくなってきた時には、誰にどのように伝えるのか、どこの場所で気持ちが落ち着くまで休むのかなどの個別具体的な対処法を身に付け、実践することができれば、現在よりも適応状態が大幅によくなることが期待できる。

課題同士の関係を整理する中で今指導すべき指導目標として	⑤　④に基づき設定した指導目標を記す段階	
	知識・技能	・通級指導教室において、自分自身の様々な特性について理解できる。 ・相手のことばや行動から相手の意図を少しでも理解し、集団参加することができる。
	思考・判断・表現	・どのような場面で、どのようなことばや行動をすればよいかを考え、その場の状況に合わせた適切な言動を選び、自分の行動をコントロールすることができる。
	学びに向かう力、人間性等	・自分自身の特性について、主体的にさらに理解しようとする。

指導目標を達成するために必要な項目の選定	⑥　⑤を達成するために必要な項目を選定する段階					
	健康の保持	心理的な安定	人間関係の形成	環境の把握	身体の動き	コミュニケーション
	(4) 障害の特性の理解と生活環境の調整に関すること。	(1) 情緒の安定に関すること。 (2) 状況の理解と変化への対応に関すること。	(2) 他者の意図や感情の理解に関すること。 (3) 自己の理解と行動の調整に関すること。 (4) 集団への参加の基礎に関すること。	(2) 感覚や認知の特性についての理解と対応に関すること。 (5) 認知や行動の手掛かりとなる概念の形成に関すること。		(2) 言語の受容と表出に関すること。 (5) 状況に応じたコミュニケーションに関すること。

⑦　項目と項目を関連付ける際のポイント
・＜自分の様々な特性を知り自己理解を促すために＞（健）(4)、（環）(2)(5) を関連付けて設定した具体的な指導内容が⑧アである。 ・＜気持ちが落ち着かなくなった時の適切な対処法を身に付けさせるために＞（心）(1)(2) を関連付けて設定した具体的な指導内容が⑧イである。 ・＜相手の意図や表情を理解した上で状況に合わせた適切な言動を身に付けさせるために＞（人）(2)(3)(4)、（コ）(2)(5) を関連付けて設定した具体的な指導内容が⑧ウである。

選定した項目を関連付けて具体的な指導内容を設定 （計70時間）	⑧　具体的な指導内容を設定する段階		
	[ア] ア－１（10時間） 自分がもつ感覚過敏やこだわりについて知り、自己理解の向上を目指す。 ア－２（10時間） 自分自身がもつ感覚過敏やこだわりに対しての対処法を身に付ける。	[イ] イ－１（10時間） 気持ちがいらいらして落ち着かなくなる状況を過去の出来事から考え、その時の対処法を身に付ける。 イ－２（10時間） 対処法の選択肢を多くし、その状況に最適な対処方法を選択する力の向上を目指す。	[ウ] ウ－１（15時間） 相手のことばやその時の表情から相手の意図を理解する力の向上を目指す。 ウ－２（15時間） 相手やその場の状況に合わせた適切な言動を自分で考え、最適な言動を身に付ける。

指導内容について具体的に指導方法を設定	⑨　⑧を実施するために具体的な指導方法（段階、教材・教具の工夫、配慮など）を設定する段階		
	[ア] ア－１ ・「私のこと知って自己紹介カード」を作成し、自分の様々な苦手なことや得意なことについて自己発見し、考える活動を行う。 ア－２ ・自分自身がもつ一つ一つの過敏さやこだわりに対しての自分ができるそれぞれの対処法を考える。 ・教師とのやりとりを通して、対処法の選択肢を多くしていく。	[イ] イ－１ ・落ち着かなくなった過去の出来事を取り上げ、マインドマップを活用して振り返りを行い、その時の対処法を考える活動を設定する。 イ－２ ・過去の出来事を解決するための選択肢をインタビューや教師とのやりとりからいくつか考え、ロールプレイをする場面を設定する。	[ウ] ウ－１ ・相手のことばのトーンや言い方、その時の状況によって相手のことばの意図が変わることについて考える活動を設定する。 ウ－２ ・絵カードを活用し、相手の気持ち、相手は何を考えているのか、相手は何をどのようにしてもらいたいのかについて、教師とのやりとりを通しながら状況を理解し、適切な言葉や行動を考える活動を設定する。

⑩　各教科等との関連（指導場面、指導内容、指導方法）を設定する段階　<関連する教科等のみ記載>	
国語	
社会	
算数	
理科	
生活	
音楽	楽器の練習の時、整わない様々な音で気持ちがいらいらしてくるので、そのような時はイヤーマフを付けたり、練習を一時的にやめて先生に今の気持ちを伝え、気持ちが整うまで静かな場所で過ごせるように配慮する。
図画工作	事前にもし失敗してしまった時には、何回までやり直せるのか、新しい材料をもらえるのか、担任からあらかじめ伝えておき、安心した気持ちで取り組むことができるように配慮する。
家庭	
体育	勝ち負けがあるゲームや活動をする時には、あらかじめ本日のルールを確認し、対応する。また、個別に本日の目標やルールを確認する時間をとり、トラブルの未然防止に努める。
外国語活動／外国語	
道徳	登場人物の気持ちを考える場面では、様々な気持ちが書かれている気持ち一覧表を参考にし、そのなかから登場人物の気持ちを考えることができるように配慮する。
総合的な学習の時間	
特別活動	

⑪　指導経過（⑧の指導内容、⑨の指導方法に対する指導経過）			
1学期	[ア] ・教師とのやりとりを通して、「私のこと知って自己紹介カード」を作成した。そのなかで、自分の感覚の過敏さや鈍麻さに気付くことができる活動を行ってきた。また、自分のこだわりについても同様に教師とのやりとりを通して、自己理解を図る活動に取り組んできた。	[イ] ・気持ちがいらいらして落ち着かなくなった過去の出来事をいくつか思い出し、その時の状況についてマインドマップを作成して振り返りを行った。そのなかで、落ち着くためにさらによい言葉や行動を教師と考える活動を行った。	[ウ] ・相手のことばのトーンや表情によって相手の受け取り方が変わることを、教師とのロールプレイを通して確認した。相手が嫌な気持ちにならないための伝え方を、教師と一緒に考えた。
2学期	[ア] ・自分自身がもつ感覚の過敏さ、鈍麻さ、こだわりを相手に伝える活動を行った。支援員に対して、自分の得意なことや苦手なことを話す活動を実施した。また、苦手なことに対して、その状況になった時にどのような行動をとるのかを考える活動に取り組むんだ。	[イ] ・いらいらした時の対処法の選択肢を多くするために、教師とのやりとりを多くしたり、他の人の意見を聞いたりするためにインタビューを行った。そして、その状況に最適な対処方法について考える活動を行った。	[ウ] ・絵カードを見て、前後の状況を予想し、それぞれの登場人物の気持ち、どのようなことばを言ったらよいか、そして、どのように行動したらよいかを考えた。
3学期	[ア] ・自分が不快に感じる状況になった時の対処法の選択肢を多くするために、何人かにインタビューをした。様々な対処法の中から自分にできそうな対処法に順位を付けて、実際に日常生活の中で取り組んだ。	[イ] ・過去の不快な出来事を解決するための選択肢を親、支援員、担任等へインタビューし、様々な人の対処法を知る活動を行った。そのなかで、自分ができそうな対処法を選び、自分なりの対処法に作り替える活動に取り組んだ。また、ロールプレイを行い自分の対処法を実践した。	[ウ] ・もし、このような時にはどうするかなど、クイズ形式で問題を出題し、その時の相手の気持ち、相手は何をどのようにしてもらいたいのかについて考える活動を行った。そのあとに実際にロールプレイを行い、対処法についての理解を深めることを実施した。

⑫－１　自立活動の学習評価（⑤の指導目標に対する学習評価）　◎よくできた　○できた　▲できなかった			
	知識・技能	思考・判断・表現	主体的に学習に取り組む態度
年間の評価	◎通級指導教室での学習を通して、自分自身の過敏さや鈍麻さについて考え、自分自身の様々な特性について自己理解することができた。 ○相手のことばや行動、そして状況の前後関係から、その場の状況を少しずつ理解できるようになってきた。また、分からない時は、「こういうことだよね。」「どうしたらいいかな。」と確かめることが少しずつできるようになり、落ち着いて集団参加できるようになってきた。	○インタビュー、ロールプレイ、絵カードでの学習を通して、どのような場面で、どのようなことばや行動をすればよいかを考えることができ、その場の状況に合わせた適切な言動を選び、自分の行動を少しずつコントロールすることができるようになってきた。 ▲相手を叩いたり、強い口調で攻め立てるトラブルは少なくなったが、いらいらして、どこに行くか教師に言わずにその場から立ち去ってしまうことがあった。	◎自分自身の特性について様々な角度から考えることができるようになり、相手に自分の得意なことや苦手なことをことばで伝えることができるようになってきた。
その他	◎在籍学級（通常の学級）の集団の中で、トラブルが減ってきた。また、友達とのトラブルの後に謝ることができるようになり、自分の思いだけを通すことが少なくなってきた。		

⑫－2	各教科等の関連評価（⑩の各教科等を通して）　＜関連する教科等のみ記載＞　　◎○▲で評価
国語	
社会	
算数	
理科	
生活	
音楽	○楽器の練習が始まると自分からイヤーマフを取りに行くことができた。教師に今の気持ちや「何時何分になったら戻ってきます。」と伝え、静かな場所で過ごせるようになってきた。
図画工作	○事前にもし失敗してしまった時のやり直しの仕方や回数を伝えておくことで、安心した気持ちで取り組むことができるようになってきた。
家庭	
体育	○勝ち負けがあるゲームや活動の時に、事前に本日のルールを全員に伝えた後に個別に確認することを行った結果、友達とのトラブルや勝ち負けにこだわることが少なくなってきた。
外国語活動／外国語	
道徳	○気持ち一覧表を活用することで、登場人物の気持ちを文章を書くことができた。
総合的な学習の時間	
特別活動	

⑬	指導計画の作成から実施までの全般的な評価（よかった点、改善すべき点、意見など）
実態把握 指導目標	・担任、支援員、通級指導教室担当者でケース会をもち、その中で実態把握ができたことはよかった。 ・指導目標および指導内容とともに関連性をもたせて、設定したことがよかった。
指導内容 指導方法	・自己理解や対処法、相手の言動の意図を考える活動は有効に働き、集団参加を高めることができた。今後も本児の実態に合わせて、様々な場面での対処法について学習を進めていくことが必要であると感じた。
教科等との関連	・相手のことを考えた言動が様々な場面で見られるようになってきた。また、分からない時には確かめることができるようになってきた。
指導経過 学習評価	・はじめ自分のことを考えることに難しいと言っていたが、教師や支援員とのやりとりを通して気付くことができ、しだいに自分自身のことを楽しそうに話すことができるようになってきた。 ・いらいらして落ち着くために保健室を訪れた回数、休み時間に友達とトラブルを起こした回数、教室から飛び出していった回数が通級指導教室での指導前よりも大幅に減ってきた。
本人の意見 本人用シート	・通級指導教室で学習したことで、友達とのトラブルが減ってきて、友達から一緒に遊ぼうと誘われることが多くなってきたのでよかった。
保護者の意見	・保護者の願いをもとに通級指導教室で指導を実施してきた。どのような学習をしているのか「通級ファイル」で活動の様子を伝えることがよかったので、次年度も継続して実施した。
その他	・支援員には教室と通級による指導の時に入ってもらい、本人の取り組みの変化を話してもらうことで、ふり返りがスムーズにいった。 ・通級指導教室での学習の様子を学級担任が参観できると、学級のどのような場面で生かせるかイメージしやすくなると感じた。したがって、担任に可能な限り短時間であろうとも通級指導教室での指導時の参観を勧めることがよいと感じた。

⑭	次年度への引継ぎ事項（変更点、要望など）
担任・担当者へ	・座席の配置は、授業に集中でき担任から声をかけやすい黒板向かいの座席にしていただきたいと思います。また、保護者との教育相談を学期ごとに定期的に実施し、学級での適応状態の変化を保護者と共有してください。休み時間等に友達とのトラブルになることがあると思いますので、トラブルが起きてからの事後指導だけでなく、遊びに行く前に休み時間の目標を確認し、楽しく友達と遊ぶことを約束し、友達とのトラブルの未然予防に努めてください。口頭でのやりとりだけでなく、休み時間の遊び方確認表を活用し、視覚から理解することが有効です。
通級指導教室 担当者へ	・通級による指導がない時は、本児の在籍学級の授業の様子を参観し、学級での適応の様子を確認してください。また、担任と情報共有を行い、現在の課題について共有してください。
本人・保護者へ	(本人へ)「私のこと知って自己紹介カード」を4月に書かせてください。得意なことや苦手なことを書くので、苦手な自分自身の特性について自己理解がどのくらい進んでいるのかが分かります。今年度当初に作成した「私のこと知って自己紹介カード」と比較し、自己理解がどの程度進んだかについて共有してください。 (保護者へ) 定期的に教育相談を実施し、ご家庭での適応状況や学校での適応状況を共有していきましょう。また、家庭で取り組めることを保護者に助言してください。
その他	・単元テスト返却の時に点数を予想させるだけでなく、単元テストのもらい方、その後の行動などをさりげなく支援員と確認してください。

自立活動の学習

おそれ川小学校　4年　1組　名前 津軽　風雪

自分の得意なことや苦手なこと、困っていること					
健康について （健康の保持）	自分の気持ち について （心理的な安定）	人付き合い について （人間関係の形成）	周りの感じ方 について （環境の把握）	体の動かし方 について （身体の動き）	友達や他人との 会話について （コミュニケーション）
・音楽の時間の音がうるさい。 ・試合をしたときにはいつも勝ちたい。	・時間せいげんがあるとあせって、ミスが多くなってしまう。 ・自分の思った通りにできないといらいらする。	・友達とけんかになることがよくある。	・学習中、すぐに答えを言ってしまうくせがある。 ・整理せいとんが苦手である。		・友達とことばでのやりとりするのが苦手である。

特に、がんばりたいこと、よくしたいこと、直したいこと					
健康について （健康の保持）	自分の気持ち について （心理的な安定）	人付き合い について （人間関係の形成）	周りの感じ方 について （環境の把握）	体の動かし方 について （身体の動き）	友達や他人との 会話について （コミュニケーション）
・音がうるさいときにどうしたらいいか知りたい。 ・試合をしたときにけんかをしないようにしたい。	・あせらないようにしたい。 ・自分の思った通りにできないときにも、いらいらしないようにしたい。	・友達とけんかしないようにしたい。	・学習中、おちついて先生の話をききたい。 ・整理せいとんができるようになりたい。		・友達とことばでうまくやりとりができるようになりたい。

1 年間の目標	
知識・技能	①・自分の得意なことや苦手なことをもっと知りたい。 ・相手の気持ちを知って、友達と仲良くしたい。
思考・判断・表現	②・いろいろな場面で、どんなことばや行動がよいかを考え、自分の気持ちや行動をうまくコントルールできるようにしたい。
学びに向かう力	③・ぼくの得意なことと苦手なことを知って、もっと友達と自分から仲良くしたい。

学習内容 学習方法		①自分の様々な特性を知り、自分自身のことをもっと知る。 ②自分の気持ちが落ち着かなくなったときにどうしたらよいか、そのときの方法を身に付けたい。 ③友達の思っていることや考えていることを知って、その場に合う言葉や行動を身に付けたい。		
	学期	◎とてもよくできた　〇できた　▲できなかった		
ふり返り	1学期	◎自分の得意なことや苦手なことを知ることができた。	〇自分の気持ちの落ち着け方を知ることができた。 ▲いらいらしているとできるかどうか不安。	〇絵カードを見て前後のことを考えることができた。 ▲友達の思っていることについては、まだ分からないところがある。
	2学期	〇自分の苦手なことを先生や支えん員の先生に話すことができた。 ▲体育や休み時間の遊びに夢中になると勝つことにこだわってしまい、友達をきずつけてしまった。	◎いらいらしたけど、落ち着き方を知っていたので、先生に話して落ち着くことができた。 ▲他の落ち着き方についても知りたい。	〇少しずつ友達の思っていることが、言っている言葉から分かるようになってきた。 ▲友達の顔を見て、友達の思っていることを考えるのはむずかしかった。
	3学期	◎先生や支えん員の先生から話を聞いて自分が気付かない苦手さに初めて気付くことができた。	◎いくつか気持ちの落ち着け方を知ったので、よかった。	〇少しずつその場に合う友達への声かけができるようになってきた。 ▲たまにおこって友達をきずつけたので気を付けたい。
	その他	授業に支えん員の先生がいたり、時どきたんにんの先生も授業を見にきてくれて、うれしかった。		

第5章

資料
自立活動の学習指導案

○特別支援学校小学部（知的障害）
○中学校特別支援学級（知的障害）

特別支援学校小学部（知的障害）　自立活動学習指導案

日　　時：令和２年６月８日（月）第３時限
対　　象：２年２組３人（男２人、女１人）
場　　所：教室
指導者：濱田尚人（Ｔ１）、東海光子（Ｔ２）

1．本時の指導に関わる児童の実態　（抜粋：プロフィール、個別の指導計画①〜③）

児童	実態（学習上又は生活上の困難や指導に生かす強み）
名古　太郎	知的発達症、自閉スペクトラム症　　　遠城寺式乳幼児分析的発達検査法（DQ41） ・思い通りにならないと情緒が不安定になるが、お守り代わりのアニメキャラクターが付いたお気に入りの帽子を着けることで落ち着いている。 ・周りから働きかけられても、非言語的反応もないことが多い。
東京　花子	知的発達症、自閉スペクトラム症　　　田中ビネーⅤ（IQ47） ・集団で活動することに抵抗がある。 ・自分の気持ちや要求などを相手に伝えることが難しい。 ・欲求や行動が阻止されるとパニック状態になることがある。 ・音楽を聴くことが好きである。
大阪　次郎	知的発達症　　　新版Ｋ式（姿勢・運動51、認知・適応67、言語・社会53） ・空間認知が弱く、指先を使った作業が苦手である。 ・特定の好きな絵本がある。簡単な言葉は理解している。

2．対象児童の自立活動の目標　（抜粋：個別の指導計画⑤）

児童	自立活動の目標【観点】
名古　太郎	教師に思いを伝えたり、働きかけに応じたりする方法に気付き、身に付けることができる。【知識・技能】
	教師が自分にどのような働きかけをしたかに気付き、身に付けた方法で働きかけに応じることができる。【思考・判断・表現】
	興味のある事柄や思いを教師に伝えて共感を求めたり、働きかけに応じて教師と一緒に遊んだりしようとしている。【学びに向かう力、人間性等】
東京　花子	ジェスチャーや指差しの行動が分かり、身に付けている。【知識・技能】
	要求する時にジェスチャーや指差しの行動が伝える方法であるかを考え、必要な場面で使うことができる。【思考・判断・表現】
	要求の内容を自らジェスチャーや指差しで教師に伝えようとしている。 【学びに向かう力、人間性等】
大阪　次郎	ボタンホールにボタンを通すことが分かり、ボタンを留めることができる。 【知識・技能】
	どのようにすればボタンを通すことができるか考え、ボタンホールの内側から外側へ右手から左手にボタンを手渡したり逆にしたりすることにより、ボタンを留めたり外したりすることができる。【思考・判断・表現】
	日常生活の中で、自分で給食エプロンやポーチのボタンの着脱をしようとしている。 【学びに向かう力、人間性等】

3．具体的な指導内容　（抜粋：個別の指導計画⑧）

児童	具体的な指導内容【6区分27項目】
名古　太郎	ア－1（35時間） 　「はい（うん）。」「いや。」などの言葉や頭を縦や横に振る身振り、絵カードを指差すことで自分の意思をそばにいる教師に伝えられるようにする。【人－(1)】
東京　花子	イ－1（35時間） 　興味をもつ絵柄を取り入れたパズルを自作して活用し、パズルを完成させるために教師に働きかけてピースを受け取るようにする。【コ－(1)】
大阪　次郎	ア－2（70時間） 　サイズの異なる複数のポケットのボタンを外すと興味のある絵本等を取り出せる教具を活用し、目と手の協応や指先の巧緻性を高めるようにする。【身－(3)】

4．合理的配慮　（抜粋：プロフィール「合理的配慮」）

児童	合理的配慮（観点）
名古　太郎	・情緒が不安定になった時には、別室で落ち着けるようにする。（③－2） ・室内においても安心できる帽子を身に付けるなど柔軟に個別のルールを設定する。（①－1－1）
東京　花子	
大阪　次郎	・座位を保持するための滑り止めクッションを椅子に置く。（③－2）

5．本時の指導

(1) 本時の目標　（「2　対象児童の自立活動の目標」及び「3　具体的な指導内容」より設定）

児童	時数	本時の目標【観点】
名古　太郎	14/140	・教師からの働きかけに気付き、提示された複数の活動や課題の中から取り組む活動や課題を選択して「はい（うん）。」「いや。」などの言葉や頭を縦や横に振る身振りで伝えることができる。【思考・判断・表現】
東京　花子	14/140	・パズルを完成させるために、発声や手を重ねる動作で教師に働きかけてピースを受け取ることができる。【知識・技能】 ・タブレットPCや絵カードを指差す動作によって、タブレットPCを使いたいという要求が教師に伝わることに気付くことができる。【思考・判断・表現】
大阪　次郎	21/140	・ボタンの着脱が課題であることを理解し、進んでより小さいサイズのボタンを留めたり外したりしようとしている。【学びに向かう力、人間性等】

(2) 指導過程

時間（分）	学習活動（●）、教師の指導支援（・）、及び配慮（＊）		
	名古 太郎	東京 花子	大阪 次郎
0	○本時の学習を知る。	○本時の学習を知る。	○本時の学習を知る。
	・ホワイトボードに本時の学習内容等を貼り出しながら確認する。		
	＜今日のべんきょう＞ 　・パズル、迷路 ＜めあて＞ 　・先生のほうを見て、「はい」と返事をしよう	＜今日のべんきょう＞ 　・パズル ＜めあて＞ 　・「やりたい」ことを伝えよう	＜今日のべんきょう＞ 　・ボタン ＜めあて＞ 　・小さいボタンをとめよう
	・本時は、パズル、迷路の活動をすることを伝える。（T1）	・パズルを完成させると、パズルに設定した時間の残時間、タブレットPCを使えることを確認する。（T1）	※自分で滑り止めクッションの準備をするように声をかける。（T2）
10	○パズルまたは迷路から、始めに取り組む活動を選択して、教師の問いかけに、頷く動作と返事（「はい」）で教師に伝える。 ・言葉で返事があるまで待つようにする。（T1） ※情緒が不安定になった時は5分間、○○教室で落ち着くようにする。（T2） ○課題が終わり教師から休憩するように伝えられたことに応じて教師を見て返事をし、休憩をする。	○3種類のパズルの中から取り組むパズルを指差しで教師に伝える。 ○教師にジェスチャーで伝えて、次のピースを得る。 ・要求があれば、ピースを2枚ずつBに手渡す。（T1） ・最後のピースを渡す時に「終わったら、教えてください。」と伝え、パズルの完成を伝える働きかけを待つ。（T1）	○柔らかい袋のポケットに付いている大きさの異なるボタンを順番に外す活動をする。 ・ボタンを外してポケットから絵本を取り出したら、教師と一緒に絵本を楽しむようにする。（T2） ・ボタンを外す操作が不安定な時は、机に肘を付いて操作するように声をかける。（T2）
30	○休憩中に、パズルまたは迷路の残りの課題をする指示を受けて、教師の方を見て応答をする。	○パズルが完成したら、タブレットPCを使いたいことを自分から教師に伝える。	・すべてのボタンを外して絵本を楽しむことができたことを確認する。（T2） ○絵本をポケットに戻してボタンを留める。
40	○本時を振り返る。	○本時を振り返る。	○本時を振り返る。
	・ホワイトボードの本時の予定とめあてを読み上げて、できたことを確かめる。		

(3) 場の設定・準備物

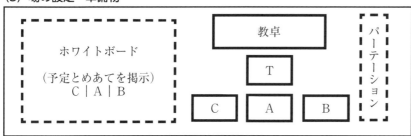

210

中学校特別支援学級（知的障害）　自立活動学習指導案

日　　時：令和2年7月2日（木）第3時限
対　　象：2年C組2人（男2人）
場　　所：多目的ホール
指導者：岡部直樹（T1）

1．本時の指導に関わる児童生徒の実態　（抜粋：プロフィール、個別の指導計画①～③）

生徒	実態（学習上又は生活上の困難や指導に生かす強み）
徳川　　康	知的発達症、自閉スペクトラム症　　　　　　WISC-Ⅳ（全検査IQ66） ・集団の場での教師の指示は、理解に戸惑うことが多いが、簡単な指示であれば理解できる。 ・ボールの操作やはさみ・カッターナイフを使うことが苦手である。
小田　　信夫	知的発達症、自閉スペクトラム症　　　　　　KABC-Ⅱ（認知68、習得65） ・集団で活動することに抵抗がある。 ・自分の気持ちや要求などを相手に伝えることが難しい。 ・欲求や行動が阻止されるとパニック状態になることがある。 ・体を動かすことが好きである。

2．対象児童生徒の自立活動の目標　（抜粋：個別の指導計画⑤）

生徒	自立活動の目標【観点】
徳川　　康	身体の各部位の名称や動き等を覚え、意識して動かすことができる。【知識・技能】
	視覚的な情報を整理して、どのように身体の各部位を動かすとよいかを考え、適切に動かすことができる。【思考・判断・表現】
	できない、分からないなどと、投げやりにならずに、積極的に活動へ参加しようとしている。【学びに向かう力、人間性等】
小田　　信夫	ジェスチャーや簡単な言葉が分かり、友達や教師に伝える方法を身に付けることができる。【知識・技能】
	伝えたい内容を考え、ジェスチャーや簡単な言葉などの伝え方を選びながら、その方法で相手に伝えることができる。【思考・判断・表現】
	ジェスチャーや簡単な言葉で、自ら進んで教師や友達に伝えようとしている。【学びに向かう力、人間性等】

3．具体的な指導内容　（抜粋：個別の指導計画⑧）

生徒	具体的な指導内容（6区分27項目）
徳川　　康	ア－1（35時間） 　ストレッチに取り組み、身体の部位の名称を確認しながら、部位を意識して伸ばしたり、身体を動かしたりする。【身－(1)】
小田　　信夫	ア－1（35時間） 　友達と一緒に活動を行う中で、ジェスチャーや簡単な言葉で、自ら進んで教師や友達に伝えたり、教師や友達からの働きかけに応じたりする。【コ－(1)】

4．合理的配慮　（抜粋：プロフィール「合理的配慮」）

生徒	合理的配慮（観点）
徳川　　康	・一度に取り組む学習の量や時間について、柔軟な変更を行う。（①－1－2） ・うまくできずに情緒不安定になってきた時に、落ち着くために別室で過ごせるようにする。（③－2）
小田　信夫	・予定表を利用し学習内容などの順序などを分かりやすくする。（①－3－3） ・情緒が不安定になった時には、別室で5分間休憩する。（③－2）

5．本時の指導

(1) 題材名　「ストレッチをしよう」　※学級やグループで題材を設定して指導する場合に記入

(2) 題材について　　※個別の指導を学級やグループで行うこと（集団の個別化）の意義を記述

　本学級に在籍する生徒の自立活動の主な指導内容は、一人は「身体の動き」であり、もう一人は「コミュニケーション」である。二人の個別の指導目標を達成するために、学級全体の活動として、ストレッチ運動をする課題を設定した。

　「身体の動き」を指導内容とする生徒は、目標を達成するために、身体の部位を意識して、実際に体を伸ばしたり、動かしたりする活動を行う。

　一方で、「コミュニケーション」を指導内容とする生徒は、目標を達成するために、人とコミュニケーションをとる場の設定が欠かせない。しかし、本生徒は、集団や人とのかかわりが苦手である。そこで、本生徒が意欲的に活動する体を動かす活動の中で「コミュニケーション」の学習を進めることにした。さらに、友達と二人で行うストレッチ運動種目を取り入れることで、必然的に相手の表情や動きを確認しながら運動したり、言葉を掛け合ったりすることとなるため、「コミュニケーション」の学習を効果的に進めることができる。

　以上の理由から、学級全体でストレッチ運動を行う題材を設定し、集団の個別化を図って指導を行うこととした。

(3) 本時の目標　（「2．対象生徒の自立活動の目標」及び「3．具体的な指導内容」より設定）

生徒	時数	本時の目標【観点】
徳川　　康	18/70	・身体の部位のどこが伸びているかの問いかけに、正しく答えながらストレッチ運動に取り組むことができる。【知識・技能】 ・「できない」「分からない」などと言わずに、進んでストレッチ運動をしようとしている。【学びに向かう力、人間性等】
小田　信夫	18/70	・ストレッチ運動に取り組む際にどの部位が伸びたり動いているかを考え、実際に確認したり実感しながら、「できた」「むずかしい」などの言葉で表現することができる。【思考・判断・表現】 ・ストレッチ運動の内容やその時の気持ちなどを、簡単な言葉で自ら進んで教師や友達に伝えようとしている。【学びに向かう力、人間性等】

(4) 指導過程

時間 (分)	学習活動（●）、教師の指導支援（・）、及び配慮（＊）	
	徳川　康	小田　信夫
0	○本時の学習を知る。	○本時の学習を知る。
	・ホワイトボードに本時の学習内容等を貼り出しながら確認する。	
	＜めあて＞ ・伸ばしている部位を確認しながらストレッチをしよう。	＜めあて＞ ・ストレッチ運動の内容や伸ばしたときの気持ちを伝えよう。
	・自分から苦手な運動に取り組もうとする動機付けを行うようにする。	※ストレッチの運動種ごとのカードを並べ替えて、自分で運動順を決めることで見通しをもてるようにする。
	・「反動やはずみをつけない」などストレッチ運動の注意点を確認する。	
		・10時40分から級友と一緒に運動することを伝えておく。
15	○部位を意識しながら、ストレッチ運動をする。 ・伸ばす部位の名称が書かれた掲示とイラストを見て、部位を意識しながらストレッチ運動をするようにする。 ※うまくできずに情緒不安定になってきた時には、活動内容を相談してできる内容を聞き取る。それでも難しい時には、別室で過ごして落ち着くようにする。	○ストレッチ運動をする。一つの運動種が終わる度に、教師に伝える。 ・一つの運動種が終わるたびに、「どこを伸ばしたのか。」などを質問したり、次の運動種を尋ねたりして、言葉でのやりとりを促す。 ※情緒が不安定になった時には、別室で5分間休憩する。 ○ストレッチ運動の感想を教師に話す。
35	○二人で行うストレッチ運動をする。	○二人で行うストレッチ運動をする。
	○両足を前後に開き、向かい合わせで腰を低くして相手の両手首を握り、引き合う。	
	・「肩」「太ももの裏」「アキレス腱」などの部位を確認させる。	・相手の動きや表情を見ながら力加減を調整させたり、「せーの。」など、相手に声を掛けさせたりする。 ○教師の問いかけに、「伸びた。」「少し痛いけど気持ちいい。」などと応える。
45	○本時を振り返る。	○　本時を振り返る。
	・めあての達成を確認して称賛し合う。	
	・ストレッチ運動で身体がほぐれて気分がよいことを確認する。	・ストレッチ運動中の級友の言葉を繰り返して、気持ちを伝えられたことを確認する。

(5) 場の設定・準備物

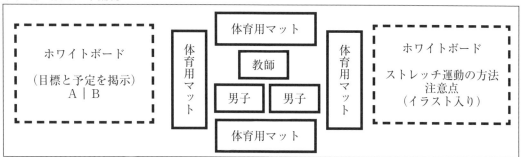

文　献

新井英靖編著・茨城大学教育学部附属特別支援学校著（2018）『特別支援学校新学習指導要領を読み解く「各教科」「自立活動」の授業づくり』, 明治図書.

香川邦生編著（2009）『三訂版　視覚障害教育に携わる方のために』, 慶應義塾大学出版会.

北川貴章・安藤隆男編著（2019）『「自立活動の指導」のデザインと展開』, ジアース教育新社.

国立特別支援教育総合研究所（2019）『特別支援教育における教育課程に関する総合的研究（平成30〜令和2年度　基幹研究　横断的研究）』

下山直人監修・全国特別支援学校知的障害教育校長会編著（2018）『知的障害特別支援学校の自立活動の指導』, ジアース教育新社.

古川勝也・一木薫編著（2016）『自立活動の理念と実践−実態把握から指導目標・内容の設定に至るプロセス−』, ジアース教育新社.

三浦光哉編著（2018）『特別支援学級担任のための学級経営サポート Q&A』, ジアース教育新社.

三浦光哉編著（2019）『特別支援教育のステップアップ指導方法 100』, ジアース教育新社.

森豊・長崎郁夫・三浦光哉・森谷留美子・大村一史・大江啓賢（2016）「自閉傾向のある子どもの行動問題に関する調査−特別支援学校におけるアンケート調査を通して−」, 山形大学特別支援教育臨床科学研究所研究紀要, 第2号, 92-97.

文部科学省（2014）『共生社会の形成に向けたインクルーシブ教育システム構築のための特別支援教育の推進（報告）』, 中央教育審議会.

文部科学省初等中等教育局特別支援教育課（2015）『教育支援資料』.

文部科学省（2017）『小学校学習指導要領（平成29年3月告示）』, 東洋館出版社.

文部科学省（2017）『中学校学習指導要領（平成29年3月告示）』, 東山書房.

文部科学省（2017）『特別支援学校幼稚部教育要領　小学部・中学部学習指導要領（平成29年4月告示）』, 海文堂出版.

文部科学省（2018）『高等学校学習指導要領（平成30年3月告示）』, 東山書房.

文部科学省（2018）『特別支援学校教育要領・学習指導要領解説　総則編（幼稚部・小学部・中学部）（平成30年3月）』, 開隆堂.

文部科学省（2018）『特別支援学校教育要領・学習指導要領解説　自立活動編（幼稚部・小学部・中学部）（平成30年3月）』, 開隆堂.

文部科学省（2018）『特別支援学校学習指導要領解説　各教科等編（小学部・中学部）平成30年3月』, 開隆堂.

文部科学省（2019）『特別支援学校高等部学習指導要領（平成31年2月告示）』, 海文堂出版.

文部科学省（2020）『特別支援学校学習指導要領解説　総則等編（高等部）』, ジアース教育新社.

文部科学省（2020）『特別支援学校学習指導要領解説　視覚障害者専門教科編（高等部）』, ジアース教育新社.

文部科学省（2020）『特別支援学校学習指導要領解説　聴覚障害者専門教科編（高等部）』, ジアース教育新社.

文部科学省（2020）『特別支援学校学習指導要領解説　知的障害者教科等編（上）（高等部）』, ジアース教育新社.

文部科学省（2020）『特別支援学校学習指導要領解説　知的障害者教科等編（下）（高等部）』, ジアース教育新社.

あとがき

　『特別支援学校幼稚部教育要領　小学部・中学部学習指導要領』が平成29年4月に公示され、3か年の移行期間を経て、いよいよ令和2年4月から小学校で学習指導要領の本格実施が始まろうとした時でした。

　3月に入って間もなく「新型コロナウイルス感染症」が世界を席巻し、そして日本各地にもその影響が出始めました。学校は3月から突然休校となり、まさに新学期が始まろうとした矢先の4月7日、政府から日本国民に向けて「新型コロナウイルス感染症緊急事態宣言」が発令されました。日本国内では、不要不急の外出を避け、子供たちも自宅での外出自粛を余儀なくされました。2か月以上の学校休校となりましたが、5月下旬ごろから「新型コロナウイルス感染症」の対策を十分に行いながら、やっと学校が始まりました。誰もが人生の中で経験したことのないものでした。

　しかし、このような状況下にもかかわらず、出版社の方々がテレワークでの編集作業をしてくださり、また、執筆者の方々とはオンラインによるテレビ会議で打ち合わせをするなど、関係者の方々の日常生活が制限された中での並々ならぬご協力・ご尽力をいただきました。そのお陰をもちまして本書を発行することができました。衷心より感謝申し上げます。

　さて、学校が順次再開されるとともに、これまでの学習の遅れを取り戻しつつ教育保障もしていかなければなりません。障害のある子供にとっての"特別な教育課程"である「自立活動」は、自身の障害の改善・克服する学習の場として最も重要なものです。この「自立活動」は、これまでの歴史的経緯の中で様々に取り上げられ、また、多くの実践もされてきました。しかし、その指導の難しさから、必要十分ではなかったことも事実です。このような中で、新学習指導要領が本格実施される年に、本人参画を基本とする新たな「自立活動の個別の指導計画」である本書を発行できたことは、この上ない喜びでもあります。

　過去に経験のない「新型コロナウイルス感染症」が一刻も早く終焉することを祈念するとともに、「自立活動」の実践で悩んでいる教師の皆様にとっての参考書として、末永くご愛読していただければ幸いです。

2020（令和2）年7月28日

三　浦　光　哉

執筆者一覧

三浦　光哉　（山形大学教職大学院教授）第1章、第2章Q&A 1〜10、第3章1・2

山口　純枝　（名古屋市教育委員会指導部主幹）第2章Q&A11〜21、第4章事例13、事例20

志鎌　知弘　（山形大学附属特別支援学校教諭）第3章3、第4章事例5

濱田　尚人　（名古屋市教育センター指導主事）第4章事例1、第5章学習指導案1、学習指導案2

柴田雄一郎　（山形大学附属特別支援学校教諭）第4章事例2

岩松　雅文　（宇都宮大学教育学部附属特別支援学校教諭）第4章事例3

西川　崇　（長崎大学教育学部附属特別支援学校主幹教諭）第4章事例4

谷　亜由美　（高知大学教育学部附属特別支援学校教諭）第4章事例6

荒瀬　和成　（宮城県立支援学校女川高等学園教諭）第4章事例7

池田　彩乃　（筑波大学附属桐が丘特別支援学校教諭）第4章事例8

金子美也子　（新潟県長岡市立総合支援学校教諭）第4章事例9

三浦　亜紀　（青森県立八戸盲学校教諭）第4章事例10

宮町　悦信　（北海道旭川聾学校教諭）第4章事例11

石澤　康至　（山形県立山形養護学校教諭）第4章事例12

渡邉　敬子　（山形県米沢市立興譲小学校教諭）第4章事例14

岡部　直樹　（名古屋市教育委員会指導主事）第4章事例15

岡部　啓　（名古屋市教育委員会指導主事）第4章事例16

田村　郷子　（山形県米沢市立興譲小学校教諭）第4章事例17

菅井　嘉代　（山形県朝日町立朝日中学校教諭）第4章事例18

渡部　敬　（宮城県立西多賀支援学校主幹教諭）第4章事例19

丸中　新一　（宮城県塩釜市立杉の入小学校教諭）第4章事例21

伊藤　健一　（山形県鶴岡市立櫛引東小学校教諭）第4章事例22

小木原弘晃　（札幌市立中央小学校教諭）第4章事例23

川村　修弘　（宮城教育大学附属特別支援学校教諭）第4章事例24、事例25

（令和元年度の所属・役職）

編著者紹介 ────────────────────────────────

三浦　光哉 (みうら・こうや)

　山形大学教職大学院教授　兼任　山形大学特別支援教育臨床科学研究所所長。宮城県公立小学校教諭、宮城教育大学附属養護学校教諭、宮城教育大学非常勤講師、山形大学教育学部助教授・同教授を経て現職。名古屋市特別支援学校の在り方検討委員会座長、名古屋市特別支援学校運営アドバイザー、山形県発達障がい者支援施策推進委員会委員、山形県・青森県・岐阜県・徳島県内の特別支援教育推進委員会専門委員・専門家チームなどを歴任。特別支援教育士SV、学校心理士SV。

　主な編著書に、『特別支援教育のステップアップ指導方法100』（ジアース教育新社，2019）、『新版キーワードブック特別支援教育』（クリエイツかもがわ，2019）、『特別支援学級担任のための学級経営サポートQ&A』（ジアース教育新社，2018）、『わかりやすく学べる特別支援教育と障害児の心理・行動特性』（北樹出版，2018）、『「教育」「特別支援教育」「大学連携」三つの視点で学力向上！』（ジアース教育新社，2018）、『特別支援教育のアクティブ・ラーニング』（ジアース教育新社，2017）、『5歳アプローチカリキュラムと小1スタートカリキュラム』（ジアース教育新社，2017）、『知的障害・発達障害の教材・教具117』（ジアース教育新社，2016）など多数。

既刊本のご案内

特別支援教育のスペシャリストである
三浦光哉先生（山形大学教職大学院教授）編著の書籍をご紹介します。

特別支援教育のステップアップ指導方法100
子供の自己理解・保護者の理解を促すためのアプローチ

通常の学級、通級による指導、特別支援学級、特別支援学校の先生方から
寄せられた、"困り"を抱えた子供への指導に関する100の悩みに、特別支
援教育の達人がアドバイス！　初任の先生向けの「ステップ1」から、少
し高度な技術を要する「ステップ3」まで、具体的な指導法を伝授します。
子供の自己理解や保護者の理解を促すための面談例なども多数掲載。

三浦　光哉　編著　B5判／184頁
定価：本体2,000円＋税　ISBN978-4-86371-507-3　2019年7月発売

特別支援学級担任のための学級経営サポートQ＆A
特別支援学級の達人になろう！

特別支援学級の学級経営について、知っておきたい基本的な事柄がこれ
一冊で分かるパーフェクトガイド！　知的障害、肢体不自由、病弱・身
体虚弱、弱視、難聴、言語障害、自閉症・情緒障害の7障害種へのアプ
ローチを、77項目264のQ＆Aでやさしく解説します。特別支援学級で初
めて担任する先生から、ベテランの先生、さらには特別支援学校の先生
まで幅広く活用していただけます。新学習指導要領にも対応しています。

三浦　光哉　編著　B5判／210頁
定価：本体2,000円＋税　ISBN978-4-86371-484-7　2018年11月発売

苦手な子供でもできる！
アルファベットと英単語の覚え方

アルファベットをなかなか覚えられず苦労している子供への指導に悩ん
でいませんか？　外国語活動（英語）に苦手意識がある子供、認知に偏
りがある子供でも、アルファベットや英単語を楽しく覚えられるような
教材を考案し、ワークシートにまとめました。子供たちが混乱しやすい
ローマ字と英語の違いについても解説しています。ワークシートはCD-ROM
に収録されているので、印刷してすぐに活用できます。

三浦　光哉・佐竹　絵理　著　B5判／176頁　オールカラー　CD-ROM付き
定価：本体3,000円＋税　ISBN978-4-86371-470-0　2018年7月発売

「共育」「特別支援教育」「大学連携」三つの視点で学力向上！
山形県の小さな村から東京大学連続入学への軌跡

山形県戸沢村で、2年連続して3人の生徒が東京大学へ入学した。人口4,700人の小さな村で、なぜそのような大きな成果が生まれたのか——。戸沢村では、学校・保育所と地域が一体となって子供を育てる「共育」、すべての子供に手厚い教育支援・環境整備を行う「特別支援教育」、「大学連携」による授業改善やフィールドワークに長年取り組んでいる。この三つの視点に焦点を当て、その要因を探った。

三浦 光哉・山形県戸沢村教育委員会　編著　A5判／152頁
定価：本体1,700円＋税　ISBN978-4-86371-458-8　2018年3月発売

特別支援教育のアクティブ・ラーニング
「主体的・対話的で深い学び」の実現に向けた授業改善

特別支援教育に「アクティブ・ラーニング」の視点を導入することの必要性等を理論的に押さえつつ、各教科・領域等の代表的な単元・題材55事例について、「これまでの授業」と「アクティブ・ラーニングの授業」の実践例を左右のページで示しました。二つの実践例を比較することで、指導目標・評価の観点の違いや「主体的・対話的で深い学び」に向けて授業改善するためのポイントをつかめます。

三浦 光哉　著　B5判／184頁　2色刷
定価：本体2,200円＋税　ISBN978-4-86371-430-4　2017年7月発売

5歳アプローチカリキュラムと小1スタートカリキュラム
小1プロブレムを予防する保幼小の接続カリキュラム

保育所・幼稚園等を卒園した5歳年長児は、小学校入学後、環境の変化に適応できず、授業中に立ち歩く、友達と頻繁にトラブルを起こすなどの不適応行動が見られることがあります。本書では、保育所・幼稚園等から小学校への移行期における接続を重視し、従来の保育課程・教育課程の編成を見直した「5歳アプローチカリキュラム」と「小1スタートカリキュラム」の実践事例を取り上げながら、連携のあり方を提案します。

三浦 光哉　編著　B5判／192頁
定価：本体2,400円＋税　ISBN978-4-86371-402-1　2017年1月発売

知的障害・発達障害の教材・教具117（いいな）

教育現場で活用してきた知的障害（重度〜軽度）・発達障害の児童生徒のための教材・教具を117選集しました。各事例は、対象となる障害やねらいのほか、「引き出す力」「効果・応用」から「作り方の手順」「工夫・留意点」までを、1事例1〜2ページでコンパクトにまとめています。使用している材料も、校内や家庭内にあるもの、100円ショップで購入した商品など、身近な材料で安価に作成できるものばかりです。

三浦 光哉　編著　B5判／168頁　オールカラー
定価：本体2,500円＋税　ISBN978-4-86371-369-7　2016年7月発売

ジアース
教育新社

〒101-0054 東京都千代田区神田錦町1-23 宗保第2ビル
TEL 03-5282-7183／FAX 03-5282-7892
E-mail info@kyoikushinsha.co.jp
URL https://www.kyoikushinsha.co.jp/

■表紙デザイン　小林 峰子（アトリエ・ポケット）
■表紙イラスト　すわ ななお

本人参画型の「自立活動の個別の指導計画」
理解度チェックと指導計画の様式

2020 年 7 月 28 日　初版第 1 刷発行
2021 年 2 月 5 日　初版第 2 刷発行
2022 年 3 月 24 日　初版第 3 刷発行
2023 年 9 月 24 日　初版第 4 刷発行

編　　著　三浦 光哉
発 行 人　加藤 勝博
発 行 所　株式会社ジアース教育新社
　　　　　〒 101-0054　東京都千代田区神田錦町 1-23　宗保第 2 ビル
　　　　　TEL：03-5282-7183　FAX：03-5282-7892
　　　　　E-mail：info@kyoikushinsha.co.jp
　　　　　URL：https://www.kyoikushinsha.co.jp/

本文デザイン・DTP　株式会社彩流工房
印刷・製本　三美印刷株式会社

ISBN978-4-86371-551-6